KB231199

# 침략하라 그 마음을

# 침략하라 그 마음을

초판 1쇄 인쇄 2012년 08월 14일
초판 1쇄 발행 2012년 08월 21일

지은이 | 문 덕 연
펴낸이 | 손 형 국
펴낸곳 | (주)에세이퍼블리싱
출판등록 | 2004. 12. 1(제2011-77호)
주소 | 153-786 서울시 금천구 가산동 371-28 우림라이온스밸리 C동 101호
홈페이지 | www.book.co.kr
전화번호 | (02)2026-5777
팩스 | (02)2026-5747

ISBN 978-89-6023-943-2   03320

이 책의 판권은 지은이와 (주)에세이퍼블리싱에 있습니다.
내용의 일부와 전부를 무단 전재하거나 복제를 금합니다.

# 침략하라
## 그 마음을

문덕연 지음

새벽 5시.

어김없이 눈이 떠진다.

바깥 공기가 신선하다. 꽃과 나무, 새소리, 풀 한 포기,

흙 한 줌이 소중하다.

어느새 햇살에 어둠이 사라지고 그 사이에 내가 있다.

지금 이 시간이 나에게는 생명이다.

아주 조그맣고 귀여운 토끼 두 마리가 나를 보자 놀라서 달아난다.

할 수만 있다면 붙잡아 같이 뛰며 놀고 싶은데

그들에겐 내가 친구가 될 순 없는지…….

지나간 수많은 순간들이 떠오른다. 사람들과 함께.

많이 잊었는데 그래도 아직 많다. 남아 있는 기억이.

써 모아 두었고 어떤 건 미처 그러기도 전에 지나가 버렸다.

이 시간을 사랑한다.

이 순간의 생명을 사랑한다.

느낄 수 있는 것이 귀하고, 고맙다.

그리고 또 너무나 아깝고…….

말로 글로 모든 걸 표현한다는 건 난폭한 폭동이다.

그리고 어리석은 욕심이고.

그렇지만 견딜 수 없어서 적었고 또 적은 것들을 모았다.

나의 몸부림과 호소와 애원이 되었다.

내가 사랑하는 이들을 위하여, 그 어디에나 있을 사랑받아야만 할

사람들을 위하여…….

# 차례

# 도전, 또 도전          III

# 나의 자신감은 몇 점?        IV

# 어제의 선택은 오늘의 나      V

# 읽으라, 얻으라                                    IX

# 잘 듣는 것은 잘 말하는 것                          X

# 나는 누구의 친구인가?                              XI

## 내면의 성숙     XII

## 내가 정의하는 행복이란?     XIII

# I 나는 **누구**인가?

# 나는 누구인가?

　나는 어떻게 이 세상에 존재하게 되었나? 어떠한 섭리와 목적으로 현재의 내가 존재하는가에 대한 의문이다. 즉, 내가 세상에 태어남은 우연에 의한 것일까? 다시 말하면 나의 필요에 의한 혹은 내가 원하여 세상에 태어난 것이 아닌 반대로 세상이 나를 필요로 하기 때문이다. 나의 존재는 하나님의 계획 가운데 유일하게 만들어 낸 최대의 걸작품이다. 그의 손에 의하여 유일무이한 창조물이 된 것이다.

　하나님께서는 나의 존재가 필요하기에 나를 이곳에 있도록 하신 것이다. 즉, 세상에서 '나'라는 존재가 필요로 하기 때문에 나는 막중한 임무와 사명을 가지고 세상에 태어났다. 세상에서 나는 오직 하나 '오리지날' 진품, 유일함, 독보적인 존재라는 의미에 있어서 대단히 고귀한 뜻을 갖는다. 70억 세계 인구 가운데 '오직 하나'라는 말에는 깊은 의미가 있다. 과거에도 없었을 뿐 아니라 미래에도 나의 존재는 없다. 지금, 오늘, 현재에만 나는 존재한다. 그만큼 현재의 나의 존재는 대단히 중요하다.

　지금 나와 똑같은 사람이 많이 있다면 어떠한 현상이 생길까? 아마도 큰 혼란을 초래할 것이다. 왜냐하면 하나님의 유일하고 완전하신 창조성에 위반되므로 결과적으로 나의 존재에 대한 희귀성은 없어지는 것이다.

나는 하나님의 절대적인 필요에 의하여 창조되었다. 나의 태어남은 그의 계획 가운데 세상의 모든 만물이 만들어지기 전 오래 전부터 완벽하게 구성 계획된 신기하고 완벽한 존재다. 그의 창조물 가운데 가장 멋지고, 오묘한 최대의 걸작품이다.

오직 하나밖에 없는 존재라는 뜻은 곧 인생에서 큰 목적과 사명과 책임이 있다는 의미이다. 사명을 감당할 책임감과 의무감을 동반하며 세상의 한 부분을 창조하는 일의 시작이다. 하나님의 창조의 원리에서 만물을 지으신 것과 같이 나도 삶에서 또 하나의 창조자의 역할을 한다는 의미가 담겨 있다.

곧 인류와 사회에 이익을 주는 제2의 창조자의 삶이다. 내가 세상에 태어난 것은 단순히 부모님들이 우연히 만나서 사귀다가 그 부산물로 태어난 존재가 아니다. 어느 삼류 연애소설에 등장하듯 두 남녀가 우연하게 맺은 잘못된 사랑을 통하여 생겨난 하찮은 존재가 아니다. 더구나 내가 원하여 태어난 것은 아니다. 철저한 계획과 섭리에 의하여 태어났다.

그러나 태어나는 순간부터 삶의 모든 것은 나로부터 비롯되고 내가 나의 삶을 책임져야 한다. 내가 나의 삶의 주인공이기 때문에 나를 책임지는 사람은 바로 '나'일 수밖에 없다. 나의 삶은 우연히 왔다가 때가 되면 이름도 없이 흔적도 없이 사라지는 하찮은 존재가 아니다. 이렇듯 나의 태어난 가치와 고유성은 대단히 중요하다.

나의 존재 없이는 삶에서 아무것도 생각할 수 없다. 나를 부정하고는 나의 삶에서 아무런 가치가 없다. 나를 하찮은 존재라고 생각한다면 나의 삶은 그저 왔다가 소리 없이 사라져 버리는 가치 없는 한 인생일 뿐이다. 고유한 사명을 지닌 가치 있는 인생이라는 것을 기대할 수 없다. 그런 이유로 대부분은 자신들이 유일하고 또한 특별한 존재라는 것을 실감하지 못한다.

오래 전 인도의 어느 농장 주인이 금광석을 발견하기 위하여 자신의 농장을 팔고 남아프리카로 다이아몬드 광산을 찾으러 나갔다. 그러나 그는 시간과 돈만 낭비하고 십여 년 동안 헛수고만 하고 상심한 나머지 결국 그는 바다에 빠져 자살하고 말았다. 그의 농장을 산 사람은 우연히 농장에서 빛나는 검은 돌을 발견하였다.

그 돌을 광물 실험소에 가서 성분 조사를 하였는데 분석 결과 다이아몬드와 그 밖의 양질의 광물질이 많이 있다는 것을 알게 되었다. 그곳이 바로 인도에 있는 골콘다 다이아몬드 광산이다. 정작 그 광산의 주인인 그는 그 땅에 무한한 광물질이 있다는 사실을 몰랐던 것이다.

우리들 자신 안에는 능력과 재능이 많이 있음에도 불구하고 남의 것에서 혹은 밖에서 찾으려고 애를 쓴다. 우리는 남에게 있는 것을 부러워하기 전에 나 자신 속에 이미 존재하고 있는 소중한 것들 즉, 태어날 때부터 얻어진 능력과 소질, 에너지를 찾고 더욱 개발시키는 데에 더욱 초점을 맞추어야 한다.

하나님께서 우리를 창조할 때부터 우리의 신분은 소중하고 유일한 존재가 되었고 그 신분에 맞는 사명을 받고 태어났다. 인간이 천지 만물을 다스리고 정복하기 위하여 하나님은 우리에게 필요한 모든 능력을 허락하신 것이다. 우리는 이미 태어나면서 재능과 능력을 이미 가지고 있기 때문에 그것을 새롭게 만들 필요가 없다.

우리들은 그것을 찾아 목적에 맞게 사용하기 위하여 끊임없이 개발시켜 나가면 되는 것이다. 그의 뜻에 의하여 나의 존재가 유일하며 특별하다는 것을 깨닫는다는 것은 삶에서 매우 큰 에너지와 힘의 근원이 되며 나의 존재의 가치를 배가시킨다.

현재의 여건과 상황에 관계없이 우주에 관한 창조의 원리를 이해하는 것은 나의 존엄성과 가치관 또는 나의 삶에 임하는 자세가 근본적으로 바뀌는 전환의 시점을 갖는 계기가 되는 것이다.

우리 모두는 나 자신에 대하여 얼마나 알고 있는가?

모든 사람들은 자기 자신을 잘 안다고 생각하지만 실제로는 그렇지가 않다. 아니면 나의 진정한 면을 알고 싶어하지 않는다. 왜냐하면 자기 자신을 별로 중요하지 않는 존재, 관심 밖의 존재라고 생각하고 있다. 외면적인 부분만 아는 것은 진정 나를 아는 것이 아니고 내면에 숨겨 있는 핵심적인 부분을 찾아내어야 한다. 오직 나 자신의 외적인 부분을 아는 것은 전체의 약 25% 정도밖에 되지 않기 때문이다. 75%의 나의 중요한 핵심을 찾는 것이다.

## 2

# 나를 찾아서

　나의 정체를 찾는 구체적인 방법을 알아보자. 이것은 우리의 삶의 계획과 목표를 세우기 전에 선행되어야 할 중대한 과제이다. 편안하고 조용한 장소를 찾아 생각할 수 있는 시간을 갖는다. 방해 받지 않는 곳과 편한 곳은 나를 분석하기 위한 최상의 좋은 장소이다. 펜이나 녹음기를 가지고 마음속에 떠오르는 생각, 아이디어, 이미지 등을 기록하고 녹음한다.

　바쁜 일상을 벗어나 시간을 구분하여 여유를 가지고 자신에게 포커스한다. 억지로 짜낸 순간적인 생각이나 감정은 절대 금물이다. 이러한 마음의 준비가 되지 않았으면 나의 생각을 정리하는 것부터 시작한다. 충동적인 감정은 배제하고 자연스럽게 마음속 깊은 곳에서 나오는 메시지에 예민하게 집중한다. 그중에서 반복되는 내용은 무엇인가? 이러한 작업은 본인만이 알 수 있고 정립할 수 있다.

　마음을 가다듬고 조용히 최대의 편안한 마음을 유지하고 눈을 감고 천천히 숨을 쉬어 정지할 수 있는 데까지 참았다가 길게 밖으로 내보낸다. 끝까지 다시 코로 크게 숨을 들이쉬는 운동을 4,5번 계속한다.

　모든 염려, 근심, 불안 등을 제거한다. 최대한 편안한 마음을 유지하면 안정된 경지로 들어가게 된다. 나의 과거 어렸을 적으로 돌아가 그 시절을 기억하고 경험한다. 10대, 20대, 30대 혹은 그 후의 생활을 떠올리고 기억한다. 과거의 생활을 더 상세하게 다시 경험하는 것이다.

하나님께서 나에게 "네가 이 세상에서 도울 수 있는 사명이 무엇인가?"라고 물어보시는 것을 상상하라. 무엇이라고 답변을 할까? 이러한 상황의 느낌과 이미지가 나의 마음 깊은 곳을 두드릴 것이다. 답변을 하라. 생각이 금방 떠오르지 않더라도 여유있게 시간을 가지고 이러한 방법으로 다시 시도한다. 무엇이든지 노트에 적고 녹음을 한다. 이것에 대한 생각과 응답들은 여러 형태로 나타날 것이다.

잃어버린 것을 찾는 일은 시간과 노력을 필요로 한다. 계속하여 나의 마음의 문을 두드리고 답변을 찾는 것을 상상하라. 포기하지 말고 꾸준히 반복하여 시도한다. 질문에 대한 답변을 다 마치면 더 추가할 것이 있는지 확인한다. 이러한 응답을 할 수 있는지 자신에게 질문하라. 만약 하지 못한다면 왜 못하는가? 자신에게 물어보라. 나는 과연 누구인가? 나는 이 세상에 무엇 때문에 태어났는가? 특히 나의 주위에 있는 식구, 친구, 동료, 내가 속한 사회 등을 포괄적으로 다시 재정립한다.

그 다음에 자문할 것은 나의 인생의 목적이 무엇인가? 나의 내면에서 우러 나오는 정직한 답변을 적는다. 내가 확신하고 확고하게 믿는 것이 나의 정체성과 직결되는 답변이다. 부모님 혹은 주위에서 너는 누구처럼 되어야 하는 대상이 아니고 진정 나의 깊은 속에서 들려오는 갈망의 음성을 들어야 한다.

나에게 있는 장점들을 노트에 모두 적어 본다. 과거에 이루었던 자랑스러운 일들, 칭찬 받았던 일들, 기억나는 일 등 어렸을 적부터 생각나는 대로 자그마한 것이라도 모두 적는다. 기록된 항목을 하나하나 생각하고 음미하며 공통적인 부분에 초점을 맞춘다. 반복되는 사항들이 무엇인가?

바로 그곳에서 나의 정체성을 발견하며 나의 인생의 중요한 목표가 세워진다. 나의 진정한 도전은 세상 성공에만 목적을 두는 것이 아니다. 진정한 나 자신을 찾는 것은 인생의 정상으로 향하는 확실한 지름길이 되기 때문이다.

조용한 시간에 나의 마음 깊은 곳에서부터 나오는 나의 진정한 음성을 듣는다. 거울 속에 비친 나를 보며 자신이 하고 싶은 분야는 무엇인가? 물어본다. 특별히 힘을 주는 부분, 기쁜 마음을 갖게 하는 부분들, 자신감을 가져다주는 부분 등에 초점을 맞추어 앞으로의 계획들, 원하는 것들 등의 삶의 주제에 연관성을 가지고 습관적으로 자주 생각하라.

나를 환경과 주위의 형편에 의하여 억지로 누르는 감정 대신에 진정으로 나오는 소리로 대치하라. 솔직한 감정과 생각을 나타낸다. 나 자신에 정직하라. 나 자신에 솔직하면 나의 정체성을 알게 된다. 평소 마음속에 간직한 것들 혹은 나 자신에 관한 모든 것을 조용한 시간과 공간 속에서 마음속에 떠오르는 대로 종이에 적는다.

현대의 바쁜 생활은 자신과 대화하고 자신과 더 가까이 가는 시간이 점점 줄어드는 삶이다. 나의 진정한 희망과 욕구로부터 비롯된 계획이 아니기 때문에 나는 능력이 없다, 부족하다 등의 부정적으로 자신에 대하여 학대 그리고 비하하는 태도를 갖는다. 그러나 중요한 것은 나를 비하하는 생각을 버리고 능력 있는 귀한 존재, 나는 하나님이 창조하신 훌륭한 걸작품이요, 탁월한 능력을 갖춘 인격체로 항상 생각하라.

하나님께서는 흠 없고 완전한 존재로 만드신 후 보시기에 매우 좋았다 하시며 기뻐하셨다. 이렇듯 오리지날인 우리의 존재는 원래 완벽한 것이었다. 그러나 언젠가부터 각 개인의 굴곡의 삶의 과정에서 불순물이 섞인 존재로 변질되어 갔다. 조금씩 나의 마음속에는 마음의 상처, 부정적인 것, 두려운 것, 시기 질투하는 것, 이기적인 것들이 자리 잡고 이러한 부정적인 것들이 주인이 되었다. 이러한 요인들은 마음에 굳게 고정되어 있어 온전하고 흠이 없이 태어난 존재를 형편없고 비하하는 인식을 갖게 한다.

세상에서 제일 값비싼 금속인 다이아몬드는 형성되는 과정에서 수만 년을 지층에 깔려 있어 여러가지 불순물과 다른 이물질이 혼합되어 주위를 덮고 있다. 다이아몬드의 생명은 세 가지로 이야기한다. 즉 세 가지의 'C' 를 가지고 있다. 첫째는 선명도(CLARITY)이다. 절대 투명한 자체가 된다. 자신의 선명도를 나타낸다. 두 번째는 절대 선명한 고유 색깔(COLOR)을 가지고 있어야 한다. 즉 자신의 정체성을 이야기한다. 세 번째는 어떻게 가공 즉, 컷트(CUT)를 하였는가에 의하여 가치가 결정된다고 한다. 정체성에 의하여 자신을 얼마나 나타내는가를 의미한다.

세 가지 모두 자신에 대한 선명한 정체성에 관한 것들이다. 나의 정체성을 찾는다는 것은 대략적으로 엇비슷한 답변이 나오는 것이 아니라 다이아몬드처럼 나만의 절대적인 투명성과 정확성이 있어야 한다.

다이아몬드가 불순물에 의하여 가려지고 그 영롱한 빛을 잃어버린 상태다. 흔히 우리는 태어날 때부터 존재하는 나의 독특성을 보기보다는 외부의 좋아보이는 것, 나의 이미지와 관계 없는 여러 가지 불순물이 혼합되었다. 자, 이제 그 불순물을 제거하는 작업을 시작하는 것이다.

# 3

# 나의 어린 시절, 나의 가족

　간단히 나의 가정에 대하여 소개를 하고자 한다. 나는 일곱 남매 중에 막내로 태어났다. 우리 집은 열린 가정이고 상당히 자유스러운 분위기였으며 농담과 우스갯소리를 잘하고 특히 모든 식구가 음악을 좋아하였다. 당시 이태리의 유명 테너 가수들인 마리오 란자, 스테파노, 카루소의 노래는 우리 집의 주요 레퍼토리들이다. 어릴 때 듣던 이태리의 가곡과 아리아의 가사는 지금까지도 기억하고 있을 정도이다.

　초등학교 교장 선생님셨던 나의 아버지는 마음이 부드럽고 유머가 있으신 멋진 분이셨다. 산이나 물가에 가면 이상하게 생긴 돌과 나무뿌리를 주워다가 잘 손질하여 현관 구석이나 책상 위에 올려놓으시곤 하셨다. 보잘것없는 물건들도 아버지의 손이 닿으면 멋진 예술 작품이 되었다. 또한 기분이 좋으실 때는 오래된 바이올린을 가지고 정확한 음은 아니었지만 동요를 연주하시곤 하였다.

　반면에 어머니께서는 현실적이셨고 실용적이며 집안 살림을 운영하시는 부분에 탁월한 능력이 있었다. 특히 어머니의 음식 솜씨는 무척 훌륭해서서 제한된 음식 재료들을 가지고 맛있게 요리를 하셨다. 주말이면 형님, 누님들의 친구들로 늘 북적거렸다.

어머니는 정성껏 음식을 장만하여 대접했고 그들은 어머니의 음식을 매우 좋아했다. 나의 친구들도 그때의 어머니의 탁월한 음식 맛을 지금도 기억하고 있는 것이다. 매달마다 고등학교 동창회에 참석하셨다. 동창회에서 친구들이 서울시에서 매년 주관하는 장한 어머니상을 받도록 여러 번 권고했으나 결국 본인이 극구 사양하는 바람에 이루지 못하였다. 두 분이 서로 다른 성품으로 일곱 명의 자식들을 당시의 넉넉하지 못한 집안 경제 사정이었으나 모두 대학 교육까지 마치게 하였다.

그 당시 다른 부모들과 마찬가지로 자식들을 위하여 위대한 희생과 숭고한 사랑을 아낌없이 주신 분들이다. 나의 기억 속에는 부모님께서 늘 아이들의 학교 공납금과 살림살이를 걱정하고 계셨던 모습이 있다. 빠듯한 살림 형편에서 일곱 자녀들을 대학 교육까지 시킨다는 것은 거의 불가능한 일이었다. 일곱 자녀들이 아버지의 적은 박봉의 월급에도 불구하고 대학 교육까지 마쳤으니 부모님들의 수고는 상상하고도 남음이 있다. 지금은 돌아가셨지만 그들의 수고와 사랑은 평생 잊을 수가 없다. 두 아들의 아버지가 된 지금도 나는 나의 부모님을 가장 존경한다.

그러한 가운데 나는 막내로 태어났기 때문에 어릴 때부터 잘한다는 것보다 잘못한다는 꾸중을 형님들로부터 항상 들었다. 조그마한 분풀이는 항상 내 몫이었다. 하는 수 없이 나의 분풀이는 키우는 강아지들에게 향하였다. 그래서 마음에 나는 늘 부족하다, 혹은 잘하는 것이 없다, 라는 자신에 대하여 부정적인 사고와 두려움이 항상 마음 저변에 두껍게 깔려 있었다.

아버지는 비가 오나 눈이 오나 매일 아침 새벽이면 나를 데리고 근처 산에 아침 등산을 하셨다. 아버지께서 산에 올라갈 때면 투박한 건전지가 붙은 일제 내서날 제품인 트랜지스터 라디오를 즐겨 듣곤 하셨는데 이해도 못하는 빌리그레함 목사님의 설교를 자주 들으셨다. 산에 올라가면서 늘 칠전팔기의 오뚜기 인생처럼 일곱 번 넘어지면 여덟 번째는 일어나서 다시 도전을 하여야 한다는 인생 철학을 늘 강조하셨다. 또한 자신의 별명이 오뚜기라고 하셨다.

똑같은 이야기를 많이 들어 속으로 짜증도 났지만 나도 모르는 가운데 아버지의 말씀에 도전을 받았고 그 씨앗이 모르게 나의 마음 한가운데 심어진 것이다. 아버지께서는 젊으셨을 때 체질이 약하셔서 여러 가지 병으로 고생을 하셨다.

학교를 마치신 후 교직 생활을 시작하셨다. 일제의 어려운 통치하에 있는 열악한 환경에서 특히 그 자신이 외아들로서 가진 책임과 부모님을 효성스레 모시고 학교에서 돌아오면 먼저 부모님 앞에 무릎 꿇어 인사를 드리고 방이 따뜻한가 확인하는 것이 제일 먼저 하신 일이었다.

힘겨운 삶을 이끌어 가시며 약한 체질로 육신의 병과 싸우시며 끝까지 이겨내셨던 아버지의 인내와 도전하는 삶의 모습은 나에게 큰 용기와 힘이 되었다.

특히 유머가 많으셨던 아버지는 어느 날 나에게 별명을 붙여 주셨는데 그것은 '호랑이 형님'이라는 것이었다. 나와 전혀 어울리지 않는 호칭인데 그 내용을 자세히 듣고 보니 예측대로 내용이 '엉성한

녀석'이라는 뜻인 것이다. 그러나 이 말에는 재미난 뜻이 담겨 있다. 호랑이의 소리는 '엉'이라는 소리에 형님은 또한 성님이라고 부르는 첫소리 '성'을 갖다 붙인 것이다. 매사에 나는 엉성하다는 것이다.

그래서 덕분에 '호랑이 형님'이라는 용맹스러운 별명을 얻었다. 역설적인 코미디 같은 이야기지만 내용을 알고 난 후 곧 실망하고 말았다. 병 주고 약 준 결과가 된 것이다. 물론 강하고 용기있게 인생을 살라는 격려 차원에서 붙여주신 것이다.

이렇듯 막내로 태어난 이유에다 또한 실패자, 낙오자의 별 볼 일 없는 존재로 성장하고 있었다. 이런저런 이유로 나는 어른들 앞에서 유난히 부끄럼을 잘 타는 대단히 소극적인 성격의 소유자였다.

우리 집은 유난히 많은 손님, 혹은 형제들의 친구들로 항상 북적거렸고 손님이 오면 그분들이 떠나기 전까지는 내 방에서 조용히 앉아 있곤 했다. 간혹 아버지께서 손님이 있는 방으로 오라고 하시면 마지못해 손님들께 인사드렸던 기억이 있다.

지금도 생각나는 것 가운데 아버지의 강요에 따라 사람들 앞에서 이태리 가곡을 멋지게 한 곡조 빼고는 10원을 받았던 기억이 난다. 즐겨 부르던 레퍼토리는 오 쏠레미오, 가곡 토스카 중에서 별이 빛나는 밤에, 도니제티의 가곡 중에서 라 풀티마 라그리마 등을 뜻도 모르며 원어로 곧잘 부르곤 하였다.

천성적인 수줍음과 나는 할 수 없다는 부정적인 마음을 가진 자신을 보면서 나 자신이 싫었고 이러한 나의 소극적인 성격으로 인해 많은 고민을 하였다. 나는 도대체 누구인가? 나는 무엇을 할 것인가? 하는 존재성에 관하여 깊이 생각하곤 하였다.

가끔은 중학교 시절에 누군가 나의 행동을 보고 있다는 과대망상의 생각을 하며 마치 자신이 중요한 인물이라도 된 듯 영화나 연극의 주인공인 것처럼 착각을 한 적도 있었다. 망상일 수도 있으나 그 것은 한때 나의 정체성을 찾는 시작이 아니었나 생각된다.

국민학교 시절 KBS방송국에서 주관하는 동요부르기 합창대회, 1962년 중학교 시절에는 연세대 음대 교수였던 곽상수 교수의 지휘 아래 서울 소년 합창단의 일원으로 불우아동돕기 자선 무대 합창제를 서울 광화문에 있는 시민회관 무대에 섰다.

성인이 된 후에는 코리아 헤럴드에서 주관하는 전국 남녀 영어 웅변대회에 나가 일등과 우수상으로 문공부 장관상과 국회의장상을 받았다. 오랫동안 아침 새벽 어두울 때 일어나 청와대 근처 청운동 뒷산 아무도 없는 한적한 곳을 찾아 영어 웅변 연습을 매일 하였다. 사방이 어두워 원고가 보이지 않았고 특히 산 계곡에서 몰아치는 한겨울의 매서운 바람 속에서 입이 얼어 말조차 하기 힘들었던 때가 부지기수였다.

나 자신에 대한 철저한 인내와 훈련의 기간이었다. 방학 기간에는 평화봉사단으로 온 영어 담당 교수에게 지도를 받았고 또 연극을 전공한 미국 침례교회 선교사의 부인으로부터 지도를 받았다.

처음 원고 작성부터 시작하여 번역 원고 심사, 원고 암기, 예비전 등 준비하는 기간은 약5개월 이상이 소요되었다. 학교 공부와 병행하니 쉬운 프로젝트는 결코 아니었지만 지속적인 훈련과 노력의 결과 대학을 졸업하고 이력서를 넣은 곳마다 손쉽게 직장을 얻게 되었다. 어느 해에는 일 년에 다섯 번 이상 직장을 옮긴 적도 있었다.

천천히 교만의 생각이 나의 마음 가운데 자리 잡은 것이다.

그러나 그 기쁨도 잠시, 얼마 후 허리를 다치는 큰 사고를 당하였다. 산에서 등산 도중 떨어져 다친 것이다. 제대로 몸도 움직이지 못하는 상태로 건강이 극도로 악화되어서 많은 시간을 고통 가운데 오랫동안 꼼짝없이 누워서 지내는 좌절의 쓴 맛을 경험하며 인생의 또 다른 공부를 하게 되었다. 그 순간들이 나에게는 악몽과 같이 기억조차 하고 싶지 않은 인생의 어둠의 터널을 지나는 시간이었다. 그와 같은 힘든 과정과 어려움을 지나는 동안 나는 삶을 진지하게 고민하며 나의 정체성을 찾아가고 있었다.

# 4

# 청년기 미국 이민

학창 시절부터 미국 유학의 꿈을 가지고 있었기에 새로운 각오와 다짐을 가지고 미국으로 이민을 결정하였다. 그러나 안일하고 반복되는 매일의 스케줄과 변화 없는 미국 생활을 하는 가운데 나는 정체성을 잃어버리고 또다시 의미 없이 하루하루 살아가고 있었다. 그와 같은 삶은 곧 흥미를 잃은, 메마른 사막에서 목적 없이 방황을 하는 것과 같은 생활의 연속이었다.

몸무게는 점점 불어나고 사사건건 짜증과 불평이 터져 나왔으며 아무런 만족이 없는 시간의 연속이었다. 그러던 어느 날 아주 우연한 기회에 아침 산책을 하면서 나의 소중한 정체를 새롭게 발견하기 시작하였다. 마음 한편에 무엇인가 답답하고 무기력한 삶 속에서 잃어버린 중요한 보물과 같은 나의 인생의 목적과 정체성에 대하여 다시 생각하게 되었다.

분명히 하나님께서 내 마음에 들려주시는 강한 음성이 마음속 깊은 곳에서 메아리쳤고 무엇인가 알 수 없는 힘이 솟구쳐 오르는 것을 체험하게 되었다. 무엇인가 나의 인생에서 고귀한 목적이 있다는 것을 조금씩 깨닫기 시작하였다.

그동안 살아온 삶이 잘못되었고 또한 삶에서 진정한 목적을 잃은 것을 발견하고는 그 분야에 관하여 더 알고 싶어 정체성과 삶의 목적에 관한 여러 서적들을 찾아 읽기 시작하였다. 마음속에서 간절히 원하던 주옥과 같은 글은 마치 나를 위하여 지은 것처럼 상세하게 적혀 있었다. 세상의 그 어떤 것보다도 귀한 것을 발견한 것같이 소중하게 읽고 또 읽고 노트에 정리를 하였다.

그때 매일 계속되는 몇 시간의 독서 습관은 지금까지 나의 생활 가운데 매우 중요한 부분으로 자리 잡았다. 그렇게 얻게 된 소중한 지식을 삶에 그대로 적용하고 미흡한 부분은 더더욱 열심으로 배우고 익히는 계기로 삼았다. 이것은 내 삶에 있어서 나를 발견하는 데 없어서는 안 될 정금과 같은 귀한 자료들이다. 마치 천군만마의 도움을 얻은 것과 같이 새 힘이 솟아나는 듯 새로운 자아의식을 깨닫고는 마치 나 자신 책을 지은 저자의 입장에 있는 것처럼 흥분과 기쁨에 사로잡혀 있곤 하였다.

이 과정에서 나의 안에 오랫동안 고착된 잘못된 고정관념은 점점 사라지고 생각의 패턴이 나도 모르게 새롭게 머리에서 바뀌어지기 시작하였다. 과거에는 발견하지 못했던 나 자신을 마치 거울에서 나를 새롭게 보는 것과 같은 선명한 나의 본래의 윤곽이 내 마음속에 뚜렷히 나타나기 시작하였다.

나의 두 아들에게도 변화되어 가는 아버지의 모습이 비춰졌다. 그들에게 형식적으로 비춰지는 것이 아닌 현실에서 하루하루 조금씩 삶이 달라져 가고 있었다. 전반적인 부분에서 사소한 것에 이르기까지 나의 패러다임이 전환되기 시작한 것이다. 시간이 갈수록 귀한 보물을 얻은 것처럼 마음속 깊은 곳에서부터 기쁨이 솟아났다. 나의 진정한 정체와 인생의 목적이 보이기 시작하였다. 그 후부터는 언제 어디서나 만나는 사람에게 인간의 정체성과 인생의 목적에 대하여 나누며 이야기하였다. 나의 삶에서 참 목적이 보이기 시작하였다. 그 가운데 신기한 외적 변화는 흰머리가 유난히 많았던 머리카락의 앞부분에서부터 점점 검은색으로 변하는 것을 발견하였다. 흔히 이야기하는 나이를 반대로 먹는다는 말이 실감이 되었다. 이렇게 나의 삶에 큰 변화가 찾아왔다. 틈나는 대로 교회나 그 밖의 사업체에 가서 삶의 목적과 정체성에 대한 강연을 하게 되었다.

친구 목사의 주선으로 한국 방문 시 교회에서 세미나를 주관하는 기회를 갖게 되었다. 특히 그 가운데 남가주 로스엔젤레스에 있는 대표적인 마약 중독 및 선교 재활원인 나눔 선교회라는 곳이 있다. 약 50-60명의 청소년들이 함께 기거하면서 하나님의 말씀과 기도로 마약 그리고 술로 인한 잘못된 습관과 마음의 병을 치료하는 선교 단체다.

담당 목회자이신 한영호 목사님의 사역의 열정과 또한 그들에게 친구로서 혹은 아버지로서의 역할을 기꺼이 감당하며 열심히 섬기시는 그의 사랑과 희생은 대단한 것이다. 그의 주된 사명은 많은 사람들이 꺼려하는 어려운 사역을 감당하는 것으로 언제 어디든지 필요한 곳에 달려가 도움을 주는 귀한 분이다. 활기차게 사역을 이루어가는 그의 얼굴에는 늘 에너지가 넘쳐난다.

그곳에 있는 청소년들을 대상으로 '나의 삶의 귀한 목적'과 '가치 있는 나의 존재성'이란 주제로 세미나를 하고 있다. 그들에게 강연

할 때 초점이 흐려진 그들의 눈에서 힘이 생기고 초점이 모아지고 그들의 얼굴에서 새로운 용기와 결단을 하는 것을 보면서 나는 말할 수 없는 감사와 희열을 체험했다. 청소년들의 비행에 관한 문제들은 무엇보다도 자기 자신의 중요한 정체성의 결여에서 기인한다. 정체성이 확립되지 않았기 때문에 자신을 찾을 목적으로 순간적으로 충동적인 행동을 함으로써 자신을 발견하려는 것이다. 그들은 경우에 따라 평탄하지 않는 환경에서 자라온 청소년들이기에 성격이 매우 단순하고 충동적인 면이 있다.

침략하라 그 마음을

# 5

# 나의 가치 발견, 개발

나의 자신을 찾는 계기가 된 것은 아침 산책 시간에 걷는 중에 나의 정체성을 다시 깨닫게 되고 이것이 나에게 제2의 인생 사역이 시작된 셈이다. 나의 정체성의 발견은 인생의 목적에서 근본이 되기 때문에 나를 온전히 알지 못하고서는 미래의 삶의 계획을 구상할 수 없다. 하나님의 섭리 하에 만들어진 독특한 나의 존재와 목적을 발견하는 것이다.

나의 유일한 존재성과 독특한 점, 장점과 단점 모두를 있는 그대로 인정하고 모두 받아들인다. 이러한 과정을 통하여 남과의 관계에서 상대방의 유일한 점을 이해하고 있는 그대로 받아들인다. 나의 있는 모든 것 심지어 나쁜 면까지도 수용하여야 한다. 나를 받아들이지 못하면 남도 이해하고 받아들일 수 없다. 왜냐하면 우리들은 각자 나름대로의 고유의 특별한 면을 가지고 태어났기 때문이다.

나를 소중하게 여기지 못하면 더 이상 나의 삶의 발전은 기대할 수 없고 나의 인생은 세상에서 아무런 가치가 없다. 나의 정체를 알기 위하여서는 나와의 진정한 대화를 자주 하는 것이다. 나의 삶에 무슨 목적이 있는가? 어디로 가야 하나? 어느 지점에 이르렀는가?

앞으로 어디로 향하는가? 하는 질문을 수시로 하는 것이다. 그와 같은 질문에 대한 정확한 답을 찾아야 한다.

인생의 앞길에 대하여 정리 점검을 하고 선명하게 그림이 그려져야 하고 주도적인 리드를 하여야 한다. 목적지가 확실하게 머릿속에 각인되어야 한다. 그 과정에서 내가 잘한 것들에 대하여는 상을 주고 과감하게 칭찬을 하라. 상은 항상 남의 잘 하는 것만 초점을 맞추지는 않는다. 나에 대하여 깊은 신뢰를 하는 것이다. 나의 존재를 소중히 여기고 나의 존재에 대하여 감사하는 마음의 눈이 필요하다.

이러므로 나의 인생의 가치와 귀한 목적을 깨닫고 난 후 의미 있는 소중한 인생이 시작된다. 또한 세상의 모든 일을 목표 지향적으로 생각하며 행동하게 된다. 이러한 존재성에 대한 발견은 나뿐 아니라 타인의 존재에 대하여서도 귀중하다는 사실을 인식하게 되고, 자연히 이웃에게도 건강하고 유익한 관계로 발전되는 것이다.

세상에 고유한 목적을 가지고 태어난 나의 결점과 부족한 면을 깨닫는 것은 나를 성장시키기 위한 초석이 된다. 이 세상에 완전한 사람은 아무도 없다. 나의 부족한 것을 인정하고 깨닫는 것은 미래에 나아질 수 있다는 의미가 되는 동시에 변화되는 것과 발전할 가능성을 갖게 되는 것이다.

심리학자인 칼 로져스의 흥미있는 역설은 "나 자신을 있는 그대로 받아들일 때, 나는 진정 변할 수 있다."고 했다. 진정한 능력은 나의 귀중함을 알고 그 가치를 받아들이는 것에서 시작된다. $100.00짜리 지폐가 있는데 어느 날 실수로 땅바닥 지저분한 곳에 떨어져 기름과 때가 묻어 더럽게 되었다. 더구나 많은 사람들과 자동차들

**침략하라** ㄱ **마음**을

이 그 위로 지나 다니기 때문에 여러 부분이 찢어져서 글씨가 선명하게 보이지 않았다. 우리는 이 지폐의 가치를 어떻게 볼 것인가? 비록 지폐가 찢겨지고 더럽게 되고 글씨가 잘 보이지 않는다 해도 그것의 가치는 여전히 백 달러의 값어치가 있는 것이다.

마찬가지로 나의 자화상이 여러 해를 살아 오는 동안 세파에 의하여 많은 상처와 실패, 두려움, 좌절감 그 밖에 어두운 암흑의 시간을 지났더라도 여전히 나의 존재는 유일한 존재이며 진품으로서의 가치가 있는 것이다.

인간의 성장기는 크게 나뉘어 3가지의 변화의 과정을 거친다. 어린아이 시기에는 단지 여러가지 소리와 움직이는 것들, 색깔에 대단히 민감하며 외부에 있는 모든 것들에 호기심이 많은 시기이다. 대단히 단순하며 본능에 의하여 행동한다. 청소년 시기에는 몸에 변화가 일어나며 목소리가 변하고 이성에 예민하며 나 자신을 발견하려는 징후와 그에 따르는 첫 시도가 시작된다.

인생이 과연 무엇인가? 나는 누구인가? 라는 정체에 대하여 의문점이 많고 그리고 전반적인 삶에 대한 혼돈의 시작이다. 조그마한 문제에도 대단히 예민하여지고 해결보다는 고민하는 시간과 생각에 잠기는 시간이 많아진다. 그들은 여자아이와 성인 여자 그리고 소년과 성인 남자, 좋은 것 나쁜 것, 우수한 것과 열등한 것, 왼쪽과 오른쪽 등 가운데 위치, 중간이라는 정의가 없다.

마지막으로 성인들의 생각의 패턴을 보면 실패, 열등, 좌절 등을 더 쉽게 받아들인다. 문제에 부딪쳤을 때에 쉽게 타협을 한다. 인생의 시기별로 각기 다른 경험을 하고 성장하는데 중요한 사실은 내가 누구인가를 인식하고 나의 있는 그대로를 받아들여야 한다. 나 자신에 대한 확신을 갖게 되면 인생은 쉽지 않다는 것과 예기치 못한 어려운 일들이 반드시 발생하는 것을 인정하게 되며 그것에 대처하는 효과적 방법을 찾게 된다.

옛날 이솝의 우화 중에서 귀가 세 개 달린 토끼 한 마리가 있었다. 그는 친구들에게 항상 놀림을 받았을 뿐만 아니라 괴물이라고 같이 놀아주지도 않았다. 어느 날 토끼는 남들과 똑같아지기 위하여 쓸모없는 귀 하나를 잘라 버리기로 결심했다. 한 개의 귀를 자르자 다른 토끼들과 똑같아졌고 따돌림도 더 이상 받지 않았다.

얼마 후 그는 놀다가 우연히 다른 숲 속으로 가게 되었다. 그러나 그곳에 살고 있는 토끼들은 예전처럼 모두가 세 개의 귀를 가지고 있었다. 그러나 그는 이미 귀 하나를 없앤 후였기에 그곳에 살고 있는 토끼들은 자신들과 다르다며 그를 싫어했다. 토끼는 결국 그곳을 떠날 수밖에 없었다. 비록 이솝의 우화지만 우리에게 주는 교훈은 자신의 특성 즉 타고난 고유성과 정체성을 찾지 못하여 얻게 되는 슬픈 비극의 대표적인 예다.

태어나면서부터 가지게 된 나의 배경에 관하여 자랑스럽게 생각하라. 내가 말하는 엑센트, 타고난 외모, 피부의 색깔, 나의 가족들에 관한 모든 것에 강한 자부심을 가져야 한다. 나는 유일한 존재이고 남들이 나를 독특한 존재라는 이미지를 만들어 준 것이다. 나 자신에 대하여 편한 마음을 가질수록 남에게 '나'라는 존재는 밖으로 아름다운 빛난 광채를 발하는 것이다. 우리의 삶에서 흔히 볼 수 있는 나에 대한 비하는 곧 정체성의 상실로 이어져 세상의 장벽에 쉽게 타협하고 항복한다.

　주위의 실패한 사람들 혹은 힘들게 사는 사람들은 그들의 어려운 형편과 환경을 주어진 운명이라고 생각하고 당연하게 생각한다. 운명은 내가 올바른 방향으로 최선을 다하여 가는 데 필연적으로 따라오는 것이다. 불행의 운이 따른다고 생각될 때에는 당당하게 정지 신호를 보내고 받아들이는 것을 거부하는 것이다. 강하게 나의 주관을 가질 때 나의 정체는 더욱 선명하게 나타난다. 주어진 운명이 평탄하지 않다고 생각될 때에는 나의 존재감에 대하여 확신을 가져야 한다. 팔자소관으로 생각하는 것은 곧 나의 삶을 쓰레기더미에 던지는 것이다.

　봄바람이 불면 봄의 축제가 시작된다. 개나리, 진달래, 벚꽃, 목련 꽃들이 피고 무더운 여름에는 접시꽃, 백일홍, 무궁화, 고즈넉한 가을에는 국화, 맨드라미, 해바라기 등이 자신들의 자태를 드러내며 뽐낸다. 마치 제각기 경쟁이라도 하듯 자신들의 고유한 아름다움을 마음껏 자랑하는 것이다. 더울 때나 추울 때 각 절기에 맞춰 터뜨리는 각각의 꽃망울은 막연히 아름답다고 생각하기보다는 신비스러운 경탄의 마음을 갖게 한다. 언제 어느 곳에서나 있는 자리에서 나만의 정체의 꽃이 피어나야 한다. 민들레는 민들레답게, 목련은 목련답게 피면 되는 것이다. 남과 비교를 하면 곧 나의 삶은 불행하게 되는 시작이 된다.

　이렇듯, 세상을 이기고 자신의 능력을 발휘하며 사는 사람들을 보라. 그들은 자기 나름대로 수많은 시행착오와 어려운 실패를 거듭하며 얻은 굳건한 도전 정신과 자기의 능력과 정체성을 찾고 인내와 노력으로 이루어 놓은 결과다. 그들은 어떠한 상황 가운데서도 자신들을 무조건적으로 귀하게 받아들인 사람들이고 삶의 목표가 뚜렷하고 자신들을 믿고 자기 나름대로 목표를 향하여 엄청난 노력을 기울이는 사람들이며, 끈질긴 도전 정신과 자기 정체성을 찾아 부단한 노력으로 이루어 놓은 결과다.

# 나는 누구를 사랑하는가?

유명한 팝 가수 휘트니 휴스턴의 노래 중에는 이런 곡이 있다. "자신을 열렬히 사랑하는 것은 세상에서 가장 위대한 사랑을 하는 것이다." 자신을 사랑한다는 것은 말대로 나를 진정 사랑하는 것뿐 아니라 자신을 귀한 존재로 생각하고 자신의 모든 것을 있는 그대로 받아들이는 것이다. 그러나 이것은 결코 쉬운 말이 아니다. 왜냐하면 늘 나는 부족하다는 생각과 두려움과 불만이 있기 때문이다.

자신을 귀하게 생각하고 사랑하는 시도가 자신을 단시간 내에 완전한 다른 사람으로 변화시키는 것은 아니다. 나의 존재가 지속적인 변화를 거쳐 성장하는 과정이 필요하다. 변화하는 나 자신을 찾아가는 가운데 조금씩 성장하여 가는 것이다. 이 과정에서 나 자신에게 쉽게 자책하거나 실망하거나 포기해서는 안 된다. 잘할 때까지 인내하고 끝까지 기다리고 자신에 대한 믿음과 확신을 갖는다.

인간은 본래 태어난 목적 그대로의 회복이 필요하다. 맨 처음 태어났을 때 가졌던 그 자체의 모습에서 실패, 편견, 상처, 불안, 후회, 두려움, 분노와 같은 나의 진정한 형상을 왜곡시키는 주범들로 인하여 변질되고 이탈되었다. 거울 속에 나타나는 선명한 나의 형체를 보듯 마음속에 쌓인 불순물들을 하나 둘씩 제거하여 거울 속에 비친 나의 선명한 정체에 대한 확신과 신뢰가 있어야 한다. 사랑하는 사람은 상대를 선명하게 볼 수 있어야 한다. 나를 사랑하려면 나에 대한 모든 면에 선명한 인식을 가지고 있어야 한다.

그럼 자신에게 물어보자. 나는 나에 대한 선명한 자화상을 가지고 있는가? 나의 마음 깊은 곳에서 나오는 나에 대한 확신의 응답으로 인하여 나의 오리지날의 형태가 선명하게 나타난다. 먼저 왜곡된 자화상을 나의 고유한 본래의 자화상으로 되돌려 놓는 일이 필요하다. 남의 눈을 마치 자신의 보는 눈인 것처럼 왜곡시키는 실수를 범하지 말아야 한다. 훈련을 통하여 나를 보는 의식구조가 바뀌어진다. 우선 지금의 나를 그대로 수용하는 것은 정체성을 찾는 것에 있어서 근본이다.

우리 각자는 태어날 때부터 지닌 선천적 능력이 있다. 독특한 성품과 재능이 있다는 것을 마음속으로 인식하고 확신을 한다. 우리의 균형 잡힌 육체적인 혹은 정신적인 건강을 위하여 자신들의 전반적인 불완전의 상태는 곧 완전함을 뜻하는 것으로 인정하는 것이다.

예를 들면 한 사람은 연구나 분석의 능력은 탁월하나 다른 감성적인 분야에는 다소 떨어진다. 다른 사람은 대외적인 활동은 잘하는 편이나 대내적인 일에 상당히 약한 편이다. 이와 같이 개인의 고유한 성격과 재능은 있는 그대로 인정하고 더욱 발전시키는 반면, 잘못된 성격과 습관, 편견 등은 고쳐지고 바뀌어져야 한다. 이러한 과정은 나에 대하여 받아들이는 면과 개선해야 할 두 가지 면을 확실히 깨닫게 하여 준다.

주변 사람들과 이웃에게 친절을 베푸는 연습이 필요하다. 참고 기다려 주는 훈련이 필요하다. 매일매일 나의 최선의 노력은 물론이고 조그마한 노력에도 잘했다는 격려의 메시지를 보내야 한다. 나 자신을 비하하는 생각은 배제하고, 나에 대한 확신의 마음과 훈련으로 문제들을 해결하고 새롭게 다가서서 개척 정신과 담대함과 자신감 그리고 용기와 창의력을 더하여 주어진 삶에 최선을 다하는 것이다.

이렇듯 진정한 나의 고유의 능력을 발견하는 것은 삶을 행복하게 살아가기 위한 첫 발자욱을 떼는 것이다. 타인이 원하는 삶이 아닌 나 자신이 진정으로 원하는 삶을 힘있게 하루하루 영위하며 나 자신은 물론 주변에까지 영향력을 끼치는 삶, 그것이야말로 나의 본래 목적의 진정한 삶인 것이다.

# 7

# 나는 하나 밖에 없는 명품

'나는 세상에서 유일한 존재이다.'라는 이야기를 수시로 자신에게 하라. 부모님들이나 주위에서 우리 집안에 의사나 변호사나 교수가 없기 때문에 그중에 하나가 되어야 한다는 강한 압력(?)은 나 자신의 삶을 그들의 대리만족으로 대치시키는 것이다. 그 결과로 나의 삶은 진정한 기쁨과 능력을 발휘하지 못하는 삶이 되고 만다.

내가 진정 사랑하는 것들이 무엇인가? 내가 진정 원하는 것이 무엇인가? 오리지날, 세상에서 유일한 존재인 '나'에게 초점을 맞추라. 나의 삶에 주체가 되기 때문이다. 나의 깊은 마음속에서 우러나오는 배고픔의 음성 혹은 갈망하는 음성을 들어라. 무엇이 나를 허무하게 하는가? 무엇이 나를 삶에서 한숨소리와 불평을 하게 하는가? 즉, 나의 무엇인가에 대한 필요성을 느끼는 것이다.

이곳에 바로 해답이 있다. 이 같은 현상은 진정한 나를 찾고 정체성을 발견하는 시작이다. 이것들은 곧 나의 가치를 표면적으로 드러나게 된다. 이것에 대한 응답이 나의 허기진 마음을 채워주는 중요한 모멘텀이다.

이것이 나의 삶을 영위해 나갈 나의 라이프 스타일이요, 나의 본질이다. 부모나 스승, 친구, 멘토들의 충고, 의견, 생의 가르침, 표본 등은 나의 삶에 초석이 그들이 원하는 삶을 무작정 따라간다면 변조된 행복만 있을 뿐 간절함이 없고 오래 지속될 수 없다. 남을 모방하는 삶과 타인이 원하는 삶은 진정한 나의 필요가 아니므로 의미와 동기를 찾지 못하여 쉽게 지치고, 또한 실패의 결과를 초래하게 된다. 자신이 진정으로 원하는 삶을 찾아 마음껏 삶을 즐기며 사는 것은 누구나 원하는 바가 아니겠는가!

지금 나의 삶에 혼동이 있다면 그 삶은 나의 본질이 아니며 내가 원하는 것이 아니다. 혼동된 삶을 살기 위하여 내가 태어난 것은 아니다. 평소에 '나 자신에 만족이 없다'는 생각이 들 때에는 현실과 나의 마음 중심에서 나오는 신호가 맞지 않는 것이다. 나의 정체성에서 무엇인가 잘못되고 있다는 것을 깨닫고 나 자신을 새롭게 발견하는 순간으로 만들어야 한다.

조용히 나만의 시간을 가짐으로써 나에게 좋은 일이 일어나는 변화의 단계를 경험하게 되는 것이다. 나의 부족함을 인정하고 깨달아 다음 단계로 도약하는 것이다. 현재의 나의 하는 일이나 가는 방향이 나의 궁극적 목적에 적합한 것인가의 문제를 솔직하게 묻는다.

피카소가 그의 생애의 마지막 때에 "어렸을 적에 어머니께서 나에게 파블로야, 네가 군인이 된다면 너는 장군감이야, 네가 사제가 된다면 너는 교황이 될 것이다, 라고 말씀하셨다. 그러나 나는 미술가가 되었는데 나는 그 누구도 아닌 피카소가 된 것이다"라고 이야기했다. 만약 피카소가 예술가가 아닌 성직자나 군인이 되었다면 그의 삶은 비극이다. 그에게 잠재한 천재성은 헛되이 사라지고 우리 모두에게 큰 손실이 된다. 그의 걸작품은 볼 수 없었을 것이다. 이처럼 내가 태어난 목적대로 사는 것이 참 행복이자, 보람이며 성공인 것이다.

세상에서 살 동안 나의 존재와 내가 매일 하고 있는 일에 흥분과 기쁨을 느낀다면 부귀영화를 가진 것보다 더 행복하고 기쁘게 살아갈 수 있다. 나의 진정한 가치를 발견한 후에는 구체적인 계획과 과감한 행동이 요구된다. 잘 정비되고 훈련된 재능이 원하는 것과 접목될 때에는 나의 내면에서 100%의 이상의 능력이 발휘된다. 그리고 나의 삶에 그리고 새로운 나의 소중한 자산을 발견한다.

인도에서 내려오는 전설 가운데, 한때 사람들에게 많은 신들이 존재하고 있었다. 많은 인간들이 '부라마'라는 신의 두목을 무시하고 업신여기고 죄를 범했기 때문에 계급이 낮은 졸개 신들이 제안을 하였다. 내용은 인간들에게 준 선물과 재능을 빼앗아 은밀한 곳에 두고 그들이 찾지 못하게 하자, 라고 제안하였다. 우두머리 격인 부라마는 그것들을 땅속 깊은 곳에 묻어 두자. 그러자 다른 신이 제안하길 바다 깊은 곳은 어떠한가? 인간들이 다이빙 하는 방법을 배워 그것들을 찾아 낼 것이다. 그러자 다른 신이 산속 깊은 높은 곳에 숨겨 놓자고 제안하자 그 역시 인간들이 찾아낼 것이다.

마지막으로 두목인 부라마가 제안하길 더 좋은 방법이 있는데, 그것들을 인간의 마음속 깊이 숨겨 놓자고 제안하였다. 왜냐하면 그들은 그 소중한 것들을 그들의 마음속에서는 찾지 못할 것이다. 이 대화는 우리에게 깊은 뜻을 깨닫게 해 주는 대목이다.

우리들은 우리가 각자 소유하고 있는 귀한 보물을 찾아내지 못하고 살아간다. 나에게 있는 고귀한 보물들은 미처 생각지 못하고 남의 것, 밖에 보이는 좋은 여건들만 생각한다. 세상에 우뚝 선 사람들은 자신들의 진정성, 내적인 귀한 보화를 발견하고 그 뜻을 깨달은 사람들이다. 많은 사람들은 외부의 여건들, 즉 남의 떡이 더 커보이고 먹음직스럽게 보여 외관에 보이는 것에만 의하여 자신의 진정성을 파악하려고 한다. 남의 의견에 주로 의지하여 가볍게 나의 장래를 결정한다.

먼 산을 보면 아름다운 꽃들과 멋지게 뻗어 있는 나무와 푸르른 초목들이 어우러져 멋진 그림과 같은 풍경을 보여준다. 그러나 실상 가까이 가 보면 푹 패인 웅덩이, 돌, 시든 잡목들과 죽은 나무뿌리들이 무수히 널려 있어 멀리서 외관상으로 보는 것과는 전혀 다른 매우 실망스러운 모습들이 있다. 오히려 정리가 잘 되지 않은 나의 뒷 정원이 훨씬 정감이 간다. 이와 마찬가지로 밖에서 혹은 타인으로부터 나의 고유한 것을 찾으려 한다면 그것은 남의 인생을 찾고 헤매다 결국은 나의 인생을 허비하게 되는 것이다.

사람들이 자신들의 정체를 발견한다면 세상의 범죄는 급격하게 줄어들 것이다. 왜냐하면 자신들의 귀한 인생의 목적을 깨닫고 그들의 시간을 그 방향으로 지향하여 매진할 것이며 또한 그들은 자신들의 일이 천하보다도 귀중하고 매일매일의 시간이 대단히 귀중하다고 생각할 것이기 때문이다.

진정한 내가 된다는 것은 절대적인 진리를 찾아내는 일이요, 진정한 나를 발견하는 작업은 인생의 보석을 캐내는 것으로 마치 천하를 얻은 것과 같다. 평생의 삶이 보장된 특별하고 흥미진진한 모험이다.

나의 마음 깊은 곳에서 들려오는 섬세한 음성에 귀를 기울여야 한다. 사랑하는 연인과의 대화는 상대의 음성을 정확히 들어야 한다. 그 음성을 무시한다면 두 사람의 연인의 관계는 지속될 수 없다. 나의 진정한 인생의 가치를 찾고 싶다면 우선 나의 내면 깊은 곳에서 찾아야 한다. 불완전한 가운데 완전함을 찾는 연습은 나의 정체성 발견에 대단한 유익을 준다.

혼자 조용한 시간을 내어 다음과 같은 질문을 하여 본다. "지금의 나는 진정한 내가 아니다. 이것은 내가 되고 싶은 것이 아니다. 나는 지금의 삶을 위하여 태어나지 않았다. 현재의 나와 같은 존재가 되고 싶지 않다. 나 자신에 대하여 만족하지 않는다. 나에 대하여 편안한 감정이 없다. 나는 누구인가? 무엇 때문에 이곳에 있는가? 어디로 가고 있나?" 이러한 질문을 통하여 내가 진정 원하는 인생을 살 수 있는 방법을 찾게 될 가능성이 많다.

즉, 나와 관계 없는 다른 인생을 산다면 목적의식을 가질 수 없는 것은 물론, 나의 고유의 능력은 발휘될 수 없을 것이다. 현재 나의 삶에서 슬픔, 두려움, 실망, 걱정, 분노, 실패를 느끼는 것은 나의 정체성을 찾지 못한 대가라고 할 수 있다. 진정한 나 자신과의 연결고리가 없기 때문이다. 그러한 삶은 기쁘지도 흥분되지도 않는 그야말로 불행한 인생인 것이다. 위의 질문을 하는 순간부터 바로 나자신을 똑바로 보려는 순간이며 나를 발견하여 잠에서 깨어나려는 순간이다.

나는 생애에서 수많은 날들을 살았다. 무수한 선택과 결정들이 내려졌고 수많은 사람들을 만났다. 이것들 중에서 10가지의 결정적인 순간들이 무엇인가? 그리고 5가지의 나쁜 결정들은 무엇인가? 마지막으로 나에게 5명의 중요한 인물들은 누구인가 적어 본다. 이러한 외적인 경험을 통하여 나의 정체성이 선명하게 나타날 수 있고 정립이 된다. 나의 진실된 것을 발견하는 것과 동시에 나의 불완전한 것을 깨닫게 된다. 그러나 불완전함은 또한 나의 완성품이다. 곧 나는 불완전한 완성품이다. 우리의 삶은 더 성숙된 완성을 위하여 성장하며 나아가는 과정에 있는 것이다.

거울에 비친 나를 보면서 멋지게 외치는 것이다. "너는 귀한 존재, 사랑받을 만한 존재, 능력 있는 존재, 멋진 존재!" 다시 나로 태어나고 싶다는 진정한 마음이 있다면 그것은 곧 나를 진정 사랑하는 것이다. 나를 진정 사랑함은 또한 남을 진심으로 사랑할 수 있는 조건이다.

"내가 인생에서 죽음과 바꿀 것을 찾지 못하였다면 인생을 살 자격이 없는 것이다"

- 마틴 루터킹 -

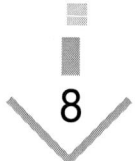

# 8

# 나에게 상을 주라

자신감을 얻는 첩경 중 하나는 매사에 나를 인정하는 것이다. 특히 잘한 부분에 대하여 상을 주고 어려운 상황에서도 응원의 박수를 보내야 한다. 상과 칭찬은 남에게만 사용되는 전용물은 더욱 아니다. 나 자신에게 먼저 실행되어야 한다. 또한 상은 항상 잘한 것에만 주는 것이 아니라 혹 잘못하더라도 용기와 격려를 주는 상이 필요하다. 사람의 나쁜 습관을 고치려면 벌과 꾸중으로만 고쳐지지 않는다. 그것은 오히려 역효과가 난다.

잘한 것에는 더욱 큰 박수와 상을 주어야 하며 실수했을 경우에는 작은 소리로 이야기하여야 한다. 우린 흔히 자식들의 잘못을 고치기 위하여 심하게 야단을 친다. 심지어는 체벌을 하여 더 큰 문제가 생기는 경우를 많이 보아왔다. 반면에 본인도 잘못한 것을 알고 있는데 나름대로 실수를 하지 않으려고 얼마나 애를 썼는가? 하는 자문을 하며 반대로 따뜻한 위안의 말을 하는 것이 훨씬 더 효과적인 것이다. 물론 실수에 대한 것을 간과하고 소홀히 하려는 의도는 아니다.

근본적으로 자신에 대한 칭찬은 곧 능력과 존재감을 상승시켜주는 귀한 원동력이 된다. 마찬가지로 타인에게도 자신감을 부여하고 능력을 만들어 주는 힘이 된다. 이런 과정들은 곧 나에게는 인생을 더 강하게 도전하는 동기가 되며 성공을 위한 초석이 된다. 잘못하는 어린아이에게 관심을 두는 것도 중요하지만 잘하는 아이에게 더 관심을 쏟아야 할 이유가 바로 여기에 있다. 칭찬을 받는 아이들은 더욱 잘하게 된다.

인생은 항상 모든 일이 잘되고 결과가 좋은 방향으로 되는 것은 아니다. 수많은 실수와 장애물의 함정들이 도처에 도사리고 있다. 어느 누가 실수를 원하는 사람이 있겠는가? 이러한 장애물들은 우리를 두렵게 만들며 모든 계획을 좌절시켜 수포로 만든다. 사소한 잘못으로 인하여 오랫동안 슬럼프에 빠지는 경우가 종종 있기 때문이다.

언젠가부터 나는 마음에 언짢은 일이 생길 때면 와이셔츠와 넥타이를 사는 버릇이 생겼다. 좋은 버릇일 수도 아니면 좋지 않은 낭비의 버릇이 될 수도 있지만 그렇게 함으로써 나 스스로 힘을 얻고 나름대로 격려를 받을 수 있는 나만의 위로의 방법이라 할까? 누구나 극복하기 어려운 감정을 지나가는 자신만의 노하우를 개발하는 것은 대단한 유익이 있다. 외부의 수많은 적들이 내 속에 침투하는 것을 막기 위한 효과적인 방어책이라고 할 수 있다.

실패와 좌절에 대한 일정 기간의 분석과 연구가 필요하지만 좌절의 어두운 터널에 있을 때는 어쨌거나 빠른 시간에 통과하는 것이 최선책인 것이다. 열 번의 칭찬을 듣더라도 단 한 번의 책망을 들었을 때 우리들의 마음은 쉽게 실망과 좌절을 한다. 이렇듯 비난과 원망이 가져다주는 힘은 상당히 독소가 있고 또한 치명적이다. 이것을 이기는 방법은 상대방의 근거 없는 비난에 대하여는 의식적으로 예민하지 않는 것이다. 매사에 불평불만을 말하는 사람과는 멀리하고, 혹 비난의 말을 들었다 할지라도 곧 털어버리는 훈련이 필요하다. 나는 하나님의 위대한 창조물이지만 반면에 계속 성장하는 과정에 있기 때문이다

칭찬은 남에게만 사용되는 전용물이 아니기 때문에 특히 나 자신에게 먼저 주어야 한다. 나의 조그마한 성취와 진보에 대하여서 과감없이 칭찬을 하라. 하루의 일과가 어떠한 결과가 주어지든지 관계 없이 하루 일을 정리한 후 나에게 한마디의 칭찬을 하며 '오늘도 최선을 다했다'는 이야기를 반드시 하라. 이것은 나에 대한 자신감을 극대화시키고 나를 적의 예기치 못하는 공격에 방어하는 효과적인 방법이다.

매일 아침 거울에 비친 나를 보면서 이렇게 나와 대화하라. '너를 믿는다, 너는 소중한 존재다, 너에게는 대단한 능력이 있다. 오늘도 내가 이루어낼 중요한 일이 시작된다' 그리고 나의 재능을 하나하나 이야기하면서 마음속으로 확인과 확신하는 작업을 반복하여 할 필요가 있다. 또한 '너는 능력 있는 사람이다. 너는 오늘도 맡겨진 위대한 일들을 성실하게 수행할 것이다'라는 말을 진지하게 확신시킨다. 또 자신에게 말하길 '다시 태어나도 내가 되고 싶다'는 이야기를 한다. 이것은 우리도 모르게 마음속으로 슬며시 침투하는 수많은 악성 바이러스를 퇴치하기 위하여 강력한 안티 바이러스를 수시로 접종시키는 것이다.

시간을 정해 놓고 자신에 대한 소질과 능력, 그 밖에 장점들을 잠

시 눈을 감고 생각하는 시간을 갖는 것은 자신에게 큰 대상을 주는 효과가 있다. 칭찬은 심지어 고래도 춤을 추게 한다고 하지 않는가! 그러므로 자신에 대한 칭찬은 곧 성장을 가져다주는 막대한 힘이다.

어린아이가 태어나서 조금씩 배우는 것을 보면 주위에서 많은 박수와 환호를 보낸다. 필요에 따라 상도 준다. 칭찬을 계속하여 하지 않으면 걷지 못하고 성장한 후에도 기어다녀야 할 위험성이 있다. 이와 같이 칭찬의 표현을 받고 자라난 어린아이들의 성장기에는 동기부여와 성장하는 면에서 대단히 큰 역할을 한다. 잘못하더라도 칭찬을 들으며 힘을 북돋는 격려의 언사가 끊임없이 계속되어야 한다.

야단과 꾸중만 듣고 성장하면 새로운 모험을 하지 않는다. 모험적이고 창조적인 생각 대신에 그들의 마음속에서 실패와 책임에 대한 선입감이 강하게 자리 잡고 실패할 것을 두려워하여 그들은 시도조차 하지 않는다. 어린아이들뿐만 아니라 성인인 우리들도 변화에 대하여 끊임없는 찬사와 격려를 보내야 한다. 특히 성장이 필요한 곳에는 자신을 관대하게 대하고 용기를 심어줘야 한다.

넘어져 무릎에서 상처가 나고, 피가 흐르는 데는 상처를 싸매고 치료하는 처방이 우선 시행되어야 한다. 실수를 깨닫고 마음이 아파 괴로워하는데 자신에 대한 비난과 저주하는 행위는 상처를 건드려 더 악화시키고 치명적인 부상을 입게 되며 결국 회복할 수 없는 지경에 이른다.

진심어린 칭찬의 말은 넓고 크게 보는 능력을 심어주며 동시에 잘못을 깨닫고 고치려는 동기감을 유발한다. 이러한 과정에서 조금씩 발전되어 가는 나 자신을 보는 생각과 감정은 어떠한가? 나의 현재의 삶과 미래의 삶을 보는 생각은 어떠한가? 얼마만큼의 칭찬과 격려를 자신에게 하였는지 자신에게 물어보아야 한다.

이와 같은 질문은 가족, 친구, 회사에서 동료와 아래 직원 그 밖에 모든 인간관계에 똑같이 적용되어야 한다. 우리는 각자의 강한 면과 약한 면을 초월하여 자신을 격려하고 포용하며 칭찬하는 훈련이 필요하다.


다음의 3가지를 마음에 두고 훈련하라.


1) 오늘부터 나의 부족한 점들을 웃어넘긴다.
2) 오늘부터 나 자신을 심각하게 생각하지 않는다.
3) 오늘부터 항상 나의 유머러스한 면을 개발한다.

# II

## 나의 **인생 설계도**, 어떻게 그려야 하나?

# 1

# 나의 인생 설계도, 어떻게 그려야 하나?

우리의 인생은 한 사람 한 사람이 뚜렷한 목적과 목표, 그리고 아름다운 이상의 꿈을 가지고 있다. 소박하고 아름나운 꿈과 목표 혹은 원대하고 세상을 움직일 만한 것들이다. 크기와 관계없이 인생은 반드시 목표와 이상을 품고 설계가 되어야 하며 그 목표와 꿈은 선명하고 진실하고 구체적으로 성취될 수 있는 것이 좋다.

목표와 꿈이라는 말의 정의는 전반적으로 같은 의미를 내포하는 것 같으나 각각 다른 뜻을 내포하고 있다. 꿈은 현실과는 동떨어져 있는 환상의 세계 혹은 현실성이 조금은 결여된 막연한 이상이다. 성취되지 못하는 헛된 꿈이다. 그러나 상상의 꿈은 장기적인 시간이 필요하고 동기감을 유발하는 귀한 요소다. 목표는 장기적인 꿈을 성취하기 위하여 우선 단기적이며 현실감과 이루어질 수 있는 가능성이 있는 것일수록 더 성취감이 높을 것이다.

단 한 번뿐인 인생에서 꿈이 나에게 가져다주는 실질적인 의미와 가치와 중요성은 아무리 강조해도 지나치지 않을 것이다. 나의 삶에 꿈이 없다면 잃어버린 사막 한복판에서 길을 잃고 방황하는 삶다. 꿈에는 다이나믹한 능력과 에너지가 있다. 기적이 있고 희망이 있으며 행복이 있다. 반면에 목표는 실질적인 인생의 종착역을 현실에 적용하며 실현 가능성이 있고 구체적인 것이다.

누구나 우리는 선천적으로 엄청난 재능과 능력과 지혜의 선물을 가지고 태어났다. 대다수의 사람들은 이러한 엄청난 보물을 뚜껑도 열지 못하고 심지어 그것이 있는지도 모르는 채 방치되어 전혀 동떨어진 삶을 살고 있다. 또한 이것은 사용하면 할수록 더욱 더 개발되며 삶에서 없어서는 안 될 귀중한 자산이다.

재능은 태어날 때부터 가지고 있는 하나님이 주신 선물 즉, 은사이다. 은사라는 뜻은 라틴어로 '천상에 있는 기구들 즉 멋지고 귀한 것들'이라고 풀이한다. 하나님께서는 각 개인에게 향한 목표가 은사와 재능을 수단으로 하여 충분히 성취되고 필요 적절하게 쓰여지기를 원하신다. 우리에게는 모두 어떠한 형태이든 진정으로 원하는 방향과 목적을 가지고 있으며 이것이 곧 우리들의 인생의 올바른 꿈이요 목적이다. 우리들은 그의 창조의 목적에 의하여 만들어졌기 때문에 내 중심의 이기적인 동기에서 떠나 나를 만드신 그의 목적과 계획에 맞추어야 한다.

나의 삶의 목표와 비전과 목적을 정확히 선명하게 세우는 사람들은 세계 인구의 5%에 지나지 않는 소위 성공한 사람들의 그룹에 속한다. 목표를 세우는 것은 나의 정체성과 직접적인 관계가 있다. 성공한 인생, 가치 있는 삶은 목표와 인생의 가치를 우선 정하는 것에서부터 시작된다. 무엇보다도 제일 먼저 해야 할 과제다.

나는 이 세상에 왜 태어났는가? 태어난 목적이 무엇인가? 어디로 가고 있는가? 등의 질문은 나의 삶의 근본적이고 핵심이 있는 중요한 관심사다. 위의 문제들에 대한 해답에 기초를 두고 삶의 설계가 이루어져야 한다. 나의 삶은 세월이 가는 대로 정처없이 돌아다니는 인생이 아니다.

언덕 위에서 프리웨이를 질주하는 차들을 보면서 도대체 수많은 차들은 어디로 향하여 질주하고 있는가? 목적지가 없이 무작정 달려가는 차들이 있을까? 분명히 제각기 달려가는 목적지가 있다. 그러나 우리는 각자 인생길에 확고한 목적지를 향하여 달려가고 있는지 질문을 해야 한다.

나의 성장은 나의 내부로부터 시작된다. 내적인 일단의 변화, 마음의 원함, 충동감 등 어떠한 모양의 형태로 된 것이 행동이라는 과정을 통하여 표현됨으로써 결과가 형성된다. 그러나 잘못된 행동은 배제되어야 할 것이다.

인생의 기본 원리는 그것들을 최대로 확장시키고 잠재하고 있는 모든 것을 최대로 밖으로 나타내는 것이다. 내 속에 생각이 있고 원하는 것이 있다면 그것들을 이루기 위하여 곧 행동을 취하여야 한다. 옳은 생각에서 나온 바른 계획, 원함은 곧 나를 또 다른 단계로 성장시켜주는 동기들이다.

인생의 성공은 열심히 일만 하는 것은 아니다. 내가 만들어 내는 제품이거나 또한 내가 만드는 서비스에 의한 것만이 아니다. 성공은 특정한 기술에 의하여 만들어지는 것이 아니다. 인생의 성공은 특정한 목표에 대한 것에 달성되는 결과에 있다기보다 계속하여 발전과 성장하는 진행형의 과정이라 할 수 있다.

많은 사람들은 어려운 환경을 마치 자연스러운 것처럼 생각하지만 사실은 그 위기는 다음 단계로 향하는 도약의 단계를 위한 기회로 만들 수 있는 열쇠가 되는 것이다. 한곳에서 계속하여 머물러 있어서는 안 된다. 심지어 낙오자와 같은 편협한 생각을 가지고 주로 실패한 사람들의 예를 들면서 마음으로 자기 합리화의 생각 속에 빠져 그들을 통하여 대리 위안을 받는 것으로 머물러 있다면 어떻게 도약할 수 있겠는가?

주위의 성공한 사람들의 예는 나와 거리가 먼 특별한 환경에 있는 부류, 특수층이라는 열등의식에 사로잡힌 생각을 한다. 또한 그들과 나는 대화의 수준이 다르다는 생각을 하고 그들은 나와 다른 환경에서 자란 사람들, 활동하는 환경과 대상 즉, 물고기로 비교한다면 노는 물이 다르다는 생각을 한다.

이와 같이 뿌리깊이 박힌 아웃사이더의 사고방식 곧 자기 정체성 결핍에서 기인된 자기 비하의 멘탈리티는 삶의 구석구석에서 늘 자신은 삶의 주인공이 아니라 엑스트라의 역할을 하는 즉 힘이 없고 연약하며 남의 생각에 의하여 피해만 보는 무능한 존재로 인식되는 낙오자의 삶인 것이다. 인생이라는 운동경기에서 자신들을 주전 멤버의 선수가 아닌 후보 선수로 자신들의 존재를 스스로 격하시킨다.

강한 정신으로 무장하여도 험난한 인생살이인데 이러한 열등감으로 세상을 산다는 것은 얼마나 애처로운 모습인가? 꿈을 크게 가질수록 그 것에 맞추어 이루어가는 나 자신은 성장하는 것이다. 좋은 목표를 세우고 그 목표에 따라 열심히 노력한 결과가 성장을 가져오지 못했다면 그것은 다시 한 번 점검해야 할 부분이라 하겠다. 나의 목표에 부합된 행동이 나를 넓게 뻗어 나아가는 동기로 만든다. 단기간에 갑자기 높은 단계에 도달할 수 없으므로 오늘 내가 시도할 수 있는 실행이 가능한 것부터 훈련을 한다.

## 2

# 어떤 꿈을 꾸고 싶은가?

먼저 상상으로 내가 가장 이루고 싶어하는 구체적인 마음의 청사진을 미리 그린다. 내가 진정 바라고 원하는 것들에 대하여 믿음의 눈으로 보고 마음으로 지금 이루어진 것처럼 상상하는 것이다. 조용히 눈을 감고 내가 되어 있을 미래의 모습에 대한 자화상을 상상해 보라.

자신에게 맡겨진 일에 최대의 노력을 하며 그 과정에서 계획한 일들이 이미 성취, 정복, 성공되었다는 상상의 생각을 항상 하라. 아침에 하루의 일을 시작하기 전에 '오늘도 축복의 하루, 기쁨의 하루, 능력의 하루, 성장의 하루'라고 선포하라. 그리고 모든 계획들이 다 이루어진 것으로 상상하는 것이다.

모든 감각과 생각, 기분을 총동원하여 명상에 잠긴다. 이러한 훈련은 목적을 이루는 동기를 더욱 강하게 하여 주고 창조적인 마인드를 촉진시키고 목표 달성에 필요한 나 자신에게 활력소가 되어 주며 다시 깨닫게 만드는 역할을 하여 계획된 목표가 이루어지도록 도와준다. 이미 이루어진 것처럼 생각하고 참 기쁨을 맛보라.

우리 뇌의 기능은 현실과 이상을 구별하지 못하고 우리가 생각과 마음이 상상하는 곳으로 따라가는 기능이 있다. 내가 원하는 인물이 되고 싶으면 현실은 당분간 잊어 버리고 특정 인물에 초점을 맞추어 계속하여 느끼면서 상상하면 나도 그 사람으로 변하는 현상을 체험한다.

마찬가지로 운동선수나 연예인들은 경기나 공연 전에 자신들을 정신적으로 훈련을 하고 이미 승리한 것처럼 혹은 공연이 성공적으로 끝난 것처럼 승리감을 가지고 임하는 것을 볼 수 있다. 즉, 이번 경기에서 이미 승리한 것처럼 혹은 완벽한 동작 하나하나를 해낸 것처럼 상상하는 훈련들, 가수나 연기인들이 그리고 연사가 한 곡, 한 장면마다 완벽하게 했다는 마음의 훈련과 상상을 하고 자신감을 가지고 공연을 무사히 마친다. 신기한 것은 대부분 상상한 그대로 이루어진다는 것이다.

이러한 방법은 운동 심리학에서 이미 입증된 방법이다. 특히 동유럽 지역의 체조 선수들은 늘 훈련을 이 방법을 경기 전에 사용하여 대부분 우승을 한다.

1994년에 캔자스 주 후보로 미스 USA에 당선된 '테라 홀랜드'라는 여성이 있다. 그는 과거 여러 번 미인 컨테스트에서 여러번 낙선의 고배를 체험했다. 캔자스 주로 이사 온 후 그녀는 다시 도전한 후 결국 당당히 일등의 자리를 차지했다. 당신은 어떻게 전혀 어색함이 없이 자신만만하게 대회를 임할 수가 있는가? 라는 기자의 물음에 그녀의 대답은 "저는 천 번 이상 제 마음을 실제로 무대에서 걷는 것과 포즈를 취하는 것, 인터뷰하는 것 등을 실제로 하는 것같이 상상하며 마음의 훈련을 하였다."라고 대답하였다. 그녀의 마음과 행동은 이미 똑같은 상황에서의 반복된 연습을 하고 실전에서 이긴다는 가정을 상상한 결과다.

직장을 얻는 인터뷰에서도 상상의 힘은 지대한 능력을 발휘한다. 직장에서 프레젠테이션을 하는 과정도 주제마다 적당한 언어와 중심점의 강약이 필요한 부분에 성공적으로 이루어지는 생각을 반복하여 상상하는 훈련이 필요하다.

이렇듯 내가 상상하는 플랜이 내 마음의 눈에 강하게 비춰지면 곧 강력하게 나의 의식의 세계로 연결되어 각인이 된다. 상상으로 이러한 계획을 충분히 경험했다면 그 계획은 어느 정도까지 창조되었고 이루어진 것과 마찬가지이다. 이것은 다음 단계의 높은 성취의 출발점이 된다.

이러한 과정을 통과하는 단기적 목표들은 더욱 성취의 속도가 붙어서 더욱 성장하고 나에게 현실로 다가온다. 빌딩을 시공하는 사람들은 설계사가 설계한 도면을 바탕으로 하여 건축한다. 중요한 것은 도면과 설계가 먼저 만들어져야 한다. 나는 계획을 만들어 내는 설계사이다.

나의 인생을 계획하고 만들어 내는 창조자의 역사가 나의 손에 의하여 이루어진다. 나의 상상의 기술은 어떤 계획이든지 의식적인 행동을 만든다. 목표를 상세하게 상상하고 감각적으로 경험을 하는 것은 나의 의식 속에서 경험할 때마다 목표의 성취에 관한 정보가 뇌의 메모리 은행에 이미 저장된 것과 합하여져 강한 필요성과 이유와 논리적인 힘을 발휘한다.

매번 상상의 목표들을 반복할수록 그리고 목표에 대한 선명함과 투명성을 가지고 있을수록 그리고 나의 마음속에 있는 최대의 감각을 사용하여 감정을 동원할 때 나의 목표에 의식은 더욱 확신을 얻어 성공적인 성취가 이루어진다. 상상한다는 것은 곧 나와 대화를 시작하는 것과 같다.

이러한 대화는 이성적인 면이 포함되어 있어야 한다. 근거 없는 의견이나 구름에 떠 있는 듯한 허황된 감정에 극도로 취한 상태가 아닌 구체화된 상상은 온전한 생각 그리고 메시지, 사실에 입각한 논리적으로 증명될 수 있는 가정 하에서 진정한 상상의 설계가 그려진 후 실제적으로 하루의 행동 일과에 포함되어지는 것이다.

결국은 매사에 자신감을 갖는 습관이 되고 행동으로 옮겨지는 적극적인 성격의 소유자가 된다. 이렇듯 우리의 일상생활에 어떠한 일을 하기 전에 이미 일들이 성공리에 끝마친 것처럼 마음의 상상의 훈련을 하면 마음속에서 '나의 생각은 이미 잘되고 있다'는 확신의 마음이 먼저 자리 잡고 있기 때문에 자신감이 생성되어 좋은 일들의 결과가 연습한 대로 나타난다.

이러한 훈련의 반복은 마음에 깊숙히 정착되어 있어 자동적으로 실제 상황으로 전개되었을 때에 훈련한 그대로 실전에서 좋은 결과를 얻게 된다. '오늘도 장애물이 제거되었다' '오늘도 하루의 임무가 예상보다도 더 잘 해결되었다' 는 상상을 하고 임하면 생각과 행동이 그곳을 향하여 달려간다. 오늘도 손님과의 계약이 잘될 것이라는 것을 상상하면 현실에서도 이루어지는 확률이 매우 높다.

이미 이루어졌다고 생각하고 사람들을 대하게 되면 자신감과 확신의 이미지를 상대방에게 효과 있게 전달하여 신뢰를 얻는다. 하루 일과를 끝내고 잠자리에 들기 전에 그날에 성공적으로 성취한 일을 상상하고 기쁨에 잠기는 훈련을 하라. 혹 잘못되었다 할지라도 내가 할 수 있는 최선을 다했다는 마음의 자부심을 갖는 것은 대단히 중요하다.

나의 완벽한 상상력을 이용하라. 의심, 실패, 좌절의 생각으로부터 나를 방어해 준다. 이러한 상상의 세계는 무한한 가능성을 열어주는 문이다. 뚜렷한 목적을 향하여 가고 있다는 것을 상상하라. 지금 그 방향으로 행동하고 있다는 것을 상상하고 천장과 벽을 쳐다보라. 승강기를 타고 내려가는 상황과 장면을 연상하라. 밑으로 밑으로 점점 내려가는 나의 마음의 상태가 차분하고, 조용하고 모든 염려가 다 떠난 후에 너의 목적, 계획, 문제들이 다 해결된 장면을 연상하라.

그러면 나에게는 큰 힘으로 새로운 능력과 마음속에서 목표들의 입력과 프로그램이 시작된다. 그다음은 원하는 꿈을 꾸어라. 기적을 바라라. 내가 원하고 바라는 대로 계획이 이루어질 것을 상상하면서 기쁨에 잠겨라. 가상의 생각은 상상력을 넓혀준다. 상상은 행동을 수반한다. 행동은 새로운 습관을 만든다. 내가 원하는 인물이 되었다고 상상하라. 그와 같이 의식적으로 행동하라. 훈련의 과정이다. 노트에 적어 보라. 나의 목표가 5-10개를 적고 그것들이 다 이루어진 것처럼 느끼고 상상하라.

이것은 훈련이요, 목표를 향한 도전이다. 나의 생각이 행동으로 자동적으로 변하여 목적한 고지로 점점 가깝게 다가간다. 삶 가운데 나의 마음이 낙심이 되고 어려울 때 의식적으로 곧 '정지 신호'를 마음에 보내야 한다. 의식적으로 나의 생각을 바꿔야 한다. 나의 삶에 이루고 싶은 확신의 그림으로 대치한다. 이러한 반복의 연습 후에는 삶에 대한 확신의 가능성과 더불어 마음속의 절대 가능의 무드로 바뀌어지는 나 자신을 발견하게 될 것이다.

# 3

# 나의 뇌에 꿈을 다시 프로그래밍하라

나에게 독소가 되는 삶의 부분들을 버리고 건강하고 다이나믹한 요소들로 전환하며 그에 따르는 나의 능력의 삶이 타오르는 것을 상상하여 보라. 하루의 일손을 잠깐 멈추고 몇 분간 건강한 나의 정신과 육체의 상태를 체크하고 상상해 보라.

나의 마음의 훈련 경험에서 발견할 수 있는 사실은 마음속의 상상에 의한 확신의 이미지가 문제를 해결하려는 과정에서 그것은 상당히 효과적인 능력이 나타난다. 왜냐하면 마음속의 확신의 이미지는 강한 화력과 같은 효과를 주며 영적인 비전을 갖게 하고 우리의 육체에 에너지를 공급한다.

과거 나의 실패했던 일들 그리고 떠올리고 싶지 않은 모든 것들을 마음 밖으로 던져 버리자. 상상 속의 문을 열고 많은 방문들이 있는 복도로 걸어가자. 그리고 나의 주머니 안에 있는 키를 꺼내어 도전의 문, 개척의 문, 정복의 문들을 차례로 활짝 여는 것이다. 그리고 들어가는 곳마다 승리와 환희의 기쁨을 만끽해 보는 것이다.

시간을 내어 조용히 눈을 감고 나의 목표들에 대하여 꿈을 꾸어 본다. 그리고 목표가 달성된 것처럼 마음의 그림을 그리는 것이다.

그리고 흥분된 마음으로 느끼고 즐긴다. 사람들이 예쁘다고 해 주면 점점 더 예뻐지는 것이다.

실제로 미용법에서는 이러한 원리를 이용하여 예뻐지는 법을 제시한다. 거울을 보고 얼굴을 쓰다듬으며 '예쁘다, 잘 생겼다'고 말하며 감정을 가지고 인정하며 훈련하는 심리 전술이다. 그 결과 실제로 인상이 부드러워지고 예뻐진다는 것이다. 의심이 생긴다면 일단한 달 정도 적용해 본 후 반론을 제기하는 것도 좋을 것이다.

이와 같은 것을 확인하여 주는 동일한 원리 가운데 미국의 저명한 심리학자인 Dr. Maxwell Maltz 는 그의 저서인 『Psycho-Cybernetic』에서 우리 인간의 무의식 가운데서 우리의 뇌는 현실과 상상의 사이의 사건을 분별하지 못한다고 한다. 다시 말하면 어떠한 상상의 생각을 하면 현실화된 것처럼 마음에 확신이 온다는 것이다. 그의 정설을 확고히 하기 위하여 다음과 같은 훈련을 제의한다.

하루에 특정한 시간을 정해 놓고 눈을 잠시 감고 나의 원하는 목표에 대한 꿈을 꾸는 것이다. 다음 단계는 이러한 목적들이 다 성취되었다는 자신의 그림을 마음속으로 그린다. 마치 조각가가 흙과 돌덩어리를 가지고 만들어질 형상을 생각하며 작업하는 것과 같다. 극작가나 소설가는 다음과 같은 과정을 가지고 작품을 만든다.

첫째, 그들이 원하는 작품을 상상한다. 두 번째는 그 작품을 보고 느끼고 확신한다. 세 번째는 상상 속에서 설계의 청사진을 만든다. 마지막 단계는 그것에 기초하여 본 작업을 시작한다.

신약성경에서 히브리서 11장은 믿음에 관한 중대한 사건들이 기록되어 있다. 성경의 중요한 믿음의 인물들이 믿음을 통한 뚜렷한 역사들을 볼 수 있다. 그중 대표적인 것은 모세가 하나님이 약속한 믿음과 그것에 수반되는 상상의 믿음을 통하여 홍해를 육지같이 걸어서 건너간 사건이다. 성경에 나온 기적을 행한 사람들은 큰 역사들을 믿음으로 받아들이고 상상의 능력으로 시작하여 더 강하고 완전한 믿음으로 승화, 발전된다.

나만의 세계에서 이루고 싶은 일들은 무엇인가? 나의 속에 있는 마음의 이미지를 만드는 것에게 물어보라. 눈을 감고 조용히 나의 인생의 스토리가 어떻게 전개되기를 원하는지 큰 상상의 날개를 펴고 믿음의 눈으로 관찰해 보자. 이성적으로 잘 정리된 상상력은 대단한 능력이 있다.

구체적인 순서로 예를 든다면 내가 무엇이 되기를 원하는가? 다음은 이미 그러한 위치에 서 있다고 상상한다. 상상은 행동을 만들어 낸다. 행동은 습관을 만들어 낸다. 이러한 세 가지의 스텝을 원하는 목적을 가지고 반복적으로 삶 가운데 만들어 나가야 한다. 우리의 제일 큰 장애물은 두려움과 실패의 마음이다.

실패를 생각하기 때문에 실패의 방향으로 향하여 가는 것이다. 지금 나의 마음이 원하는 목적을 달성하는 데 어떠한 상태에 있는가를 주시하여야 한다. 실패와 두려움은 자연스럽게 나온다. 장애물과 문제에 대하여 충분한 이해를 한다. 억지로 막을 필요는 없다. 목적이 달성되기까지는 현실적으로 중간중간 장애물이 기다리고 있다. 현실적으로 보는 이러한 생각들이 더 노력을 하는 동기를 가져다준다.

막연한 성공의 상상만을 생각한 나머지 실제로 큰 장벽에 부딪쳤을 때에는 다시 회복되기가 쉽지 않기 때문이다. 우리는 목적에 대한 실패와 두려움과 의심에 대한 생각을 반대 방향으로 역전환시키는 메시지를 계속 보내야 한다. 지금 가지고 있는 생각들이 나의 장래를 결정짓기 때문이다. 유명한 음악가가 되고 싶은가? 지금 내가 유명한 음악가라는 위치를 생각한다. 많은 청중들이 나의 음악을 듣고 열광적으로 앙코르를 보낸다. 나의 마음은 설렘, 환희와 기쁨에 차 있다. 이미 성공적인 일인자의 위치에 오른 것처럼 상상을 하며 그 기쁨과 감정을 최대한 갖는다.

많은 사람들은 자기 멋대로 상상을 한다. 그러나 필수적인 노력과 실천이 따르지 않으면 아무런 효과가 없다. 한 가지 목적을 달성하기 위한 준비를 하기 위하여 늘 마음속으로 고민하고 그 방향으로 맞추어 행동이 따라야 한다. 우리의 뇌에 이러한 믿음과 상상의 주파수를 쉬지 말고 보내는 것이다.

이러한 행동의 준비가 습관적으로 행하여져 목적이 달성될 때까지 지속적인 노력과 행동으로 이어질 때 힘찬 원동력인 열정이 생겨 원하는 바 목적의 성취가 효과적으로 이루어진다.

중도에서 어떠한 실수의 사건이 발생한다 할지라도 계속해서 목적 달성을 행한 강한 상상의 초점을 맞추고 끈기를 가지고 도전하는 것이다. 이러한 마음의 훈련은 성취를 위한 다이나믹한 에너지를 가져다준다. 나의 목적은 높은 저 하늘 먼 곳에 있는 것처럼 꿈만을 막연히 생각하는 것보다는 단순한 것부터 시작하여 시간의 기한을 마음속에 프로그램을 하여 정한다. 매일 혹은 매주의 지속적인 시간의 규칙성이 없는 계획은 중간에 잊혀지게 되어 쉽게 포기하게 되고 눈에 띄는 결과를 기대하기 힘들다.

# 꿈을 현실로

남편감(신부감)을 내년에 찾는다.
새집으로 6개월 내로 이사 간다.
30일 내로 새 직장을 잡는다.
다음 학기에 성적이 3등 안에 든다.
내년에 축구부에 가입한다.
18개월 내에 미인대회에 나가 우승한다.

원하는 모든 계획을 일정한 기한을 정해놓고 하나하나씩 종이에 적는다. 나의 계획이 지금 달성되었다고 상상한다. 이미 이루어진 자신을 그 순간 그려 본다. 나의 눈으로 이루어진 계획들을 본다. 뇌와 마음 깊은 곳에 메시지를 보낸다. 느껴본다. 냄새도 맡는다. 색깔도 본다. 실제인 것이라고 가정을 하며 보고 생각하고 기쁨의 감정을 갖는다.

최고의 좋은 분위기에서 마사지 받는 기분을 상상한다. 집 안에 좋아하는 향기나는 꽃이 있어 그 꽃향기가 온 집 안에 퍼져 있는 것을 상상한다. 해변가에서 멀리 있는 수평선을 바라보고 파도 소리에 귀를 기울이는 장면을 상상하여 본다. 유명한 오케스트라의 연주하는 것을 들으며 감동에 젖어드는 순간을 맛본다. 다음은 이러한 것을 다 경험했다는 느낌을 가지고 실제로 즐거움과 기쁨을 만끽한다.

내가 바라고 원하는 것들을 항상 마음속에 가득히 채운다. 이러한 방법은 나에게 큰 에너지를 넣는다. 나의 몸과 마음에 원동력을 더하여 준다. 이러한 상상의 훈련은 가공할 만한 힘을 만들어 준다. 상상의 힘으로 프로그램이 되고 새롭게 아이디어가 창출된다. 나의 발전하는 과정에 가속도가 더 붙는다. 노트에서 잠시 눈을 돌려 천장을 바라보고 눈을 잠시 감는다.

내가 지금 원하는 목적으로 향하여 가고 있다는 장면을 마음으로 상상한다. 이런 마음의 훈련 과정은 떠오르지 않을 수도 있다. 내가 지금 무엇을 하고 있는지 볼 수 있다. 지금 시도해 보라. 무슨 생각이 떠올랐는가? 다른 시로 이사 가는 것? 자동차를 사는 것? 연주회를 하는 것? 상사를 저녁 식사에 초대하는 것? 새로운 시스템을 설계하는 것? 학교에 등록하는 것? 등 무엇이든지 생각나는 것이 있으면 종이에 적는다.

편안한 마음으로 상상을 한다. 처음에는 어떠한 아이디어가 금방 떠오르지 않을 수 있다. 그러나 걱정할 필요는 없다. 다시 계속하여 시도하면 마음속에서 한두 개가 마음의 수면으로 떠오른다. 먼저 내가 원하는 계획들에 대한 프로그램을 시작한다.

나의 의식 속에서 목적을 가지고 성공하는 의식의 준비 작업이 필요하다. 간단하고 쉬운 일부터 하나씩 머리에 프로그램을 한다. 이러한 연습은 곧 모든 계획을 성공으로 만드는 결과를 가져온다. 성공의 습관은 실제로 성공을 만들어 내는 강력한 자신감을 유발시키기 때문이다.

사실인 것처럼 생각하는 것은 새로운 상상력을 촉발시킨다. 상상력은 새로운 행위를 만든다. 행위는 곧 습관으로 마음속에 각인되어 매일의 삶에서 반복적으로 일어나는 것이다. 인류의 역사의 비극은 두려움과 그리고 실패라는 선입감이 강하게 사람의 마음속에 자리 잡은 것에서 시작된 것이다.

"모든 생각을 지금 하는 일에 집중하라. 태양광선은 집중이 없이는 종이를 태울 수 없다."

- 알렉산더 그래함 벨 -

이러한 모험을 택하는 연습은 우리 각자에게 큰 자신감을 부여한다. 모험의 행동은 또 다른 가능성을 열어준다. 모험심은 성공하는 자의 필수적인 요소 중의 하나로 모험하는 마음의 습관을 개발하는 것이 절대적으로 필요하다. 지금 나의 마음의 상태는 나의 미래가 어느 방향으로 가는지 잘 가르쳐준다.

성공하는 삶의 방향으로 가길 원한다면 무엇보다도 현재의 방해하는 안이하고 의심의 습관들을 버리고 모험적이고 목적 지향적인 마음의 습관으로 전환하는 것이 중요하다. 성공한 사람들은 그 지점으로 어느 날 갑자기 낙하산을 타고 착륙한 것이 아니다. 그들이 성공 지점에 도착하기 위하여서는 그들이 목표에 대한 확신의 믿음과 과감한 모험심을 가지고 집중된 지속적인 노력과 훈련을 통하여 이룬 결정체인 것이다.

그들 대부분은 자기 자신 속에 잠재하고 있는 모험심을 개발하고 발췌한다. 그곳으로 가야만 하는 강한 충동과 의지가 내부에 숨어 있는 것이다. 이 방법에는 반드시 자신에 대한 확고한 신뢰와 믿음이 필요하다.

"우리가 필요한 여건들은 우리 마음속에 있다."

- 데오도르 루스벨트 -

"오직 유일한 인생의 여행은 나 자신 속으로 여행하는 것이다."

- 마리아 릴케 -

다음은 성공하는 마음을 방해하는 제한된 생각을 극복하는 방법에 대하여 알아보자. 생각과 감정과 행동을 제한시키는 요인이 무엇인가 밝혀내는 것이 중요하다. 믿음을 제한하고 있는 부정적인 생각과 그 밖에 제한하는 이유들은 무엇인가?

나에게는 지금의 편한 보금자리에서 영원히 안주하고 싶다는 생각이 지배하고 있기 때문이다. 문제는 나의 편한 위치에서 하루속히 떠나야 한다.

나는 삶이 어느 방향으로 나아가기를 원하는가? 혹은 어떠한 행동과 감정들을 갖기 원하는가? 이상의 질문들에 대하여 적합한 방법을 구체적으로 찾아내고 그 방법들을 노트에 기록한 후 마음속으로 재확인 하고 또 확신하는 연습을 일정 기간 훈련하라.

반복적으로 마음으로 확인하는 훈련은 대단한 능력이 있어 나의 잠재의식 구조에 직접적으로, 연속적으로 명령이 하달되어 확고하게 고정되어 얼마 후에는 변하지 않는 확신으로 마음속에 남는다.

반복과 확신을 심어줌으로 인하여 마음속의 감정과 느낌을 통한 굳은 믿음으로 나타난다. 이렇게 얻어진 믿음은 어느 환경에서도 변치 않는 나의 강력한 삶의 안내자 역할을 할 뿐만 아니라 역경을 뚫고 나가는 강력한 에너지가 된다.

성공하는 마음의 습관을 개발하는 것이 필요하다. 성공하는 자들은 세상 환경과 그 밖의 다른 요인들로 인하여 자신들의 성공에 대한 신념이 빙해받는 것을 완강히 거부하는 사람들이다. 그들의 특징은 모험을 두려워하지 않고 즐기는 사람들이다. 자신들의 편안한 자리를 나와 모험과 도전의 장소로 들어가는 것이다. 대부분의 사람들이 갖는 평범한 생각들을 뛰어넘는 사람들이다.

# III

# 도전, 또 도전

# 도전, 또 도전

한 국가나 개인의 미래에 대한 선명한 목표 설정은 그 나라와 인생의 장래를 번영하게 만든다.

현재 국가의 부도 앞에 있는 몇 유럽 국가들이 바로 이러한 목표의 부재에 대한 대가를 혹독히 치르고 있다. 연일 시위대의 데모가 끊이질 않고 있으며, 나라의 정체성과 목표의식이 사라져 버린 지 오래 되었다.

우리나라도 IMF의 위기를 십여 년 전에 넘었다. 그 당시 구조 조정이라는 미명 하에 수백만 명이 일자리를 잃고 밖으로 내몰렸지만 공통의 목표만 있으면 무섭게 응집이 되는 가공할 만한 위력을 나타낸 것이다. 다른 나라에서는 거의 찾아볼 수 없는 특유하고 강력한 국민성과 희생정신을 바탕으로 다시 같은 목표를 향하여 국민 모두 하나가 되어 역경을 헤쳐 나간 국가로 강하게 태어난 것이다.

나의 인생의 목표를 어떻게 세울까? 나에 대한 철저한 분석이 필요하다. 시간을 충분히 할애하여 자신을 연구하라. 나의 내면 세계로 여행을 하는 시간이 필요하다. 이 과정을 통하여 나에 대한 통찰을 하고 새로운 면을 발견하게 된다. 이것은 결국 나의 인생을 바꾸는 계기가 된다.

목표의 설정에는 가치감, 성취감, 행복감이 따라야 한다. 목표의 설정에서 필수적인 것은 나의 진정한 뜻과 내가 성장할 수 있고, 이웃과 사회에 공헌하는 목적이 있어야 하며 이에 따르는 행복감이 수반되어야 한다.

남에게 자랑하기 위하여, 칭찬받기 위하여, 명예와 돈을 위하여, 나의 자존심과 이기심을 채우기 위한 삶의 목표가 세워진다면 그것은 사회와 이웃에 피해만 주고 남에 의하여 결정된 목적, 즉 자신의 진정한 갈망이 결여된 목적, 현실을 도피하기 위한 목적은 나의 삶의 방향이 아니고 결국은 절망과 실패만 가져온다.

건설적이요 긍정적인 동기가 우선되어야 하며 목표는 현실적인 것에 바탕을 두고 나의 형편에 맞아야 한다. 주위 식구나 사람들의 소망에 의하여 혹은 나의 허망한 욕심과 이기심으로 인한 목적은 철저히 배제되어야 한다. 또한 성격, 연령, 현실, 성취의 가능성 등에 맞도록 설계하고 수정이 가능한 목표가 현실적이다. 특히 나의 정확한 감각, 감정, 확신, 끌리는 면, 잘하는 것이 무엇인가 파악하라.

나의 희생을 감수하더라도 성취하고 싶은 것들은 무엇인가? 내가 원하는 것도 목표를 삼는 데 중요한 역할을 하지만 무엇보다도 나의 강점과 장점에 초점을 맞춘다면 그 목표는 확실한 효과를 나타낼 수 있다

나에게 한정된 시간이 주어졌을 때 최대로 보상되는 것을 찾는다. 나의 희생을 감수하더라도 성취하고 싶은 것들은 무엇인가? 목표에는 그에 따르는 노력이 수반되며 희생이 따른다. 목표를 정하고 그

것을 향하여 전력투구할 때에 최대의 좋은 결과를 얻는다. 그러나 현실을 무시한 높은 목적과 목표 혹은 너무 낮은 인생 목표는 중간에 포기하는 결과를 초래한다.

아인슈타인은 평소에 바이올린을 멋지게 연주하길 원했는데 심지어는 자신이 받은 노벨상을 바꾼다고 할지라도 바이올린을 잘 연주했으면 하는 마음이었다. 그러나 그의 악기 다루는 능력은 한계가 있어 포기할 수밖에 없었다. 이렇듯 그 자신은 악기를 연주하기 원하였으나 그의 강점이 되지는 못하였다.

자신 있는 일을 하면 힘들다는 생각이 아닌 기쁨으로 즐기는 일이 된다. 우리나라가 세계적으로 정상의 위치에 있는 운동경기는 대충 네 가지로 들 수 있다. 여자 골프, 양궁, 태권도, 빙상 쇼트랙 경기들이다. 이 경기들은 아직까지 우리나라가 독보적인 존재로 선수들 각자 나름대로 철저한 훈련 과정에서 이루어진 특수한 노하우가 있는 경기들이다.

정상에 설 수 있는 이유들 가운데서 네 가지의 요인을 분석하면 다음과 같은 공통점을 발견하게 된다.

첫째는, 탁월한 개인기가 필요한 경기다. 혼자 혹은 두세 사람이 한 그룹을 이룬다.

둘째는, 오랜 시간 체력이 소모되는 경기가 아니다.

셋째는, 체격의 특별한 제한이 없는 경기다. 누구든지 기량만 가지고 있으면 할 수 있다.

넷째는, 극도의 집중력이 필요한 경기다. 인내심과 뚝심이 많은 우리나라의 특유한 국민성에게 적합하다.

다섯째, 가장 중요한 것은 피나는 노력과 인내를 요구한다. 노력과 훈련은 학교 입시 때부터 잘 길들여진 바탕이다. 또한 부모들의 헌신과 주위 사람들의 희생과 도움이 얼마나 특별한지 상상을 초월한다

우리나라 사람의 체격은 힘에서나 크기에서 서구 사람들에 비하여 열세를 면치 못한다. 과격한 운동과 에너지가 많이 소모되는 운동경기보다는 체격에 알맞는 경기 종목을 중점적으로 개발하고 시도를 해야 한다. 중요한 것은 내가 잘할 수 있는 종목, 내가 강한 종목 그리고 나의 열정을 쏟아 부을 수 있는 종목이어야 한다.

이렇듯 나의 인생의 경기는 내가 진정 원하는 분야와 형편에 맞는 분야에 베이스를 두고 도전하는 것이다. 나에 대한 폭넓고 상세한 연구가 필요하다. 시간을 두고 확신과 믿음이 가는 것, 거기에 수반되는 철저한 분석, 계획을 세워야 한다. 나에게 맞는 운동경기와 같이 나에게 적합한 것은 곧 나의 강점이 된다. 강점을 가지고 노력하면 훈련 자체가 즐거운 것이며 극대화의 효과를 낼 수 있다.

결정이 되었다면 이것을 바탕으로 최대의 노력을 기울여야 한다. 사람이 무엇인가에 전심전력할 수 있다면 그 사람 안에 감추어져 있는 신기한 역량이 발산되어 그를 최고의 능력자로 만들어 준다. 이것은 곧 인생의 참 행복감과 연결된다. 내가 삶에서 전심으로 집중하면 마음 깊은 곳으로부터 나오는 희열의 기쁨을 맛보게 된다.

변화하고 발전하고 성장한다는 의미는 곧 하나님의 섭리인 하늘과 바다와 땅에 있는 모든 생물과 동물들을 정복하라는 논리와 일치한다. 숨어 있는 은사의 발견과 개발이 계속하여 삶 속에서 이루

어져야 한다. 다음과 같은 질문을 자신에게 해 보자.

1) 나의 강점은 무엇인가?
2) 내가 이룬 업적 중에서 가장 내세울 만한 것은?
3) 나의 가장 좋은 자질은 무엇인가?
4) 나의 능력을 제한하는 것들은?

특히 내가 삶에서 역동적이지 못하고 나의 페이스를 구축하지 못하는 이유를 철저히 연구하고 작은 것부터 면밀히 계획하여 하나씩 제거되어야 한다. 이것들로 인하여 나의 근본과 중심에서 나타나는 에너지와 나의 생각의 연결점이 차단된 것이다. 다시 말하면 나의 에너지를 나의 목표에 정확히 접목시키고 미래를 향하여 마음의 엔진를 켜고 매진한다.

아래와 같은 목표 설정에 필요한 결정적인 질문들을 다시 자신에게 물어보라.

1) 무엇을 원하는가?
2) 어떤 방법으로 그것을 얻을 것인가?
3) 얻은 후에 어떤 기분이 들 것인가?

다음 단계는 세상을 향하여 원하는 목표를 당당히 요구를 한다. 이제는 나의 순서이다. 나의 시간이 왔다. 이것은 나를 필요로 한다. 그래서 나는 그 길로 당당히 간다. 이러한 요구는 결단력과 목표에 대한 헌신과 약속이 필요하다.

생각과 말을 통하여 자신과 세상을 향하여 계속하여 외치는 것이다. 목표를 향하여 달려갈 길을 계속하고 그것을 확인하고 승리를 외치지 않는다면 처절히 좌절되는 일생을 경험하게 된다. 나의 소심함, 죄책감, 부족감, 자신의 열등감에서 벗어나서 목표를 향하여 과감히 도전장을 던진다.

남이 나를 위하여 대신 도와주지 않는다. 왜냐하면 나의 삶에 목표와 이에 수반되는 훈련과 행동에 대한 모든 책임은 전적으로 나에게 있기 때문이다. 내가 행동으로 옮기는 바로 본인이 되기 때문이다. 나의 인생은 내가 삶의 운전수 역할을 한다. 이와 같은 결단과 용기와 행동이 없다면 인생은 물거품으로 끝난다.

삶의 목표 달성과 그에 따르는 인생의 성취감, 가치감, 행복감을 쟁취하기 위하여서는 나의 삶을 수시로 진단하여야 한다. 매일매일 그 목표에 대하여 연구하고 분석하고 배워야 한다. 노력과 수고와 훈련하는 값을 반드시 지불해야 한다. 매일 그 목표를 향하여 생각하라.

열정을 가지고 생각하면 강력한 다이나마이트 같은 폭발력이 마음속에 점점 생겨난다. 가까운 주위에서 여러 형태의 기회가 발견되고 또한 확실히 포착된다. 내가 성취하고 싶은 분야에 상상력과 결단력을 가지고 두드리면 나의 잠재력에 접목되어 꿈이 현실화된다. 내가 원하는 것과 타고난 재능이 합쳐져 이들이 자연스럽게 조화를 이룰 때 목표 지점에 도달하는 것은 시간 문제인 셈이다.

## 2

# 나의 한계를 넘어 나를 불태우라!

자신을 확신하는 마음은 나를 성공의 삶과 능력의 삶, 에너지의 삶으로 인도하는 대단히 위대한 능력이 있다. 다른 사람에게는 문제로 보는 눈이 있으나 나에게는 더 좋은 기회로 보는 안목을 키워준다. 내 속에 있는 자질을 쉽게 깨닫게 하여 준다. 의심과 가능성이 없는 편견에서 보호하여 주고 방패막이 되어 준다. 자석과 같은 도움을 준다. 긍정의 태도는 모든 인간의 삶에 필요한 근본적이고 필수적인 존재이다. 나의 생각을 인도하고 감정을 절제시키고 운명을 새롭게 만든다.

힘과 능력이라는 단어에 믿음, 희망, 솔선, 친절, 근면, 도전, 솔직함, 사랑, 노력, 용기 등 그 밖의 좋은 개념들이 더하여지는 것이다. 이러한 공식을 따라 새롭고 행복하고 신명 나고 흥분되는 삶이 어려운 과정에서도 전개되는 경험을 해 보자.

우리의 마음과 생각은 우주의 귀한 보물과 같다. 우리는 마음을 가진 육체인데 우리는 마음과 생각과 감정을 결정하고 통솔한다. 인생에 있어서 주인공은 오직 나, 항상 내가 주체다. 나를 확인하는 작업이 필요하다. 늘 나와 대화하라. 나를 칭찬하라. 다음에는 지금보다 더 나아질 수 있다는 생각을 하라. 반복적으로 나에게 확신의 말과 긍정의 말을 하라. 나에게 능력이 있다고 이야기하라. 지구상에 유일한 한 사람, 대단히 고귀한 존재라는 것을 늘 생각하라.

평소 나에 대한 잘못된 편견과 생각을 바꿔야 한다. 겸손 혹은 미덕이란 관점에서 부정적인 것에 초점을 맞춘다면 자신을 부족하고 비능률적인 사람으로 비하할 수 있다. 이러한 요소는 후천적인 성격으로 자리 잡을 수 있는 위험이 있다. 결국은 나 자신이 부족하니 실패할 수밖에 없는 위치로 떨어진다.

나의 삶은 평소 내가 생각한 그대로 이루어진다. 나의 삶이 변화되고 활기 있고 능력 있게 살기 위하여 동일한 마음을 가지고 행동해야 한다. 우리의 마음은 낙심과 염려 그리고 두려움에 약하다.

어느 인디안 할아버지 추장이 어린 손자에게 말하길 '우리 마음에는 두 종류의 늑대가 살고 있단다. 하나는 좋은 늑대요, 다른 하나는 나쁜 늑대지." 그러자 어린 손자가 '그놈들이 싸우면 누가 이겨요?' 하고 물었더니 "네가 어느 늑대에게 밥을 주느냐에 달렸단다." 라고 대답했다고 한다.

평소 우리는 어떠한 마음을 품고 있는가? 나의 생각과 마음에서 게으르고 나쁜 늑대에게 밥을 주고 키우는 것은 아닌지 조심해야 할 부분이다. 나의 매일 매주 매달 하는 것이 무엇인가? 나의 매일의 습관을 이야기하면 나의 장래를 이야기할 수 있다. 미래는 나에게 무엇인가 생기는 것이 아니라 내면의 현실들이 밖으로 표출되어 이루어지는 결과이다.

나와 진솔한 관계를 가지고 나의 긍정적인 면과 부정적인 면을 사용해야 한다. 남에게 물어보는 것보다 자신에게 직접 물어보라. 왜냐하면 남이 보는 눈은 잘못 볼 수도 있기 때문이다. 그러나 무엇이든지 진실을 발견했을 때 나는 습관이 바뀌어지고 성격까지 바꿀 수 있다.

투명한 목표를 가지고 그것에 대한 도전, 개척, 정복의 상상의 생각을 자주 하며 마음의 훈련을 하는 것이다. 원하는 소원, 목적, 방향, 도전들의 집중적인 생각은 나에게 두 가지의 혜택과 도움을 준다.

첫째는 두려움과 걱정으로부터 해방을 시켜 준다. 두 번째는 그것에 집중함으로써 원하는 것들을 성취하기 위한 새로운 아이디어와 현실을 만들어 간다. 행복과 성공의 두 가지와 실패와 두려움의 작은 차이점은 나의 태도가 긍정적인가 혹은 부정적인가에 달렸다.

구체적으로 삶 가운데서 찾아보자. 원하는 목적에 더욱 마음의 집중을 한다. 운동선수가 앞에 있는 본 경기를 앞두고 집중을 한다. 연극배우나 성악가가 다가올 공연을 앞두고 집중하여 마음의 연습을 한다. 승리하는 경기 혹은 성공된 공연에 집중된 생각을 하며 흥분된 마음을 갖는다. 세 번째는 목표에 확신의 생각을 갖는다. 성공한 것처럼 행동하는 것이다. 이러한 훈련은 나의 마음에 나오는 확신감이 나의 모든 전체를 지배하게 된다. 네 번째는 유머와 웃음으로 긴장을 풀도록 훈련하는 것이다. 너무 경직된 마음보다는 편안한 마음으로 자연스럽게 이루어져야 한다. 열정과 확신의 목소리로 이야기하며 불안감과 감정을 제거해야 한다. 그리고 마지막으로 계획을 곧 행동으로 옮겨야 한다.

이러한 훈련은 항상 연습과 노력이 필요한 과정이며 의심의 생각이 찾아올 때는 반사적으로 나타나게 하여 훌륭한 예방책으로 사용한다. 우리의 근육이 꾸준한 훈련으로 통하여 강해지는 것과 마찬가지로 우리의 마음도 이러한 훈련이 지속되어야 한다.

우리의 삶은 단순히 틀에 짜인 계획들에 의하여 진행되어 가는 것이 아니고 또한 매일 먹고 마시는 것이 인생의 전부는 아니다. 평소의 나의 생각이 곧 나를 만든다. 나의 마음의 확신은 나의 생각과 그것에 의한 태도에서 나온다. 이러한 훈련들을 통하여 긍정의 마음과 자신감이 나의 마음 중심에 확고히 자리 잡는다.

확신감에 대한 생각의 개발과 훈련은 부정적인 생각에 대항하는 방패와 면역의 큰 역할을 하는 것이다. 우리 주위를 살펴보면 바람직하지 못한 것들과 그리고 힘을 약화시키는 요인들이 많다. 나에게 힘을 실어주는 일 들은 무엇인가 몇 가지 노트에 기록하고 항상 실행하여야 한다. 어느 순간 힘이 없어지고 부정적인 생각이 들 경우 힘을 받는 일들과 기쁨의 생각들로 대치하여야 한다.

긍정의 생각은 마음에 에너지와 능력을 갖게 한다. 긍정의 생각은 또 하나의 원대한 계획을 만든다. 긍정의 생각은 너무 여러 생각들을 깊게 하지 않고 하찮은 일에 몰두하지 않는다. 단순한 마음을 준다. 최선의 것으로 결정하고 선택하는 데 신속하게 하여 준다. 긍정의 마음은 계획한 것을 곧 확신의 행동으로 옮기게 한다.

나의 마음이 절망되고 스트레스가 많이 쌓일 때에는 일에 대하여 확신하는 마음과 그에 대한 효과적인 기술을 개발하지 않았기 때문이다. 일에 임할 때는 기쁜 마음, 흥분된 마음과 나의 능력이 최대한 나타나는 실행과 노력이 필요하다. 이러한 훈련으로 점점 더 자신감을 얻게 하여 준다.

부정적인 생각이 들 때 긍정적인 생각들로 즉시 대치하라. 이런 마음의 전환과 확신은 반복적인 연습과 노력에서 얻을 수 있다. 늘 나의 마음의 상태가 하고 있는 일에 대하여 확신이 있는가 점검을 할 필요가 있다.

나를 기쁘게, 힘 있게 하는 여러 항목들을 적고 연구하라. 항상 그것들을 반복하며 실행하라. 그 후 나타나는 보람된 생각과 기쁜 마음을 즐겨야 한다. 항상 우리의 마음들이 적극적으로 변화하고 힘이 되는 것에 집중하여야 한다.

이러한 훈련은 어려운 일이 닥쳤을 때에도 문제들을 극복하는 신통한 처방약이다. 항상 어려운 환경에서 가능성과 긍정적인 면을 발견해야 하며 그 진리를 믿어야 한다. 여러분 자신들이 가능성을 찾아내고 개발하여야 하는 책임이 있다. 배우는 것에 성취감과 승리감을 느낀다면 매일 일상 계획 가운데 실행하라. 그리고 실행한 후에 반드시 그 기쁨을 즐겨라.

또한 삶 가운데 내가 좋아하는 것, 긍정적인 것, 도전적인 것, 가치 있는 것을 발견하여 의식적으로 그러한 것들을 얼마 동안 즐겨라. 머리로 단순히 생각하는 것보다 10-15분 정도 집중하여 즐기는 것은 마음의 큰 에너지와 생각의 빠른 회전과 마음의 변화를 심어주는 훈련이 된다.

인간 심리학의 권위자인 펜실베니아 대학의 심리학 교수인 마틴 세릭만 교수는 그의 저서 『Learned Optimism』에서 우리의 몸과 마음은 훈련을 통하여 긍정적으로 변하는데 우리의 삶에서 근심과 걱정거리가 생긴다면 우리는 동시에 그것들에 대치하여 기쁨과 행복이라는 감정을 유발하는 일들을 찾아야 한다고 주장하고 있다.

마음을 잘 다스리기 위하여 방어벽을 쌓아야 하는데, 운동을 통하여 힘을 얻는다면 매일 정기적으로 운동을 하라. 외국어를 배움으로써 힘을 키울 수 있다면 계속하여 외국어 공부를 하여야 한다. 특정한 취미 생활에서 힘이 생긴다면 취미 생활을 하라. 자기만의 힘을 배양하기 위하여 그 동기를 찾아야 한다. 또한 그 밖의 활동을 통하여 기쁨을 즐기며 행복한 감정을 만끽하라.

가난한 이웃과 도움이 필요한 개인이나 단체에 가서 정기적으로 봉사 활동을 하라. 약한 이웃을 도운다는 마음이 긍정의 생각에 직접 영향을 가져와 우리에게 대단한 기쁨을 가져다준다. 특히 남을 돕는 봉사 활동은 우울증이나 디프레스 증상을 없애 주는 탁월한 심리 효과가 있다.

예를 들면 여러 단체나 기관이 교회를 통하거나 또는 개인적으로 노숙자들을 돕고 있다. 홈리스 사역이라 할 수 있는데 그들의 형편과 사정이 그들 나름대로 많은 이유가 있겠으나 돕는 사람들은 무엇과도 바꿀 수 없는 귀한 기쁨을 체험하는 것이다. 이러한 기쁨은 마음 깊은 곳에서 솟아나는 값진 귀한 그리고 보람된 진정한 기쁨이다.

인생은 염세주의자, 비판, 부정적인 부류들과 낙천주의자 그리고 희망을 가지고 사는 부류와의 싸움이다. 부정적인 것들의 공격은 시시때때로 무방비 상태인 나를 공격하고 약하게 한다. 나만의 방어법을 가지고 강하게 대처를 하여야 한다.

내가 싫어하는 요인들을 종이에 항목별로 적어라. 나를 강하게 해 주는 방법들은 각 사람마다 조금씩 방법은 틀릴 수 있으나 근본적으로 동일한 원리가 있다. 의식적으로 싫어하는 것들을 메모지에 적어 마음에 확인하는 작업이 필요하다. 이렇게 메모하는 습관은 부정적인 생각에서 긍정적으로 벗어나게 해 준다. 즉흥적인 충동에 의한 행동의 결과에서 나타나는 기쁨과 쾌락은 지속될 수 없으며 오히려 후회의 순간이 된다. 오히려 동기부여와 나의 의지를 소멸시키고 죄의식에 사로잡혀 앞길을 막고 좌절하게 만든다.

낙관적인 생각은 왜 행복을 가져다주는가?

만약 미래의 삶을 긍정적으로 생각한다면 정해진 목표에 대하여 더 많은 노력을 할 수 있게 하며 자신의 성취의 동기가 강하게 내포되어 있기 때문에 결과에 따른 정확한 판단과 분석이 가능하다. 마음에 확신을 가질 때 불경기와 그 밖에 예기치 않은 어려운 난관을 자신의 능력을 최대한 발휘하며 극복한다. 이러한 현상은 특히 어려운 환경에서 더욱 뚜렷히 나타난다.

확신의 마음은 모든 일을 긍정적이며 적극적으로 대처하게 만들고 자신감을 가져다준다. 그러므로 계획과 도전을 쉽게 포기하지 않는다. 이러한 특징들이 사회 여러 계층에서 성공한 자들의 공통적인 특징이며 자신들의 업적을 통하여 그들은 자신감과, 성취감, 삶의 행복감을 가지고 있다. 낙관적인 생각은 동기부여를 선명하게 해 주고 문제에 직면했을 때 주도적으로 행동함으로 이성적으로 대처할 수 있게 도와준다.

예를 들어 낙관적인 성격을 가진 임산부는 그렇지 않은 임산부보다 우울증이나 신체의 호르몬 변화에서 일어날 수 있는 어려운 심리의 변화가 적은 편이고 문제들을 또한 쉽게 극복한다. 또한 긍정의 사고를 가진 대학 신입생들은 입학 초기에 나올 수 있는 여러 가지 심리적 어려움을 보통 사람이나 부정적인 마음을 가진 학생들보다 훨씬 쉽게 극복한다. 이렇듯 어려운 환경 가운데서 적응하는 능력이 탁월하게 작용한다.

인생은 그림을 그리는 예술가의 솜씨가 나타나야 한다. 비지니스도 하나의 예술품의 결정체로 보는 것이다. 우리 모두는 유능한 예술가가 되어야 한다. 그러기 위하여서는 나의 속에서 최고의 능력을 나타내어야 한다. 확신, 긍정의 감정은 기쁘게 웃을 수 있고 하늘을 날 듯한 상쾌한 마음이 생기고 춤을 출 수 있는 삶의 기쁨의 에너지와 원천이 된다.

심리학자들의 연구 결과에 의하면 확신감과 열린 마음은 모험심과 경험을 통한 배움의 마음을 유발시키고 좀 더 정확한 세상으로 향한 마음의 지도를 만들어 준다. 확신감이 부족하거나 부정적인 마음의 요소는 역동적인 삶을 가로막고 그 결과 나의 축적된 지식을 차단한다. 그러나 확신감은 정반대이다. 세상 밖으로 좀 더 많은 것을 시도함으로 예기치 않은 곳에서 삶의 지혜와 에너지를 만들어 낸다.

확신감은 나를 여러 단계 업그레이드된 존재로 변화시킨다. 마음 속 깊은 곳에서 긍정적인 확신감은 나를 돕는 주위 사람들에게 진심으로 감사의 마음을 표할 수 있고 배우고 싶은 분야에 최대의 관심을 가지며 이웃과 함께 시간을 나누며 순간순간을 최대로 즐김으로써 내가 이루어낸 것에 큰 보람과 기쁨과 감사의 마음을 갖게 해 준다.

# 도전, 그 이름이 주는 쾌감

삶의 성공을 이루기 위하여 반드시 지나야 할 핵심적인 부분이다 인생에 수많은 도전들이 놓여 있다. 산을 넘으면 강물이 막고 있다. 그러나 우리는 산과 강을 건너야 한다. 강을 넘으면 큰 바위가 눈앞에 나타난다. 바위도 정복을 하여야 한다. 비바람과 추위와 눈보라도 몰아친다.

이러한 문제들을 딛고 넘어서려면 끊임없는 도전이 요구된다. 목표를 향하여 가는 과정에 도전은 성공의 핵심이요, 무엇보다도 중요하다. 도전 후에 오는 보상은 확실하며 돈으로 살 수 없는 귀한 자산이요, 산 경험이요 참 기쁨이다.

이러한 도전에서 승리가 많아질 때, 또한 힘든 과정을 하나 둘씩 목표를 향하여 조심스러운 발걸음을 옮기는 과정에서 인생의 성공은 하나 둘씩 앞으로 다가온다. 어려운 시간의 과정을 즐기며 한 걸음 앞으로 발전하는 나 자신을 발견하는 기쁨은 정상에 오르는 것과 같은 희열을 가져다준다.

정상에 오름이 최종 목표이자 마지막은 아니다. 정상에 오르기 위한 과정을 통하여 한 단계씩 높아지며 더 높은 목적을 위하여 나 자신을 채찍질하는 것은 무엇보다도 중요하다. 그것은 바로 도전 또 도전하는 마음이다. 꾸준한 인내심을 가지고 내가 하고 싶은 것, 배우고 싶은 것, 도달하고 싶은 목적지를 향하여 꾸준히 한 걸음을 옮겨야 하는 훈련 과정이다.

우리의 인생 여정에서 진정한 목적은 한 목표 달성에 있는 것이 아니라 그것을 향하여 노력하며 얻어지는 성장에 있다. 인생에서 성장이 멈춰진 삶은 살아 있는 생명이라 할 수 없다. 인생의 모든 일이 전부 순탄하게 되는 것은 분명 아니다. 넘어지면 일어서고 다시 시작하는 과정은 늘 삶 가운데 반복되고 언제든지 혹은 어느 곳인가에 도사리고 있다.

실패란 우리의 동기부여를 새롭게 하여 준다. 다시 자세를 잡고 목표를 향하여 도전으로 이어진다. 넘어지더라도 목표를 향하여 다시 발걸음을 재촉하는 마음은 세상에 대한 위대한 도약이다. 그것을 통하여 더 큰 용기와 담대함을 얻는다. 혹시 실패를 하였다 할지라도 강한 자신감을 얻는다.

어떠한 도전을 하여야 하는가는 전적으로 인생의 운전자인 나에게 달려 있다. 우리들은 인생을 향하여 도전할 수밖에 없다. 많은 도전을 할 기회들이 나의 눈앞에 전개된 것이다. 이러한 문제와 도전들은 반드시 나의 목표를 성취하는 데 귀한 도우미 역할을 한다.

목표의 달성은 쉽게 다가오지 않는다. 끊임없이 개발하고 그 가치를 발견하고 확신하는 가운데 행동의 도전으로 다가가는 것이다. 매일매일의 이러한 연습과 훈련은 목표의 달성으로 향한 바탕이 된다. 그곳에서 나의 기쁨과 인생의 참 가치를 발견한다. 나의 태도와 행동을 이러한 마음의 습관으로 만들어 목적지를 향할 수 있도록 시너지의 역할을 한다. 쉼 없는 열정과 에너지를 가지고 노력할 때에 우주의 모든 에너지가 나의 매일의 삶에 다가와 목표 지점까지 인도하여 안착하게 하여 준다.

도전은 우리가 문제에 봉착했을 때 그 진가를 발휘한다. 문제가 있는 가운데 도전의 의미는 더 값진 것이다. 도전은 문제를 안고 나아가는 것이다. 서로 공존하며 문제를 원하는 곳으로 인도하며 해결한다. 끊임없는 도전의 보상은 반드시 계획에서 승리를 이룬다.

도전의 시기는 나의 귀한 능력이 발휘가 되는 전초 시기이다. 인생의 새롭게 변화를 주는 좋은 기회이다. 최대 신발 메이커인 나이키의 광고인 "Just do it!"이라는 광고는 새로운 힘을 주는 글귀이다.

필자가 평소에 느끼는 특히 미국에 살고 있는 1.5혹은 2세 자녀들의 이야기를 적어 보고자 한다. 대부분 영특하고 성실한 우리의 자녀들이 이곳 주류사회 각 분야에서 열심히 일하고 있다. 그들은 대부분 고학력을 가졌고 이름난 학교 출신들이다. 각 학교의 통계에 의하면 그들의 성적은 항상 상위권을 차지하고 있다.

미국의 각 학교 졸업식에서 주는 특별상, 취우수상, 우등상은 학교마다 한국의 청소년들이 다수 포함되어 있다. 이들의 우수성은 미 주류사회의 부모들도 인정하고 있는 사실이다. 그런데 문제는 그들이 졸업을 한 후부터 시작이 된다. 예비전은 끝이 난 것이다. 인생의 주경기가 눈앞에 전개된 것이다.

물론 이민 역사가 이제 100년을 넘었다고 하지만 실제의 본격적인 이민 역사는 약 40여 년 전 본격적으로 시작되었다. 1세들이 이루어낸 업작은 가히 기적을 이룰 만큼 대단하다. 웬만한 나라보다 연 예산이 큰 남가주 로스엔젤레스 시의 경우를 보면 한인들이 정부에 미치는 재정적인 위세는 가히 대단한 위치에 있다. 남가주에는 고국의 다른 도시에 있는 것으로 착각을 할 만큼 교포들이 많이 살고 있다.

2세나 혹은 1.5세에 관심을 둘 수밖에 없는 것은 그들은 우리의 전통문화와 역사를 이어나가는 후세대들이고 이곳에서 조국의 위상을 나타내며 뿌리를 내릴 인물들이다. 더구나 외모나 언어나 그리고 지식면에서는 이곳 사회에서 절대 손색 없는 자격을 갖추었다. 이러한 훌륭한 배경에도 불구하고 문제는 주류 각 분야에서 두각을 나타내는 지도자나 인재들이 별로 없다는 것이다.

각 분야에서 많은 정책과 결정을 수립하고 실행하는 더 많은 지도자들이 우리 자녀들 가운데서 배출되어야 한다. 다행히 최근에 각시나 주정부, 시장, 시의원, 교육위원 등 지도자를 뽑는데 한인들이 많이 자리를 차지하고 있다. 상당히 고무적인 현상이다. 그러나 필자가 안타깝게 생각하는 것은 실상 그들이 주류사회에 경쟁하면서 상당 부분에서 아직 이곳 주류사회의 벽을 넘지 못하고 중요한 요직에 올라가는 것에 많은 제한을 받고 있다는 사실이다.

문제점들이 무엇인가? 이들에게 있는 공통적인 문제는 대부분 주어진 일만 잘하고 있을 뿐 자신의 능력을 적극적으로 표현하는 창조성 그것에 따르는 행동에서 상당히 미흡한 것이다. 또한 추진력에서 자신감이 결여돼 있고 남을 포용하는 자세가 부족한 것이다.

그들에게는 도전성과 과감성이 필요하다. 수동적인 자세에서 탈피하여 좀 더 적극적이요 능동적인 태도가 주요 과제다. 자신의 아이디어를 추진하고 나가는 모험성과 담대함이 이곳의 주류 인종에 비하여 한참 뒤지고 있는 사실이다.

1세대인 부모들이 문화가 틀리고 언어가 틀린 가운데서 이국땅에서 이루어 낸 사업의 도전성과 모험성에 비하여 비교가 되지 않게 대단히 약하다. 한마디로 주류사회의 모든 여건들로부터 주눅을 느낀다고 하면 정확한 표현이 될는지 모르겠으나 혹은 자신의 정체성 부족에서 오는 피동적인 마음에서 그들에게는 소위 '배짱'이라는 자신의 GUT가 상당히 결여돼 있다.

# 나의 능력을 높여라

미국 사회는 흑인 대통령을 배출해 낸 상당히 저력 있는 열려진 능력 위주의 사회다. 기회의 나라이며 어느 분야에서든 탁월한 능력이 있으면 인종을 불문하고 지도자로서 인정을 받는 사회다. 물론 아직까지 특정 분야에서는 타 인종을 배타하는 소위 텃세라는 것이 존재하고 있다. 그러나 이러한 편견은 어느 나라 혹은 어느 사회에서 언제든지 일어나며 존재한다.

심지어 우리나라의 조그마한 나라에서도 특정 지방의 출신 그리고 같은 학교 출신이 아니면 승급과 출세에 많은 편견과 보이지 않는 큰 벽이 가로 막고 있다. 외부인에 대한 배타의식이 대단히 강한 나라가 아닌가 생각하여 본다. 나라에서 필요한 인재들을 배출시키고 능력과 실력 위주의 인재들을 과감하게 등용하는 사회의 분위기는 그만큼 선진국 대열에 설 수 있는 지름길이다.

우리의 주위에서 흔히 볼 수 있는 이러한 편견은 인간사회에서 항상 있다는 것을 전제로 하고 그 만큼의 더 많은 자신의 전문 분야에 대한 기술 습득, 노력과 훈련, 결단하는 용기가 절대 필요하며 어떠한 환경에서도 옳은 것에 대하여 굽히지 않는 강인함 그에 수반되는 철저한 자기개발과 훈련이 필요하다.

항상 자신의 능력을 확신하고 능력 있는 사람으로 신뢰하되 담대하게 도전하는 마음을 늘 가져야 한다. 문제를 전면에서 해결하든지 혹은 인내를 가지고 다른 방법으로 대처하며 나가는 뚝심이 필요하다.

풍습과 생각과 언어가 틀린 사회에서 나는 항상 약자 혹은 추종자라는 콤플렉스를 가지고 있기 때문에 자신의 성장은 기대할 수 없고 이에 따르는 열등한 생각의 틀에서 빨리 벗어나야 한다. 이것은 내적에서 오는 나 자신과의 싸움이요 결국은 자신의 권리 포기로 이어진다.

필자는 미국에서 살면서 한국인들이 외국인과의 사이에서 어느 특정 이슈에 대한 권리의 요구와 주장이 상당히 약하다는 생각을 하고 있다. 사회적으로 큰 이슈가 나올 때에는 문제의 옳고 그름을 밝히기 전에 먼저 자신들의 정당한 권리를 포기하는 것이다. 끝까지 자기의 정당성과 결백을 주장하며 맞설 필요가 있는데도 불구하고 상대의 위협적인 분위기에 수건을 쉽게 던진다. 그 원인은 철저한 자아의식의 문제로 나의 신분은 손님이라든가 이방인이라는 관념이 무의식 가운데 존재하고 있다는 사실이다.

미국 주류사회에 주인 의식을 가지고 두각을 나타내는 중요한 요인은 자신의 목표가 선명하고 상대방에 자신의 의견을 확실히 전달하는 것이다. 능력이 겸비된 비전과 통찰력 그리고 담대한 마음은 반드시 필요하다. 중요하지 않은 부분에 많은 초점을 맞춘 나머지 정상적인 상황을 오해와 핵심에서 벗어난 방향으로 비약하는 경우가 많다.

나에게 필요한 문제점은 무엇인가를 파악하고 보강하는 것이다. 특히 우리의 자녀들이 대화에서 상대방에게 자신의 좋은 창의적인 아이디어와 견해를 일목요연하게 발표하는 것, 자기의 능력과 회사에 대한 노력의 마음을 상사에 좀 더 적극적으로 알리는 대화의 기술과 그에 따르는 행동의 열정과 적극성은 상당히 약한 부분이다.

그러나 이것들은 이곳 주류사회에서 나의 능력을 나타내기 위한 수단으로 무엇보다도 중요하다. 자신들의 능력과 실력을 겉과 속으로 정확하게 포장하여 외부에 잘 나타나야 한다.

자신의 능력과 창조적인 아이디어를 효과적으로 나타내는 것은 어느 사회에서 자기의 아이덴티티의 개발에 없어서는 안 될 매우 중요한 요소이다. 문제가 있으면 해결하고 또한 맞부딪치는 용기가 절실히 필요하다. 다른 방향을 모색하여 해결점을 찾기보다 너무 쉽게 권리를 포기하는 태도는 이곳 사회에서는 실패자의 태도이다.

포기하는 것의 결정적인 이유는 자신의 의견을 주장하는 데 소극적이며 다양하지 못한 분위기에서 성장한 이유일 것이다. 그들의 마음이 좀 더 담대해져야 하고 용감성과 강한 마음으로 대처해 나가야 한다.

큰 물가에서 활동하려면 나만의 노하우와 그에 따르는 자신감을 꾸준히 키워야 한다. 다른 이유는 보이지 않는 편견의 이슈가 자주 대두되고 그곳에 무엇인가 높은 담이 서 있다. 겉으로 높게 보이는 장벽만을 크게 보고 따라서 쉽게 항복하고 만다.

이러한 문제는 우리 모두에 해당이 되는 문제로 차별 받지 않은 마음과 행동과 목표에 대한 끊임없는 자기개발, 그리고 과감한 도전이 필요하다. 주류사회에서 인정받는 여러 사람들을 볼 때 그들의 훈련과 노력은 존경할 가치가 충분히 있다.

또 다른 요인을 든다면 이들이 도전의식의 부족이라는 부모에게서 받은 유교적인 풍습에 따르는 문화적인 면과 유전적인 면도 많이 작용하는 것도 이유 중 하나이다. 조용하게 자신만의 주어진 일만 묵묵하게 하는 것을 동양의 미덕으로 생각하는 조상들의 생각이 알게 모르게 그들의 내적인 마음 한구석에 자리 잡고 있다. 아이들은 부모로부터 보고 듣고 배우고 성장한 것이다.

수줍어하고 소극적으로 생각하는 맨탈리티에서 벗어나 작은 범주에서 과감하게 탈피하고 자신의 확고한 아이덴티티에 바탕을 두어 적극성과 창의성, 도전성, 용감성을 길러내는 훈련과 연습이 필요한 것이다.

부모들은 자녀들 교육 문제 혹은 일반 대화에서도 과거의 부모 위주의 일방통행식의 편협한 범주에서 벗어나 좀 더 창의적으로 넓게 다양성 있게 그들의 의견을 넓은 시각으로 수용하여야 하고 또한 자녀들을 정신적으로 강하게 자립적, 독립적으로 교육시키는 것은 대단히 중요하다. 그들을 연약한 어린아이로 취급해 온실 안의 화초로 키우는 것보다 강한 인격체로 받아들이고 삶의 과정에서 넘어지는 것도 배우고 그곳에서 다시 스스로 일어나는 방법을 터득하게 만들어야 한다.

우리 세대는 어릴 때 조금만 실수해도 부모 혹은 선생님으로부터 질책을 받는 것이 당연시되어 왔다. 문제 그 자체만 보고 그들의 입장에서 이유를 알아보기도 전에 결과만 보고 판단한다. 잘하는 일은 당연히 여기고 대충 넘어가지만 조금이라도 잘못했으면 어김없이 일장훈계와 꾸중이 따른다. 혹여 잘못했을 때 '잘했다. 다음에는 더 잘할 수 있다'는 고무적인 이야기는 상상할 수 없었다.

칭찬은 없고 꾸중만 계속되면 아이들이 부정적인 자아상을 갖게 되고 매사에 자신감을 잃어 의욕을 상실하게 된다. 실수하면 체벌을 받는 것에 대한 두려움으로 모험적인 시도는 생각조차 하지 못한다.

이와 반대로 실수할 때도 잘했다든가 격려를 받는 환경에서 자라난 아이들은 자신감이 생기고 건전한 자아상이 형성되어 성인이 된 후에도 자신의 확신감으로 인해 도전과 창조 정신으로 헤쳐 나가며 능력 있는 삶을 갖는다.

# 5

# 오직 도전하는 자만이 성취한다

인생에서 실패의 본질도 중요하나 문제가 있을 때에 넘어서는 부분에 더 강조가 필요하다. 이러한 교육은 가정에서부터 시작되어야 한다. 부모들이 아이들의 독특한 개성을 인정해 주어야만 자신들이 각자의 자신들을 인정할 수 있다.

자신들을 받아들이고 인정하는 것은 자존감을 갖는 데 매우 중요한 요건이 된다. 즉 자신의 능력을 최대로 발휘하고 삶의 성공을 가져오는 필수 요인이 된다. 부모들은 이해가 잘 되지 않지만 자녀들의 입장에서 생각하고 부모들의 잘못된 편견이나 이해관계에서 떠나 그들의 입장에서 사물을 크게 보고 나의 좁은 틀에서 나오는 즉 나의 생각만 강요하는 것이 아니라 그들의 마음과 생각을 이해하고 도전 의식을 심어주며 가능성이 보이는 부분에서는 전폭적으로 지지하고 실수가 있더라도 용기와 격려를 해 주는 것이 곧 부모의 책임이다. 그것은 무엇보다도 자녀들이 이곳에서 능력 있는 자들로 큰 날개를 펴고 높게 성장시키기 위하여 부모들이 앞장서서 개선해 나가야 할 필수적인 교육 방법이다.

소위 명문 사립대학을 졸업했으나 주류사회에서는 학교에서 공부한 전공을 살려 능력을 발휘하지 못하고 결국은 부모들이 하고 있는 소규모 비지니스를 이어받는 안타까운 현실을 본다. 물론 1세들이 만들어 낸 비지니스는 대단하다. 상당한 규모로 성장을 이루었다. 스몰 비지니스로 시작하였지만 그것을 통하여 이민 생활에 정착을 한 원동력이 되었고 그 곳에서 훌륭하게 자녀를 교육시킨 것이다. 그곳은 1세들의 엄청난 노고와 피와 귀한 땀과 수고가 배어 있다.

부모들은 자녀들의 꿈을 성취하는 차원에서 자녀들을 부모의 울타리 안에서 키우는 것이 아니라 이들의 장래를 위하여 그리고 사회의 각 부분에서 널리 쓰임 받는 사람으로 자녀들의 소질에 맞춰 더 큰 안목으로 키워야 한다. 초점을 부모들에게 맞추는 것이 아니고 자녀들의 자질, 장점 그들의 열정에 맞추어야 한다. 그후에 자녀들에게 도전하는 개척하는 정복하는 정신을 심어줘야 한다.

중고등학교 시절에는 자녀들이 모든 면에서 두각을 나타내는 편이나 대학에 입학한 후 대학의 과정을 제대로 따라가지 못하여 중도에 포기를 하고 계획한 방향으로 나가지 못하는 경향이 있다. 그것은 그들이 어려서부터 부모들의 높은 교육열과 자녀들이 여러 면에서 완벽한 실력을 갖추게 하기 위하여 무리한 성화와 요구로 인하여 본 경기가 시작되기도 전에 아이들의 에너지가 소진되어 버린 것이다.

에너지와 창조력이 필요한 인생에서 본 경기의 시작은 대학 생활로부터 시작이 되고 졸업 후 사회에 발을 들여놓는 과정에서 계속하여 사회생활로 이어진다. 이때부터 각자 다양하게 성장된 자신들의 색깔을 나타내고 그동안 학교에서 닦았던 실력과 능력을 어김없이 발휘하는 것이다. 그전까지는 준비 기간으로 스스로 서는 훈련이 시작되나 본 경기를 위하여 힘과 에너지를 비축하여야 한다.

대신 그들의 창조성을 발견하고 키워줄 수 있는 다양한 분야 혹은 문화들을 접목시키는 것이 중요하다. 다른 방향에서 창조적이고 자신들의 정체성을 찾아내는 기간이 된다. 이러한 과정은 나의 알지 못하였던 새로운 면을 발견하는 중요한 시기로 미래에 성장을 위한 중요한 주춧돌이 된다.

이러한 바탕 위에 올바른 판단 의식이 필요하고 인내하고 나의 감정을 자제하는 훈련, 용기와 담대함이 필요한 여러 가지 실력을 끊임없이 개발하는 것이다. 이러한 훈련 기간을 통하여 주류사회에 나가 다양성 있는 분야에서 쓰임 받고 두각을 나타내야 한다.

흔히 대부분 부모들이 강요하는 획일적인 의사나 변호사나 교수가 그들의 인생의 전부가 될 수 없다. 설상 부모나 주위에서 원하는 좋은 직업을 갖게 되었다 할지라도 그들은 중도에 포기하는 경우가 많다. 왜냐하면 그들이 하는 분야는 부모의 강요나 희망에 의한 것일 뿐 진정 자신들이 원하는 것이 아니기 때문이다.

이러한 관점으로 보면 부모들의 삶을 자식들이 대리 만족의 도구로 잘못 사용되고 있다. 한 분야에 우뚝 선 인물들은 어느 분야에서든지 자기들이 원하는 분야에서 그들의 노력과 도전에 고삐를 늦추지 않고 전진하는 사람들이다. 그들은 타고난 자기만의 색깔이 분명히 있다. 원래의 타고난 능력과 재능을 찾아 그 능력이 최대한 발휘될 수 있는 곳에서 끊임없이 도전하며 마음껏 꿈의 날개를 펴나가야 한다.

이제는 힘과 능력을 나의 강한 곳에 모아 재정비하고 진가를 발휘하여 그 분야에서 혼신의 노력을 하고 최대의 승부를 걸어보자. 진정 그 분야가 나의 달려갈 길이라면 앞에 찾아올 혼돈과 두려움에서 도피하지 말고 부딪치며 그곳에서 힘을 얻고 길을 모색하는 것이다.

이것들은 그들에게 약간의 혼란과 어려움을 줄 수 있으나 혼동과 두려움이 있는 만큼 그들을 더 성장시켜 준다. 세상의 모험에는 반드시 도전과 위험이 따르는 것이다. 도전도 못하고 쉬운 방법을 찾거나 포기하고 제자리에 안주하는 실패의 삶이 더욱 비참한 것이다.

인생의 명장들은 모두 그들이 후에 받을 상을 바라보며 이러한 거침돌들이 그들의 능력을 효과 있게 발전시킨다는 사실을 잘 알고 있다. 우리나라의 노동의 최대의 연한은 불행하게도 주로 40대 후반 아니면 50대에 교체가 된다. 전문가의 노하우가 인생의 후반기에 점철되어 능력의 진가를 발휘할 황금시기인 때에 직장에서 쫓겨나듯 떠나야 한다.

어떠한 정보와 새 기술이 필요한 글로벌 시대일지라도 많은 돈을 들여 대학을 졸업하고 일하는 시간은 고작 20-25년밖에 되지 않는다. 물론 신 기술의 도입도 중요하지만 오랫동안 현장에서 쌓아온 경험에 의한 명장들의 노하우는 더욱 값지다. 이러한 낭비가 국가적으로 얼마나 큰 손실인가?

그동안 쌓아온 경험이 직장에서 손을 놓는 순간 열심히 닦아놓은 노하우는 무용지물로 변한다. 실력이 한껏 발휘될 수 있는 지점에서 물러나야 하는 현실이다. 우리나라와 같이 작은 면적에 또한 지하자원은 거의 없는 상태이고, 그리고 그 밖에 여러 기간산업의 근본 인프라가 잘 형성되지 않은 상황에서 매년 수많은 대학 졸업생들이 홍수와 같이 사회로 쏟아져 나와 직장을 찾는 청년층이 많아지는 열악한 환경 가운데 장년층이 직장에 남아 있을 수 있는 확률은 점점 희박해진다. 이러한 국가적 손실을 막기 위하여 국가적인 차원에서 장기적인 보완책이 필요하다.

졸업 후 직장을 잡지 못하는 악순환을 개선시키기 위하여 유럽 국가처럼 많은 숫자의 값비싼 대학 기관보다는 실용성 있고 저렴한 단기간의 전문기관, 즉 직업학교를 만들어 배출하는 효과적인 방법도 생각해볼 수 있다.

# 위험을 무릅쓰고 도전하라
## (No Risk, No challenge)

아무런 모험심 없이 성장 발전을 기대하는 것은 노력없이 성장하는 것과 같은 원리이다. 모험은 곧 나의 능력과 인내를 시험하는 절호의 기회이다. 우리의 마음에는 늘 가고자 하는 길과 그 목표를 향하여 늘 고민하며 방법을 찾고 있다.

마음속의 배고픔을 느끼고 무엇인가 갈증을 느낀다. 현재 처한 위치에 만족을 하지 않는다. 결단의 마음과 모험의 마음을 가지고 원하는 곳을 향하여 달려 가는 것이다.

나의 가는 길은 진실된 꿈이요, 이것은 반드시 실행하여야 하고 성취가 되어야 하는 것이다. 이런 과정을 통하여 나를 성장시켜 주며 또 다른 가능성의 세계로 인도한다.

중국 장수성에 장초우라는 시의 예청동물원에는 탕바이후라는 이름을 가진 희귀한 흰 수호랑이가 있다. 그 호랑이는 매끼마다 사육사가 던져주는 닭고기와 쇠고기만 먹으며 우리 안에서 편안한 생활을 하고 있다.

겉으로만 용맹해 보이나 맹수의 야생 본능은 오랫동안 우리에 갇힌 생활로 인하여 잃어버린 지 오래되었다. 어느 날 사육사가 그 호랑이의 용맹성을 시험해 보기 위하여 황소 한 마리를 산 채로 먹잇감으로 우리에 집어넣었다. 호랑이는 자신보다 더 큰 황소를 보자 꼬리를 감추더니 달아나기 시작하였다. 심지어는 황소의 뿔에 받혀 상처까지 입었다. 용맹스럽기로 유명한 호랑이는 자신도 모르게 야생적 본능을 잃어가면서 번식 능력과 더불어 수명도 감퇴된 것이다.

동물원 측은 곧 호랑이에게 룸서비스를 중단하고 야생 능력이 되살아 날 때까지 살아 있는 먹잇감을 주기로 했다. 호랑이의 이러한 정신적인 정지 상태는 우리의 것과 전혀 다를 바가 없는 것이다.

이 장면에서 깨닫게 되는 것은 첫째는 귀한 목적을 가지고 태어난 인간이 받은 능력과 에너지가 개발되지 않고 소멸되면 탕바이후라는 호랑이와 같은 무용지물의 존재가 된다는 것이다. 즉, 인간들이 지은 바 목적대로 사명을 감당하지 못하는 삶의 결과에 대한 미래의 소망은 헛된 꿈에 불과하다. 두 번째는 우리 인간들의 능력에는 동물들과 다르게 문제가 있으면 문제에 지배를 당하는 것보다 그 문제를 능동적으로 해결하고 안전한 우리 바깥으로 뛰쳐 나가야 한다.

모험과 도전 정신이 절대적으로 필요하다. 속담과 같이 호랑이를 잡으려면 호랑이 굴속으로 들어가야 한다. 이것은 곧 실패에서 성공의 지역으로 옮기는 작업이다. 즉, 개척하려는 분야, 도전하고자 하는 지점에는 반드시 모험이 뒤따르며 그 과정을 거쳐야 한다. 아무런 도전과 자극이 없는 일상생활에 매인 우리에게는 이러한 능력과 생각이 어느덧 사라져 멀리 볼 수 있는 시야는 없고 좁은 생활 반경에서 습관적으로 주어진 일만 하는 삶으로 변한 것이다. 도전하거나 개척하며 지경을 넓히는 모험은 우리의 일상생활과 멀어진 것이다.

베토벤이 제9교향곡을 작곡할 때에 그의 청각 기능은 심각한 장애를 가지고 있었다. 그러나 그는 불굴의 투지로 정상인도 할 수 없는 대작을 완성했다. 모든 인간은 하나님의 형상으로 만들어졌다는 말의 뜻은 어떠한 위대한 일도 할 수 있는 능력이 있다는 진리를 포함한다. 그것이 바로 '나'인 것이다.

파가니니는 연주회가 시작할 무렵 자신이 가지고 있던 것보다 질이 조금 낮은 악기로 바꾸며 그는 "오늘 나는 나의 생애 가운데서 가장 중요한 진리를 발견했습니다. 나는 이제까지 음악의 연주는 바이올린에 있는 줄만 알았는데 그러나 음악은 내 속에 있다는 것을 알았습니다."라고 말했다.

에릭 위켄마이어는 13세 때 소경이 되었다. 그의 끊이지 않는 모험심으로 레슬링 팀에서 부반장을 하였다. 그는 그것에 만족하지 않고 암벽을 타기 시작했다. 1995년도에 알래스카로 가서 북미에서 가장 험난하고 높은 멕킨리 산을 정복했다. 그다음 해 요세미티에서 가장 높은 엘 카피탄을 정복했다. 그는 역사상 눈을 보지 못하는 첫 크라이머로 기록되었다.

모험심이란 '용기'라는 말이 뒷받침되어야 한다. 용기란 두려움이 없는 것이 아니라 두려움을 컨트롤하는 것이다. 모험이란 남들이 고정적으로 밟는 코스보다는 나만이 개척할 수 있는 분야가 무엇인가 스스로 질문하여야 한다. 후세대에게 모험심의 필요성에 대하여 중점적으로 양육시켜야 다 계산된 삶의 보장보다는 정복하는 담력과 독특한 창의성이 절대 필요하다.

주위 환경에 소극적이거나 안이한 생각을 넘어서 적극적으로 창조적으로 과감하게 나의 생활과 생각을 넘어보자. 높은 산에 올라가 아래 넓게 펼쳐진 장면들, 파란 넓은 하늘, 뭉게구름이 있는 하늘을 자주 쳐다보며 머리를 높게 들고 가슴을 펴고 마음속으로 다짐을 하라. 다시 도전하자, 개척하자, 정복하자!

이러한 외침은 도전과 모험에 기초가 되어야 한다. 내적인 성장은 삶에서 반드시 나타나야 하며 또한 그것의 의지가 선택하면 외적인 부수적인 행동이 따르게 된다. 인생의 기본 원리는 변화와 성장과 발전이 주된 목적이다.

널을 뛰는 것과 같이 더 높고, 넓게 보는 가운데 새로운 아이디어를 찾게 되고 내면의 생각이 외적인 행동으로 전환하는 패턴의 연속이 현실 속에 이루어진다. 다가올 모험을 위하여 나는 매일 정신적 혹은 육신적으로 매일 훈련을 하고 있는가?

지금 가지고 있는 나의 마음과 생각은 나의 미래가 어느 방향으로 가는지 잘 가르쳐 준다. 나의 생각하는 것들이 나를 정의하는 잣대가 되는 것이다. 그리고 그곳으로 인생의 항해를 하고 있는 것이다. 중요한 것은 나의 기존의 안이한 생각과 무미한 가치관들을 과감하게 바꾸어 삶의 도전과 발전을 위하여 무엇이 선행되어야 할 것인가에 대한 답변이 선명하게 나의 머리에 나타나야 한다.

새로운 아이디어와 계획이 마음속에 잉태되면 외적인 성장의 스트레칭이 본격적으로 시작된다. 성공하는 삶의 방향으로 가길 원한다면 무엇보다도 현재의 익숙하고 편안한 생활 습관들을 버리고 도전적이고 목표 지향적인 마음의 습관으로 전환하는 것은 필수 조건이다.

# 7

# 포기하지 않으면 이루어진다

성공 지점에 도착하기 위하여서는 나의 목표가 확실하게 설계되어 있어야 하며 끝까지 자신감을 가지고 자신을 모험의 시험대에 올려놓고 지속적인 시도를 한 결과로 그것을 성취하는 것이다. 오늘도 무엇을 고칠까? 오늘도 무엇을 배울까? 오늘도 어떠한 모험이 필요한가? 오늘도 목표를 향하여 어떻게 변화할까? 늘 고민하고 노력하는 사람이 진정한 성공자요 자신과의 싸움에서 이기는 자요 세상에 성공적인 삶을 사는 사람이다.

옛말에 유유상종이라는 말이 있다. 곧 서로 같은 종류는 같은 종류와 모인다. 내 주위에 도전 정신과 모험심으로 준비된 사람들과 교제가 필요하다. 이것은 불변하는 우주의 법칙 중의 하나다. 나의 마음에서 가난하다는 마음과 부족하다, 혹은 안 된다, 라는 마음의 전파를 밖으로 내 보낸다면 메아리의 부메랑처럼 부정적인 메시지가 돌아온다.

발전과 성장과 번영은 나의 삶 가운데서 절대로 기대할 수 없다. 하모니와 불만은 서로 배척하는 관계로 절대로 같이 공존하고 화합하지 못하는 물과 기름의 관계이다. 인생의 목표에 대하여 늘 행동이 수반되고 그것들을 항상 내 것으로 느끼고 생각하면 그들은 상호 돕는 작용을 일으켜 결국 나에게 원하는 목적지에 도달하며 곧 풍요로운 삶을 이룬다.

변화에는 모험이 필요하다. 다른 직업으로 옮길 때, 다른 부서나 회사를 옮길 때, 다른 지방으로 이사할 때 등 우리의 삶에는 많은 변화를 겪는다. 변화는 우리가 어떻게 대응하느냐에 따라 각각 다른 결과를 가져다준다. 모험은 위험을 무릅쓰고 도전할 가치가 있고 그것을 통한 변화는 좋은 결과를 가져다준다.

우리 자신들이 스스로 방해물을 만든다. 나 자신에게 항상 물어보라. '계획을 성취하기 위하여 무슨 모험들이 필요한가?' 나름대로 획기적인 아이디어들을 나열하며 적어 본다. 주위 사람들은 다음과 같은 조언을 한다. '너는 이 분야에서 시작한 지 얼마 안 되었어. 고개 숙이고 그냥 일만 열심히 해. 언젠가 나의 위치가 확고하면 그때 시작해도 괜찮다.'

그러나 나의 때가 지금이라고 생각될 때에는 곧 시도를 하는 것이다. 흔히 이야기하는 '매도 일찍 맞는 것'과 같은 원리다. 지금 안주하고 있는 나만의 둥지에서 과감히 뛰쳐나와야 한다. 지금 실수를 체험하는 것이 나중에 남의 의사에 의하여 시작하는 것보다는 훨씬 가치 있는 행동이다. 왜 남으로부터 허락을 받은 후에 용기 있는 모험을 할 것인가? 자신에게 물어봐야 한다.

바로 내가 서 있는 그 자리에서 시작을 하는 것이다. 현재의 극도로 치열한 경쟁 사회에서는 확증되지 않은 구관이 명관이라는 안이한 생각은 더 이상 통하지 않는다. 새로운 기술의 창조는 모든 사업을 역동적으로 만들고 있다.

많은 사람들이 새로운 기회를 포착하지 않음으로 말미암아 실수를 만든다. 우리의 전반적인 삶에서 혹은 사업과 직장에서 나타나는 모험에는 세 가지의 중요한 포인트가 내포되어야 한다.

첫째, 새로운 기회를 통하여 지금의 위치에서 원하는 새로운 경험과 기술 습득을 할 수 있는지 확인할 것.

두번째, 현재의 위치에서 보다 더 많은 사람들을 접하며 다양한 관계를 가질 수 있는지 알아본다.

세번째, 지금의 기회를 통하여 더 많은 결정을 할 수 있고 나아가 미래에 더 뻗어갈 수 있는 더 확실한 바탕을 마련할 수 있는지를 확인한다. 위의 문제에 대하여 확실한 답이 있을 때는 과감하게 모험을 한다.

모험에 도전하는 것은 마치 몸의 근육에 해당된다. 근육을 강하게 만들려면 꾸준한 운동과 훈련이 필요하다. 그러나 한두 번의 시도는 우려했던 것보다는 결과가 좋게 나오는 것을 경험할 것이다. 다음에는 결정한 대로 쉽게 모험에 옮긴다. 모험을 하지 않으면 성장을 할 수 없고 게임에서 이길 수 없다.

모험에는 다음과 같은 몇 가지의 형태가 있다. 철저한 계획과 계산이 잘된 모험을 생각할 수 있다. 미리 결과들을 선명하게 볼 수 있다. 복잡하지 않고 간단하며 안전하고 결과는 이것이 안 되면 저것이 된다. 또 다른 모험의 형태는 결과는 대충 알 수 있으나 확실한 결과는 아직 미지수인 변수가 있는 위험성이 내포된 모험이다.

철저한 준비와 결과에 대처하는 방법을 모색하지만 원하는 결과를 나타낼지는 의문이고 용기 있는 결단이 필요하다. 주식의 투자나 투자가들의 투자회사를 믿고 한 상품이나 한 회사에 투자하는 경우이다.

마지막으로 나의 확신 가운데 오는 모험이 있다. 내가 원하는 곳으로 되어지기를 바라지만 어떻게 하는 방법을 모르는 경우다. 예를 든다면 새로운 비지니스를 시작한다고 할 때, 제품과 서비스는 충분이 준비되었고 손님의 계층도 알고 물건의 공급처도 확보되었으나 성공하기 위한 시작의 모멘텀에 대하여 아직 확신이 없다.

어느 누구도 제품에 대한 장래에 대한 확실성이나 그 밖에 성공을 보장할 수 없다. 그러나 이러한 상황에서 결정을 하고 앞으로 나아가야 한다. 나의 능력을 믿고 위험성을 감수하고 작은 나의 공간에서 벗어나야 한다. '하늘은 스스로 돕는 자를 돕는다'라는 격언을 믿음으로 받아들이고 최선을 다하며 또한 연구와 준비가 철저하게 필요하다는 뜻이 내포되어 있다. 인생은 언제든지 모험을 해야 하는 때가 찾아온다.

# 8

# 열정(Passion), 에너지의 공급원

열정에는 두 가지의 중요한 요소가 있어야 한다. 어떤 일을 이루고자 하는 의욕과 성취하고자 하는 확신 있는 마음이다. 일을 성공시키는 원동력, 평범한 것을 탁월하게 만들어 주는 요인, 이것이 바로 열정이다. 무엇인가 하고자 하는 것에 흥분되고 내가 잘할 수 있는 능력에 대하여 확신의 마음을 갖는 것이다. 열정은 속에서 밖으로 나오는 것으로 행동 자체에서 나오는 것은 아니다. 외부에 나타나는 분노나 다혈질에서 생겨나는 것은 더욱 아니다. 창의적인 은사만으로는 인생의 절반 정도 목표를 성취할 따름이다. 마지막 절반은 나 자신이 열정의 마음을 가지고 인생의 설계도를 그려야 한다.

열정은 사람들과의 관계 나 자신 그리고 신념에 관한 부분에서 내가 어떻게 소통할 수 있는지 지침하는 중요한 포인트다. 나의 은사와 강점은 일의 시작 부분이라고 말할 수 있으나 열정은 완성 단계로 가기 위한 중요한 요소가 된다. 단순히 돈에 목적을 두기 전에 대신 나의 열정을 먼저 찾으라.

1960-1980년 사이에 1,500명의 비즈니스를 전공한 학생들을 조사한 설문에 의하면 돈을 먼저 벌고 나서 자기가 좋아하는 것을 하는

학생들은 전체의 83%가 되었고 자신들이 원하는 분야를 한 학생들이 17%를 차지했다. 20년 후 101명의 백만장자가 배출되었는데 분석한 결과 자신들이 진정 원하는 분야를 먼저 선택한 졸업생들이 100명이 되었고 돈을 먼저 번 후에 생각한 졸업생은 불과 한 명밖에 지나지 않았다.

좋아하는 것, 열정이 있는 것은 곧 그것을 성취함과 성공하는 핵심의 요인이 된다. 열정의 힘은 나에게 연료와 불과 같은 에너지 역할을 한다. 열정은 의지력을 강하게 하여 준다. 억지로 참고 해야 하는 인내가 필요 없는 것이다. 그저 최선을 다하여 기쁨으로 하는 것이다.

열정은 새로운 아이디어를 제공한다. 성공할 때까지 쉬지 않고 질주하는 것이다. 주위에서 보면 어떤 사람은 고등교육도 제대로 받지 못하였으나 한 분야에서 우뚝 솟아 성공한 사람이 있는 반면 다른 사람은 전공 분야에 학위가 몇 개씩 되지만 결과가 별로 빛을 못 본다. 원인은 무엇일까?

답은 그것에 대한 열정이 부족한 이유다. 열정은 마치 10마력의 힘에 100마력을 더하는 강력한 추진체에 해당하는 모터의 역할을 한다. 열정이 결여된 도전은 힘들고 지루하고 발전이 없고 실패만 기다리고 있다. 인생의 여정이 험난하고 괴로울 따름이다.

토마스 에디슨은 "나는 생애에서 일은 하지 않았고 다만 그것들을 즐겼을 따름이다."라고 했다. 나의 열정을 찾는 것은 나의 가장 중요한 가능성이 있는 것을 찾으며 힘든 생각 없이 즐겁게 그리고 최대의 노력을 하는 것이다. 은사와 장점과 지식만으로는 내가 목표하는 곳으로 나아가지 못한다. 다만 그것들에 열정의 날개를 달고 힘껏 높게 날아야 한다.

평범한 능력에 열정이 합하여지면 탁월한 능력이 형성된다. 열정의 발견은 우선 목표가 선명해야 한다. 특정 분야가 나의 삶의 갈 길이라고 확인되었을 때, 또한 그 목표를 선명하게 볼 수 있고, 말할 수 있고 느낄 수 있을 때 마음 깊은 곳에 숨어 있던 열정은 바깥으로 표출되어 새로운 아이디어로 에너지로 결국은 기쁨으로 변하여 마치 핵폭탄의 위력을 발휘한다. 나를 흥분시키는 요인은 곧 남을 흥분시키는 요인이다.

재능은 어떤 일을 성취하는 데 있어서 제일 첫 단계에 해당된다. 좋아서 하는 것은 모든 성취의 첫 문을 통과함과 같다. 많은 사람들은 타고 날 때부터 재능을 가질 수는 있으나 열정은 어떻게 가질 수 있을까? 또한 관심도 없고 찾고자 하는 노력도 보이지 않는다. 아무리 좋은 재능을 타고 태어났다 하더라도 열정이 결여된 재능은 허울만 좋아보이는 것에 불과하다.

애플 컴퓨터의 창시자인 스티브 잡스는 스탠포드 대학교의 졸업식 강연에서 "내가 만족할 수 있는 유일한 일은 내가 최대한의 가치가 있다고 생각하는 곳에 있다. 내가 하는 것을 최대로 좋아해야 한다. 아직 찾지 못했으면 시간이 지체되더라도 계속하여 찾으라. 성심껏 최대한 열심으로 찾으면 찾게 된다. 계속 찾을 때까지 마음을 다른 곳에 빼앗기지 말 것이다."라고 열정에 대하여 학생들에게 강조하였다.

나의 최대의 관심이 가는 것을 빨리 찾을 수도 있지만 몇 년 후에도 마음의 확신이 없는 경우도 있다. 낙심하지 말고 그것을 찾아서 계속하여 문을 두드려야 한다. 나의 열정을 갖는 분야를 찾는 중요한 방법 몇 가지를 소개하면, 우선 나의 최대한의 관심이 가는 곳, 가급적이면 미래의 유망한 분야, 개척이 필요한 곳을 찾는다. 성공할 수 있는 분야가 어디인지 다음의 사항에 열정이 있는 곳, 그 시작점을 찾아야 한다. 나의 열정이 가는 곳으로 따라가야 한다. 왜냐하면 다른 선택의 여지가 없다. 내가 하는 것에서 가치를 발견하고 그곳에 모든 초점을 맞추면 자동적으로 말과 행동에서 힘과 열정이 표출된다.

성공하지 못하는 그룹의 사람들 대부분은 돈을 우선적으로 선택하든지 나와 전혀 관계없는 분야를 단지 호기심으로 잘못 선택하는 경우이다. 그러나 나의 최대의 관심이 가는 곳을 포기하고 단 조금 더 수입이 많다는 이유로 직장을 옮기는 것은 자신의 장래를 가로막고 미래를 포기하는 행동이다.

다음은 직장의 분위기가 진취적이고 발전을 위하여 총력을 기울이는 역동적인 분위기, 인정하고 격려해 주는 분위기 등의 여건은 나의 삶에 지대한 동기의식을 부여하고 새로운 열정의 마음을 가져다준다.

다음은 현재의 전공 분야가 올바른 것인지 다시 점검할 필요가 있다. 흥미를 잃었다면 다시 생각하고 전환을 할 필요가 있다. 그다음은 나의 마음가짐이다. 변화할 준비가 되어 있는가? 노력과 희생을 감수하고도 그 분야에 도전장을 던져야 한다. 과거의 편안한 둥지에서 나와 생각의 틀을 과감하게 변화시키는 도전의 둥지로 옮겨야 한다. 그 분야에 관하여 도움을 구하라.

> *"네가 하고 있는 일에 모든 초점을 맞추라. 태양빛의 초점이 한곳에 있지 않고서는 종이를 태울 수 없다."*
>
> - 그래함 벨 -

두 종류의 사람들이 있다. 불을 지피는 사람과 불을 끄는 사람이다. 전자는 주위 사람들의 마음속에 불을 늘 간직하게 도우는 역할을 하며, 후자는 찬물로 주위 사람들의 마음속의 불을 끄고 다닌다. 그들은 항상 입버릇처럼 자기의 신세 한탄과 환경을 탓하고, 과거에 시도했는데 실패했다는 무용담뿐이다. 나는 그런 방법으로 일을 하지 않는다, 누가 이러한 힘든 일을 할 것인가?, 나는 그 일을 하기에 적합지 않다, 말은 좋으나 그러나, 그러나,…… 상관이 찬성하지 않을 것이다 등등의 만약과 가정의 변명과 부정적인 핑계뿐이다. '무엇이 옳은가'에 초점을 맞추기보다 '무엇이 틀린가'에 초점을 맞춘다.

나의 열정을 쏟을 부분을 발견하기 위하여 다음과 같은 질문을 자신에게 해 본다. 무엇이 나의 마음속에서 노래를 하게 하는가? 무엇이 나의 꿈을 만드는가? 무엇이 나를 한숨짓게 만드는가? 열정이 없는 인생은 살아 있는 것처럼 보이나 죽은 것과 같은 존재이다. 마음속에 있는 열정을 개발하려면 속에 있는 나쁜 습관을 제거하여야 한다.

특히 습관적으로 원망이나 비난하는 요소는 열정에 대한 최대의 적이 된다. 나의 생각과 행동이 같아야 한다. 원하는 분야에 절실히 필요한 긴박성을 수반하여야 한다. 마감 시간을 정하여 마치도록 한다. 훌륭한 결과가 나오도록 더욱 최선을 다한다.

내가 원하는 분야를 확실히 알고 열정으로 구하면 이미 반 이상은 성취한 것과 같다. 다음의 사항에 집중하여야 한다.

1) 나의 강점들 (재능)
2) 남보다 탁월한 결과를 가져올 수 있는 것.
3) 이것을 위하여 나의 온 에너지를 쏟을 수 있는 것,
4) 내가 세상에 태어난 목적이라고 확신하는 것,
5) 활기가 생기는 것.
6) 무보수라도 할 수 있는것

위의 다섯 가지의 해당하는 면에 집중을 하고 그에 대한 철저한 분석을 하는 사람들은 이성에 의하여 지시를 받고 열정에 의하여 감화를 받는다. 나의 열정은 불과 같은 능력이 있다. 뜨거운 불길이 마음속에 없으면 남에게 불을 붙일 수가 없다. 나의 모든 열정과 생각을 지금 하고자 하는 곳에 모아야 한다. 태양의 빛은 한곳으로 모아져야 종이를 태울 수 있다.

나의 숨은 열정을 발굴하기 위하여서는 열정이 있는 사람들과 자주 교제를 가지고 그들의 열정의 불이 나에게 옮겨 붙을 수 있도록 해야 한다. 왜냐하면 열정의 힘은 전염성이 크기 때문에 중심 화제가 무관심하거나 싫증이 나지 않는다.

좀 더 상세히 현실적인 면에서 찾아 보자. 나 자신에게 지금 내가 하고 있는 일들이 무엇 때문에 좋은지를 싫어하는 것보다 좋은 점에 초점을 맞추고 자신에게 좋은 점들을 이야기한다. 지금 하고 있는 것이 내가 가장 좋아하는 것처럼 생각하고 행동을 한다. 이러한 과정을 반복하는 것이다. 결국 이러한 훈련은 실제로 좋아지는 감정을 유발한다. 아침 일찍 일어나 5-10분 정도 오늘 일어날 일들에 대

하여 좋은 감정을 갖는다. 대단히 큰 프로젝트가 아니라도 좋다. 예를 든다면 평소에 일하면서 즐기고 있는 것들이다. 오늘 친구와 점심을 같이 하는 것 혹은 식구들과 나가서 외식한다는 즐거운 생각들이다. 중요한 사실은 우리 삶에 기대감을 가질 수 있는 사소한 계획과 경험들이 필요한 것이다.

매일의 삶이 무미건조해지지 않도록 하기 위하여 사소한 일에서 의식적으로 내포하고 있는 즐거운 면들을 찾는 것이다. 이러한 작은 일들이 모아져서 인생에서 활력소를 가져다주는 큰 원동력과 열정의 마음을 갖게 하는 시초가 된다. 매사에 열심을 내면 결과는 대단한 변화를 가져다준다. 내가 환경을 바꾸기를 원한다면 나 자신이 먼저 바뀌어야 한다.

데일 카네기 재단에서 조사한 바에 의하면 약15%만이 성공하기에 필요한 지식의 부분이고 85%는 인간의 내적 면에서 오는 열정, 혁신, 변화하는 행동이라고 한다. 열정은 계획보다 더 중요하다. 열정은 뜨거운 불을 만들어 낸다. 연료의 역할을 하는 것이다. 열정만 있으면 남이 무엇이라고 해도 개의치 않는다. 열정은 특수하게 잘할 수 있는 기초가 된다. 열정은 에너지를 만들어 낸다. 특별한 인내를 가질 필요가 없다. 열정은 옆사람을 전염시킨다. 열정의 비밀은 삶의 동기, 목적, 결과를 깨닫게 한다.

"무엇인가 기꺼이 희생할 수 있는 것을 아직 발견하지 못했다면 그는 살기에 적합하지 않다."

- 마틴 루터 킹 -

침략하라 그 마음을

# IV 나의 자신감은 몇 점?

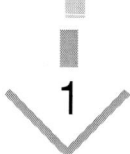

# 나의 자신감은 몇 점?

각자의 자신감을 테스트하는 몇 가지 질문들을 소개하고자 한다.

1. 나는 나를 그대로 받아들이고 나 자신에 대하여 자부심을 갖는다.
2. 나는 세상에서 귀하고 필요한 사람이다.
3. 다른 사람들이 나보다 더 월등히 낫거나 더 많은 복을 받은 사람들이 아니다.
4. 나는 사람으로부터 사랑과 공경을 받을 만하다.
5. 나는 모든 사람들과 친하길 원한다.
6. 나는 친화력이 있다.
7. 나는 중요한 존재다.
8. 나는 다른 사람의 비난을 잘 받아들인다.
9. 나는 나의 기분과 감정을 숨기지 않는다.
10. 나는 나의 실책을 인정한다.
11. 나는 나 자신의 의견을 이야기하며 나의 뜻을 정확히 전달한다.
12. 나의 삶은 행복하며 유쾌한 삶을 살고 있다.
13. 나는 남이 나의 의견에 대한 다른 생각에 별로 의식하지 않는다.
14. 나는 내가 원하는 말과 행동에 대하여 죄의식을 갖지 않는다.
15. 나의 기분이 좋아지기 위하여 남의 눈치를 살피지 않는다.

이 중에서 점수가 14-15점에 해당이 되면 자신에 대한 자신감이 대단히 높은 것이고, 12-13점이면 좋은 편이나 개선될 부분이 조금 있다. 7-11점이면 자신감을 감추는 현상이고, 7점 이하가 되면 상당히 낮은 자신감을 가지고 있어 심각한 문제가 되며 반드시 개선되어야 한다.

미국의 저명한 보험회사의 사장이며 긍정적인 사고방식의 권위자인 클레멘트 스톤은 그의 저서인 『positive mind attitude』라는 책에서 "나는 십대 시절부터 남으로부터 부정적인 수많은 이야기를 들으면 그것들을 제거하는 훈련을 스스로 해왔다. 상대방이 '너는 할 수 없다' 혹은 '네 실력으로는 안 돼'라는 말을 들을 때마다 나의 마음은 즉각적으로 마음에 반대의 경고 메시지를 보내어 '너는 할 수 없지만 나는 할 수 있다'는 확신의 생각으로 역전환시키는 연습을 했다."라고 했다. 그는 항상 생각이 떠오르는 대표적인 확신의 구절을 늘 머릿속에 간직하고 그것을 자주 마음속에 심는 작업을 한 것이다.

그가 사용하는 방법들을 대표적인 몇 가지를 소개하고자 한다.

1. 지금 곧 시행하라.
2. 문제가 있다는 것은 곧 좋은 징조가 있다는 의미.
3. 목표를 높게 책정한다.
4. 성공은 반드시 강한 확신의 마음을 가진 사람들만이 소유할 수 있는 특권이다.
5. 확신의 마음은 곧 나의 미래에 무제한의 능력을 발휘한다.

자신의 확신감은 외적으로 나타나는 단순히 좋은 생각만은 아니다 그곳에는 진실성이 있는 균형된 생각이 내포되어 있다. 성공의 의식이 따르며 삶의 법칙들을 수용하여야 하고 그에 따르는 올바른 행동을 행할 수 있는 능력을 가져야 한다.

올바른 행동이란 자연의 순리에 따라야 하며 조물주의 법도에 서야 한다. 자신감은 이들에게 강력하게 영향을 주고 이들을 이용하고 지배와 조화를 이룬다. 이러므로 나의 생각과 감정을 주도하고 인생의 운명을 새롭게 만들어 나간다.

자신에 대한 확신감은 인생에 있어서 중요한 분야들 즉 믿음, 관용, 근면, 희망, 열심, 긍정, 사랑, 정직, 용기 등에 한 가지 더하여지는 강력한 알파의 역할을 한다. 절대 자신감은 또한 강한 마음의 힘에 있는 것이다.

우리는 육신을 가진 마음이기 때문이다. 우리의 자제력은 마음 깊은 곳에 있다. 자신감은 우리의 올바른 태도 즉 감정과 무드에 많이 좌우된다. 자신감을 항상 개발함으로 세상의 어떠한 풍파를 헤치고 나가는 강력한 힘을 배양한다.


다음과 같은 질문들에 대한 해답을 나의 마음 가운데서 찾아야 한다.

왜 한 사람은 행복하고 다른 사람은 불행한가?
왜 한 사람은 궁궐과 같은 집에서 살고 다른 사람은 쓰러져 가는 집에서 근근히 살까?

왜 한 사람은 천재와 같은 대단한 일을 성취할 수 있는 능력이 있고 다른 사람은 아무런 가치 없이 고생만 하고 있나?

왜 한 사람은 고등교육도 받은 적이 없어도 거부가 되었는데 다른 사람은 박사 학위를 받았음에도 직업도 없이 전전긍긍하나?

왜 한 사람은 눈부신 성공의 삶을 살고 있으며 다른 사람은 처절한 실패의 삶을 살고 있는가?

"힘과 능력은 말로 이야기할 수 없지만, 내가 오직 아는 것은 그것들은 반드시 존재하고 사람들이 포기하지 않고 목적을 가지고 목적을 위하여 최선으로 매진할 때 이루어지는 것이다."

## 2

# 두려움의 실체를 파악하라

모험을 시도하려고 하면 특히 과거에 시도하지 않았던 분야와 새로운 시상을 개척할 때에 주위 사람들의 반응은 거세고 실패한다는 조언을 한다. 무엇을 하든지 사람들은 부정적인 의견을 항상 먼저 이야기한다. 그러나 잘 계획되고 준비된 가운데 시행되는 프로젝트인 경우 큰 위험이 일어날 가능성은 희박하다.

많은 경우가 모험을 시도조차 하지 않은 데서 후회하는 것을 본다. 두려움의 정의, 즉 F.E.A.R이라는 말은 False Evidence of things Appearing Real, 즉 허상처럼 존재하지도 않는 것이 사실인 것처럼 우리에게 두려움을 준다는 이야기인데 사실인 것이다. 우리 자신들이 두려움을 스스로 만들어 낸다.

즉 우리들이 장애물을 만들어 내고 앞의 장벽을 높이 쌓는다. 최악의 경우를 생각해 보자. 실패를 했다고 치면 그것이 무슨 큰 문제가 될 것인가? 물론 재산과 시간의 피해 손실이 수반된다. 그러나 반면에 실패는 고귀한 경험을 쌓는다. 전기를 발명한 에디슨은 "1,000번을 실패한 것이 아니고 단지 실패할 수 있는 1,000가지 방법을 알아냈다."라고 말했다.

아인슈타인은 "인생에 실패를 한 번도 안 해 본 사람은 한 번도 새로운 시도를 하지 않은 사람이다."라고 했다. 세상의 각 부분에서 우뚝 솟은 신화와 성공은 자신의 신조를 믿고 실행에 과감하게 옮기는 사람만의 독차지가 되었다. 인생의 비극은 꿈을 실현하지 못한 것에 있는 것이 아니라 실현하고자 하는 꿈이 없다는 데 있다.

내일에 대한 꿈이 있다면 오늘의 좌절과 절망은 아무런 문제가 되지 않는다. 능력 있는 사업가들은 다음3가지의 방법을 쓴다. 첫째는 경쟁 회사를 철저히 조사한다. 그들의 약한 부분을 발견하고 남들이 시도하지 않는 곳에 새로운 방법을 사용한다. 그리고 제품의 창의성에 대한 소홀한 부분을 발견한다. 두 번째는 광고에서 저비용의 미디어를 이용하는 방법을 개발한다.

마지막으로 제일 중요한 담대한 모험을 한다. 이것은 마음속에 확신감이 뒷받침이 되어야 한다. 이 부분이 그들이 한 분야에서 성공할 수 있는 가장 중요한 핵심 부분이다. 직장에서도 새로 입사했거나 아직 그러한 위치가 되지 않았더라도 상사에게 허락을 받고 혹은 받지 않더라도 의견 혹은 아이디어로 새로운 플랜을 제의하고 실행하는 모험을 감행한다. 머리만 숙이고 위에서 시키는 대로 하는 것만이 능사는 아니다. 우리 자녀들이 미 주류사회에 적극적으로 접근하지 못하는 이유가 바로 이러한 부분이다. 'You don't ask, You don't get'라는 원칙은 어린아이에서 성인에 이르는 자신을 표현하는 가장 효과적인 방법이다.

나의 숨겨진 그리고 고정되어 있는 가장 큰 자신의 평범한 고정관념의 테두리 밖으로 나와야 한다. 나의 목소리는 회사에서 영향을 미치는 중요한 요소가 된다. 나의 시도에 대한 좋은 결과를 얻으려면 다루는 주제와 일치되는 해결점, 관계성, 적절한 시간, 융통성 등이 내포되어야 한다.

많은 사람들 앞에서 자기 의견을 정확히 나타내는 시도는 모험과 용기가 필요하다. 그러나 연습과 훈련을 통하여 충분히 가능한 것이다. 어느 유명한 회사의 최고 책임자가 직원들에 대한 인터뷰에서 자신의 직원이 고하를 막론하고 과감하게 새로운 방법을 제시하고 혹 그 시도가 실패하더라도 모험을 감행하는 것이 안전하게 누군가 시키는 대로 말없이 하는 것보다 낫다고 하였다.

상하의 계급의 라인을 넘어가더라도 앞으로 나가는 방법을 사용한다. 혹시나 상사가 조금 자중하라고 하더라도 확신 있는 새로운 아이디어에 대한 장단점을 설명하고 나의 연구에 대한 결과를 이야기하는 것은 대단히 바람직한 행동이다. 이러한 자신의 목소리는 건설적인 면과 동료들과 협력하는 동기가 내포되어야 한다.

위험은 어느 곳이든지 항상 존재한다. 이것이 가장 효과적인 방법이 된다면 손해볼 것이 무엇인가? 행동으로 옮기는 것이다. E-Bay의 CEO였던 메기 휫트만은 아무것도 시도하지 않는 손실은 실패의 손실보다 더 크다고 했다. 얼마나 정확한 이야기인가! 모험의 시도는 시도조차 않은 것보다 월등히 강하다는 말로 실감이 된다.

예를 든다면 미국의 Fedex라는 개인 기업의 거대한 우편 배달업체는 일반 우체국에서 상상하지 못한 하루 혹은 그 다음 날 배달되는 우편 배달이라는 아이디어를 개발하여 실행해 본 결과 예상 밖의 성공을 거두어 세계적인 기업이 된 케이스다. 이 회사 역시 처음에는 투자가들로부터 강한 반대에 부딪쳐 거의 포기할 단계에 이른 프로젝트였다.

어떤 아이디어든지 실행할 단계에 있어서 주위의 만류와 반대 의견은 항상 따르게 마련이다. 연방우체국의 재정 적자가 매년마다 눈덩이처럼 불어나서 곧 임무를 중단할지도 모르는 단계까지 왔다. 미래의 계획을 설계하고 모험심 있는 담대한 사업을 실행했더라면 이러한 심각한 문제를 미리 막을 수 있었을 것이다.

모험심에는 반드시 나의 마음속에 있는 확신의 마음이다. 목표에 대한 철저한 준비, 인내와 따르는 행동이 절실히 필요하다. 나의 상상력을 확장시키는 것이다. 모험심의 시작은 보통 이상의 생각이나 혹은 상상 밖의 아이디어들을 비지니스나 그 밖의 분야에 접목시켜 실행하는 것이다.

남들이 상식적으로 생각하는 안전하고 이성적인 동기에서 오는 부분에서 얻어지는 일들은 성공을 이룰 확률이 적다. 인생에 있어서 앞으로 나아가는 과감한 모험이 없다면 나의 능력이 미치는 곳, 배우는 곳, 자라는 곳은 찾아볼 수 없다. 나에게 회사를 위하여 새로 성장할 수 있는 계획이 있는지, 의도가 성장하고 개척해 볼 만한 가치가 있다면 과감하게 실행에 옮긴다.

그다음에 오는 결과는 나의 인생에서 대단한 경험이 될 것이고 엄청난 도전이 될 것이고 미래의 나의 갈 길을 빨리 깨닫게 하여 준다. 모험하는 행동에는 3가지의 요소가 따른다. 첫째는 다른 방법을 사용한다. 즉 기존의 방식과 틀을 깨는 것이다. 두 번째는 위험성이 내포된 방법을 시도한다. 세 번째는 남들이 하지 않는 방법을 시도하는 것이다.

지구상의 모든 변화는 우리가 속에 가지고 있는 평범한 생각과 의식을 바꾸는 것에서 시작된다. 우리들은 생각과 느낌과 행동들이 많은 것들을 포용하기 위하여 넓고 크게 가져야 한다. 명심할 것은 나의 생활에서 나오는 결과는 곧 나를 정기적으로 마음 상태를 점검하는 시점에서 시작된다.

나의 내적인 세계는 곧 나 자신 전부를 반영한다. 다시 말하여 나의 세상을 보는 내적인 세계를 말한다. 나의 운명 혹은 삶을 지휘하고 컨트롤하려면 나의 삶에 전반적인 책임과 결과는 나의 스승, 직장 상사, 외부 요인, 부모님도 아닌 전적으로 나에게 있다.

평범하고 간단하며 명확한 원리다. 우주의 원리는 시동을 걸어 출발하려고 하지 않는 배에는 절대로 에너지를 보내주지 않는다. 고장난 배에는 시동 소리가 들리지 않는다. 나의 마음 깊은 곳에서 강한 시동의 엔진 소리가 먼저 퍼져 나와야 한다.

평소에 거의 사용하지 않던 엔진을 걸기는 쉽지가 않다. 엔진이 자꾸 꺼지는 반응을 보인다. 이상한 소리를 낸다. 조금 앞으로 가는 듯하다가 다시 멈춘다. 의문이 앞선다. 두려움도 생긴다. 남의 비난의 소리가 있다. 왜 어떠한 문제가 생겼나? 그러나 계속하여 모터를 다시 켜고 시동을 걸어야 하는 것이다.

모터에 다시 점화하는 힘을 계속하여 보내야 한다. 일단 시동이 걸리면 그 후에는 힘차게 앞을 향하여 질주하는 것이다. 번지점프를 하기 전에 짜릿한 맛을 더하기 위하여 훈련 교관이 강조하는 것은 위에서 뛰어내리기 전에 아래를 내려보고 공포감을 최대한 가지라는 말을 한다고 한다. 이유는 위에서 뛰기 전에는 무서운 공포증이 엄습하지만 일단 점프를 하면 공중에서 빠른 속도로 낙하하고 내려올 때에는 표현할 수 없는 큰 희열감을 맛본다고 한다.

이와 마찬가지로 모험을 시작할 때에 의심과 불안정한 마음에 두려움과 염려가 수반된다. 두려움과 염려를 최대한으로 감지해야 한다. 그러나 힘을 일단 받기 시작할 때에는 두려움은 사라지고 그 대신 기쁨과 큰 자신감을 얻는다.

어느 농부가 어느 날 우연히 언덕 위에서 독수리 알을 주워가지고 집에 돌아와 달걀과 함께 섞어 품게 하였다. 얼마 후 독수리는 알을 깨고 다른 병아리들과 같이 세상에 나왔다. 작은 독수리는 다른 병아리들과 함께 자라서 제법 큰 독수리가 된 것이다. 그러나 그는 자라면서 자기도 똑같이 닭이라고 생각했다.

날아다니며 짐승을 잡아먹기보다는 닭과 같이 날개도 펴보고 땅을 발로 헤쳐서 작은 벌레와 씨앗을 쪼아 먹는다. 어느 날 하늘을 쳐다보니 어디선가 크고 멋진 새가 힘있게 하늘로 힘있게 우아하게 용감하게 날아 가는 것을 보았다. 놀랍고 신기한 마음으로 저 새는 누구인가? 신비스럽게 하늘 상공을 원을 그리며 멋지게 올라가는 것을 보고 닭에게 물었다. 옆에 있던 닭이 조용하게 그리고 엄숙한 목소리로 대답하길 "저것은 독수리야! 새 중에서 가장 위대한 새야"라고 말했다. 그러자 독수리는 "나도 저렇게 멋지게 날고 싶은데……"라고 대꾸하자, "꿈도 꾸지마. 우리는 틀려."라고 했다.

작은 독수리는 어느덧 그 일을 다 잊고 있었다. 일 년 후에 그 독수리는 죽었다. 그는 자신이 불행하게 독수리가 아닌 닭이라는 사실만 믿고 죽은 것이다. 때때로 우리들도 이와 같이 독수리가 아닌 닭이라는 존재라고 믿고 살고 있다. 그러나 다행히 우리들은 노력을 하면 둥지에서 떠나 하늘 높이 날 수 있는 능력이 있다.

담대한 모험심과 과감한 도전이 필요하다. 현재의 극도의 경쟁 사회는 모든 산업에 역동적인 에너지를 불러주고 있다. 회사는 저마다 기술적인 보강, 재정 관계, 인간관계, 마케팅 등에 엄청난 투자를 하여 차세대의 발전을 위한 청사진을 계획하고 있다. 모험은 성공하는 회사, 혹은 개인들이 필수적으로 가지고 있어야 할 다이아몬드와 같은 대단히 중요한 존재다.

모험을 하기 위한 필요한 7가지의 방법을 적어 본다.

1) 실패해도 좋다.
2) 시작하는 것을 두려워하지 않는다.
3) 꿈을 크게 갖는다.
4) 새로운 것에 대한 시도를 두려워하지 않는다.
5) 앞으로 계속 전진한다.
6) 시도하는 것을 막는 것은 오직 나 자신이다.
7) 나에게는 성공할 수 있는 확실한 능력이 있다.

# 3

# 무엇이 나를 지배하게 할 것인가?

원시시대의 생활상은 삶 자체가 두려움으로 점철되어 있다. 항상 야생동물로부터 공격의 위험을 받고 이웃 적군들에 의한 싸움에서 패배할 두려움 그 자체가 곧 삶이라고 할 수 있는 것이다. 순간순간 이 두려움에 사로잡힌 삶으로 이루어져 있다. 어느 한 순간에 갑자기 닥쳐오는 생명의 위험에 직면하는 순간순간의 두려움이다.

그러나 우리의 지금의 환경은 과거의 생활과 같은 예측불허하는 두려움에 처한 두려움과 불안은 아니다. 지금의 두려움은 부정적인 삶의 오랜 습관과 생각에서 나타나는 부산물이다.

과거의 죄, 상처와 실패의 삶에서 나오라. 이러한 요인들을 잘 분석하라. 그 후에 그 다음 단계는 무엇인지를 찾을 수 있다. 원인은 대부분 나 스스로의 잘못된 판단에 의한 잘못된 선택으로 인하여 나오는 실패, 편견 그리고 두려움이다.

인간이 보기에는 부정적인 요소들이지만 원인만 알면 이들은 우리 삶에서 능력과 성장의 동기가 되는 도와주는 역할을 한다. 그러나 계속적인 두려운 마음은 우리에게 실패의 삶을 가져다주는 주된 원인이다.

해결 방법은 모든 일에 좀 더 합리적인 선택이 필요하고 다시 같은 실패를 반복하지 말아야 한다. 현재의 두려움, 죄, 콤플렉스 등은 실제보다 더 과장되고 허상으로 위장된 형태로 오는 경우가 대부분인 것이다. 마음의 훈련이 필요하다. 그것에 대한 더 적극적이고 능동적인 대처 방법을 간구하는 것이다.

동시에 끊임없이 나타나는 감정을 지배하고 컨트롤하여야 한다. 이러한 요소들이 우리 마음을 공격할 때 그것들에 반대가 되는 생각 전환을 하며 적극적이고 공격적인 자세를 취하는 것이다.

하나님은 이스라엘 민족들이 가나안 땅에 들어가기 전에 이방 민족들과의 싸움에 대응하기 위한 세 가지 명령을 하셨는데 그것은 '강하고 담대하고 용기를 가져라'는 것이다.

먼저 강하고 담대하게 일어나는 마음의 훈련이 절대 필요한 것이다. 이러한 생각은 반드시 행동이 뒤따르게 된다. 그러나 부정적인 마음이 생길 때에는 그 이유가 무엇인지를 기록하고 같은 것이 반복되더라도 일기를 쓰는 것과 같이 계속하여 기록하라.

훌훌 털어버리는 마음의 훈련을 하자. 최악의 결과가 생겼다고 가정하자. 그렇다고 세상의 마지막 단계가 온 것은 아닌 것이다. 문제가 역전되어 결과가 잘된 예는 수없이 보아 왔다. 마음속에 자리 잡고 있는 죄의식은 앞으로 나가는 마음에 항상 정지 신호와 큰 방해물이 된다. 죄의식이나 자신을 포기하는 원인이 자식, 부모, 형제, 친구 이웃 등 여러 대상이 될 수 있다.

이같은 함정에서 하루 빨리 벗어나는 작업이 필요하다. 우리는 좀 더 능동적인 사고와 행동이 필요하다.

얼마 전, 인터넷에 올라온 가수 인순이의 상처를 쓴 조선일보 논설위원 오태진 선생의 글을 소개하고자 한다. 그녀의 내면에 있는 두려움과 아픔, 콤플렉스를 어떻게 해결하는가 보면서 혹 나 자신을 얽어매고 있는 마음의 고통, 상처, 슬픔 등의 사슬을 풀고 해방되어 나로부터 귀한 능력이 나오는 통로를 만들어야 한다.

그녀는 흑인 아버지를 둔 가창력이 뛰어난 혼혈 가수이다. 그는 혼혈인으로 주위에서 놀림을 받은 상처가 커서 16년 전 아기를 가졌을 때에 혹시 나를 닮으면 어쩌나 고민이 많았었다고 한다. 가수 인순이는 1957년 경기도 포천에서 태어났다.

아버지는 그녀가 어머니 배 속에 있었을 때에 떠난 후 다시 찾아오지 않았다. 그러나 14살 때까지 아버지와 편지를 주고받았다고 한다. 그런 그녀가 작년에 〈아버지〉라는 노래를 불렀다. 가사인즉 "한 걸음도 다가갈 수 없었던 내 마음을 알아주기를 얼마나 바라고 바라왔는지……" 그러나 그녀는 "이 노래를 더 이상 부르고 싶지 않았다. 한 번도 본 적도 없는 아버지 심정을 노래한다는 게 여간 부담스러운 것이 아니었다. 혹시나 노래를 부르는 도중에 울컥해질까 걱정이 되기도 했다."

그녀는 당당하게 아버지의 나라에 가서 어머니의 보살핌만으로 내가 얼마나 잘 자랐나 자신 있게 보여줄 기회라고 마음먹었다. 그곳 공연에서 6.25 참전 용사들을 모셔놓고 멋지게 "여러분은 모두 나의 아버지들이다"라고 말하며 한국을 위하여 참전하여 준 그들에게 정중한 감사를 표하고 또한, 그녀는 자신의 숨기고 싶은 상처와 괴로움을 내외적으로 솔직히 공개함으로 깊은 마음의 상처를 치료

받고 그 사슬의 얽매임에서 해방이 된 것이다.

얼마나 대단한 용기인가? 또한 그녀가 작년에 공군 대학 특강에서 말한 한마디는 듣는 장병들에게 가슴 뭉클한 감동을 주었다. "외국에 파병 나가 책임지지 못할 씨는 뿌리고 오지 마세요." 그녀만이 할 수 있는 뼈아픈 한마디인 것이다. 그리고 곧 〈아버지〉란 제목의 노래도 용기를 내어 취입을 하였다.

카네기홀 공연에서 전쟁 중에 나 같은 자식을 두고 떠난 뒤 평생 마음의 짐으로 안고 사는 참전 용사들에게 이제 짐을 내려 놓으면 좋겠다고 했다. 평생을 원한과 슬픔에서 지낼 수 있는 그의 환경이건만 그는 스스로 대내외적으로 자기 자신을 묶고 있는 쇠사슬을 끊어 버리고 아버지에 대한 한 맺힌 원한을 풀고 용서함으로 진정한 자유를 얻은 것이다.

이러한 용기 있는 행동은 인간 인순이에게 용서하는 마음을 심어주었다. 인순이는 자신에 대한 과거의 어두운 콤플렉스를 밖으로 내어놓고 적극적으로 그리고 솔직하게 해결한 예다. 자신의 두려움은 실제로 우리에게 아무런 도움을 주지 못하고 또 다른 걱정을 낳게 한다.

순간적으로 모면하기 위하여 의식적으로 감추고 잊어 버리려는 방법은 더 큰 문제를 야기시킨다. 문제를 오픈하고 해결점을 하나 둘씩 해결하는 적극적인 방법이 필요하다. 죄의식에서 비롯된 문제들은 의식적으로 억누른다고 하여 문제가 사라지는 것은 아니다.

무의식적인 세계에서 그것들은 활발하게 우리 마음 한구석에 남아 있다. 불안스러운 마음, 좌절하는 마음, 몸의 상태가 좋지 않는 것 등으로 반응된다. 또한 미래에 대한 막연한 두려움, 과거에 대한 죄의식, 허무하고 황당스러운 생각들, 이기심, 가치 없는 욕망 등이다.

이러한 것들은 우리에게 부정적인 사이트의 사고방식에 사로잡히게 된다. 두려움은 계속하여 두려움이 생기게 하고, 죄의식은 마음 속에서 또 다른 죄의식을 낳게 하고, 우리의 쓸데없는 자존심은 더욱 자존심을 갖게 하며 소심함, 노심초사 하는 마음은 나의 길을 막는 다른 형태의 감옥이 된다.

# 4

# 적극적으로 대처할 때 나오는 담력

　나를 포용하고 인정한다. 속에서 나오는 감정, 생각, 행동 들을 조심스럽게 인정하고 받아들일 때 온전한 자신의 표현이 된다. 자신의 생각과 행동을 비난하기보다는 나의 마음이 가는 곳에 활짝 문을 열어야 한다.

　심리학자들은 임상실험을 통하여서 피 상담자들이 용기 있게 그들의 결점, 두려움, 약한 면들을 과감하게 받아들일 때, 그들의 마음에 평생 남아 있는 것이 아니고 정반대로 자유스럽게 두려움과 실패들로부터 해방된다고 한다.

　나에 대한 부정적인 생각들에 초점을 맞추는 것이 아니고 그들의 존재를 인정하여야 한다. 의식적으로 피하는 것은 나의 생각을 망각시키는 동기가 된다.

　새로운 모델의 자동차가 쇼룸에 전시되어 있다. 광채가 나고 멋진 색상과 모양이 너무나 좋다. 상처와 깨진 곳은 전혀 없는 것이다. 그러나 자동차를 밖으로 몰고 나가는 순간부터 상처가 나고 페인트가 벗겨지고 부딪쳐서 구석이 찌그러진다. 그러나 벗겨지고 찌그러진 자동차를 그대로 방치하는 것이 아니고 늘 부품을 바꾸고 고치고 새롭게 페인트 작업을 하는 것이다.

그와 같이 인생의 실패와 좌절 또한 언제든지 누구에게나 찾아오는 피할 수 없는 존재다. 다만 이러한 문제들을 인정하고 같이 동행하는 것이다. 그 가운데서 적응하는 방법을 찾아야 하고 문제를 적극적으로 해결하는 도약하는 동기로 삼으며 해결을 통하여 느낄 수 있는 성취감도 이루는 것이다. 인생 속의 경험과 한 부분으로 생각하고 나를 성장시키는 재료들이라고 보는 것이다.

우리들은 의식적으로 과거의 상처들과 두려움을 기억하지 않으려한다. 그러나 문제의 생각을 억지로 의식적으로 피한다고 해서 문제가 없어지는 것인가? 그러나 절대로 그렇지 않다. 없어진 것 같으나 언젠가는 다시 마음의 수면으로 떠올라 나를 괴롭힌다.

고사성어 가운데 '낭중지추'라는 말이 있다. 사람의 인성 가운데 평소에는 인간미가 넘쳐나고 원만해 보이나 환경이 바뀌는 순간에 무의식 속에 감추어져 있던 성격이 나오는 현상이다. 그러한 것은 마치 호주머니 안에 송곳이 있어 평소에는 나타나지 않다가 나도 모르는 사이 때가 되면 주머니 밖으로 뾰족히 나오는 것과 마찬가지로 문제는 항상 돌연듯 부상하기 때문에 그것을 인정하고 효과적인 최선의 해결책을 모색하며 적극적으로 대처하는 기술과 훈련이 필요하다.

우리는 잠재된 두려움과 그 밖의 문제들을 능동적으로 대처하는 방법을 습득하여야 한다. 이러한 무의식 가운데 있는 것을 의식적으로 피하려는 것보다 그대로 받아들이고 두려움을 해결하는 데 적극적으로 능동적으로 대처할 때 성장의 기회가 되며 이러한 적극적인 대처가 자신감으로 변화되어 마음속에 자리 잡고 있고 또한 적극적인 성격으로 변한다.

두려움을 극복하는 것은 용기와 인내와 도전이 필요하다. 나의 속에 있는 긍정적인 마음과 적극적인 마음을 개발하여 행동으로 연결시킨다. 반복의 훈련은 습관으로 개발되고 끊임없는 목적의식, 담대한 마음, 용기, 끊임없는 시도 등은 두려움을 정복하는 강력한 무기가 된다.

마음에 문제가 되는 것들은 의연하게 대처해야 한다. 의식적으로 두려움을 피하려는 생각은 평생 불안과 두려움 가운데서 살 수밖에 없다. 인생을 살 동안 우리는 여러 환경에 처하게 된다. 미궁에 빠지기도 하고 예기치 않은 곳에 나의 발목을 잡힐 수도 있으나 마치 강물이 유유히 흘러가는 것같이 의연하게 순응하며 배워나가야 한다.

이것은 왜 안 될까? 혹은 저것은 왜 안 될까 ? 하는 갈등이 마음속에 생긴다면 스트레스로 인하여 모든 생활을 온전히 할 수 없다. 조그마한 일에 염려와 상심을 한다면 그것들은 나를 피곤하게 만들어 결국은 나로부터 삶의 기쁨과 능력을 빼앗아 가는 것이다. 중요한 원인은 인생을 보는 기대감에 있다.

한마디로 우리의 인생에 대한 기대감이 너무 편하고 안이한 이상주의 생각에만 잡혀 있다. 내가 스스로 만들어 놓은 기대감이 나를 힘들게 하며 결국에는 고문까지 하는 지경까지 이르는 것이다. 우리마음 곁에 슬며시 자리 잡고 있는 좋지 못한 의식은 우리가 세상에서 필요한 것은 노력 없이 쉽게 생각하여 그것을 얻기 위한 어떠한 희생이나 값을 치르지 않으려고 한다.

일의 성취나 목표의 달성은 합당한 노력의 대가를 필요로 하나 그중의 일부가 두려움이 될 수 있다. 두려움은 우리가 의식적으로 현실을 부정하고 거부하려는 경향이 있다. 두려움이 앞서면 무엇이든지 새로운 것을 시도하지 않는다. 두려움은 새로운 창조적인 아이디어의 창출을 방해한다. 그 자체에는 모든 것을 정지시키려는 막강한 영향력이 있기에 우리는 그것에 대하여 도전과 극복을 감수하는 담대한 행동이 필요하다. 두려움의 결과 하고자 하는 시도를 막거나 모험을 피하고 도전을 기피함으로 게으름과 나태한 마음을 낳게 하는 주 요인이 된다. 두려운 마음은 상당한 힘을 가지고 있어 무슨 방법이든지 의식적으로 피해 가려고 할 것이다.

내가 변화하지 않으려는 생각, 극복하려는 시도를 하지 않으려는 것 또한 아무런 건설적인 대책이나 계획이 없을 때에는 그 이유를 자신에게 물어봐야 한다. 두려움에 대한 반대의 행동은 나를 신뢰하는 믿음과 그와 함께 승리한 나를 바라보는 것이다. 문제를 적극적으로 해결하는 마음으로 바꾸고 그 해결에 모든 초점을 맞추고 최대한 대처하는 것이다.

원인을 발견하는 것조차 원치 않는다면 나의 삶은 나와는 관계없는 삶이거나 또는 인형극인 퍼펫쇼에서 줄에 매어 조종당하는 인형에 불과한 존재이다. 두려움을 없애려는 것에 마음과 행동에 문이 닫혀져 있다면 나 자신을 속이는 것이다.

마음의 근심, 두려움의 짐을 털어버리고 다음의 인생 행선지를 향하여 떠나야 한다. 두려움과 근심만을 보는 것이 아니고 나에게 적합한 해결 방법을 찾아야 한다. 인생의 폭풍우는 항상 찾아온다. 언제

오는지 혹은 어떤 형태인지는 알 수 없으나 오는 것은 기정사실이다.

쉽게 바꿀 수는 없다. 이성적인 차분한 생각으로 훈련이 필요하다. 모든 부정적인 습관과 옳지 못한 행동들에 대하여 자신에게 솔직히 물어보라. 나의 행동이 오직 모험을 피하기 위하여인지, 아니면 두려움을 없게 하기 위하여인지 원인을 알고 진실에 초점을 맞추고 문제들을 제거해야 한다. 모르는 허왕된 사실에는 더 이상 집중하지 않는다.

이제부터 나의 결점들을 웃어넘겨라. 이제부터 나 자신을 너무 심각하게 받아들이지 말라. 눈을 조용히 감고 공기를 천천히 들이마시고 또 내쉬는 심호흡의 방법도 효과가 크다. 이제부터 나의 유머 감각을 개발하라.

경직된 분위기에서 나오는 유머는 스트레스를 약화시켜 준다. 당당하게 가슴을 펴고 머리를 위로 들고 걷는 습관을 개발하는 것이다. 습관적으로 먼 하늘을 보고 당당히 걷는 연습은 불안과 초조한 마음을 물리치게 하는 효과적인 방법이다.

힘든 상황에서 당당한 마음, 강한 마음, 용기 있는 마음을 의식적으로 정기적으로 갖는 훈련은 외부에서 공격해오는 악성 바이러스를 없애주는 귀한 방법이다.

# V

어제의 **선택**은
**오늘**의 나

# 1

# 어제의 선택은 오늘의 나

'인생은 태어나는 순간부터 죽음으로 끝난다'는 사르트르의 말대로 죽음을 향하여 돌진하고 달려가는 것이다. 그 말 자체에는 인생이 가치 없는 허무한 감정만이 나타난다. 그러나 태어남과 죽음 사이에는 선택이라는 자유의지가 존재하고 있다. 우리의 매일의 삶은 선택이라는 수많은 길로 발걸음을 옮기며 걸어가야 한다. 그것은 인생을 하직하는 마지막 순간까지도 해야만 한다.

한순간도 멈추지 않는 끊임없는 선택의 기로에 서게 되지만 이러한 선택에 의하여 우리의 미래는 빛의 삶과 어두움의 삶으로 갈라진다. 최선의 선택이라는 관문을 통과함으로 기회라는 또 다른 귀한 선물이 기다리고 있다.

성공의 정의는 무엇인가? 대부분의 사람들은 돈, 명예, 권력, 사랑, 행복이라고 한다. 그 밖에 다른 요인이 내포하는 뜻이다. 많은 사람들은 성공을 적당한 장소 그리고 적당한 때에 의한 것, 즉 적소 적시라고 표현을 한다.

아니면, 성공은 행운 혹은 부모로부터 받은 큰 유산, 그럴 만한 유전적인 인자 등등 이러한 대부분의 이유는 수동적인 면에서 보는 소극적 변명에 불과하다.

그러나 성공한 사람들을 보자. 모두 예외 없이 그들의 성공은 선택에 의하여 이루어진 것이다. 예를 들어 어떤 이는 연봉이 오천만 원인데 또 다른 사람은 2억 오천만 원이라고 가정했을 때 고 수익자가 다섯 배의 일을 더 하는가? 답은 그렇지 않다. 같은 시간과 같은 날수의 일을 한다.

성공한 사람들의 다른 점은 그렇지 않은 사람들에 비하여 비교적 누구나 하기 싫어하는 선택의 길을 걷고 있다. 그들은 나름대로 올바른 선택을 하며 또한 나쁜 선택에서 온 결과에서 빨리 탈출한 사람들이다. 그들은 항상 최선의 선택을 매일 순간마다 하며 혹 나쁜 선택으로부터 기인된 반복된 실수로부터 멀리 탈출하는 연습을 한다.

선택에는 개인적인 선택이 있다. 즉 우리의 내적인 선택을 말한다. 이러한 선택들은 책임, 가치, 열심, 결정 등에 기준을 두고 있다. 그다음은 행동의 선택이다. 말로만 하는 것보다 일을 성취하고 마무리하는 행동하는 선택을 말한다. 이러한 선택은 앞으로 전진하는 데 윤활유와 같은 중요한 역할을 한다.

성공을 위하여 오래 기다리고 일과 그 밖의 인생에 대하여 열정을 갖는다. 어려운 과제를 두고 공격하고 정복하는 것이다. 좋은 선택은 끊임없는 도전이 필요하다. 매일매일의 열심의 노력과 근면성이 필요하다. 좋은 선택은 변함없는 초점의 맞춤 그리고 관찰이 필요하다. 좋은 선택을 하는 것은 우리에게 도전이며 모험이다.

우리는 인생에서 운전자 위치의 삶인가 혹은 승객 위치로서의 삶인가를 분별하여야 한다. 운전자는 자신들이 정한 목표를 향하여 책임감을 가지고 앞으로 나가는 사람들이다. 그들이 달리는 행선지를 마음과 눈을 집중하고 앞에 놓여진 장애물, 맨홀 등을 유의하고 운전하는 것이다. 그들은 도로 사정에 따라 돌아가기도 하고 정지할 때도 있고 연료를 넣어야 하는 때도 있다.

운전자는 성공이라는 한 종착역을 선택하여 오직 그곳으로 향하여 최선을 다한다. 승객의 위치는 어떠한가. 그는 운전자 옆자리에 그의 목적지도 잊어버리고 편하게 앉아 있다. 그는 귀에 헤드폰을 쓰고 음악을 듣고 혹은 낮잠을 자는 것이다. 또 전화를 하거나 퍼즐 게임도 한다. 그의 여정은 너무 편하여 즐겁고 목적지에 도착할 때까지 지금 어느 곳을 지나고 있고 다음의 위치는 어디인지도 관심이 없다.

운전자와 승객의 거리는 불과 20cm밖에 되지 않는다. 운전자가 운전하는 대로 무심코 가는 것이다. 그의 길에 어떠한 움직임이나 어떠한 길이나, 어떠한 위험의 표시들이 오더라도 있는 그대로 반응을 한다. 이곳에서 우리의 인생의 선택은 정확하게 두 갈래로 나타난다. 우리의 운명은 기회의 문제가 아니다. 그것은 선택의 문제이다. 기다리는 것이 아니다. 선택하고 적극적으로 행동하는 데 있다.

하나님은 인간들에게 온 우주를 지배하고 다스리는 특권을 허락하셨다. 다스리는 것은 밖에 있는 것뿐만 아니라 내 속에 있는 나의 마음도 잘 다스려야 한다. 그것은 바로 선택이라는 특권이다. 하나님은 우리에게 삶의 대한 자세한 길을 일일이 알려주지 않았다. 대신 그는 우리에게 지혜와 명철과 은사를 허락하셔서 우리 자신의 앞날을 설계하고 계획하고 선택할 수 있는 기회와 분별력을 갖게 하셨다.

우리 각자가 매 순간순간의 삶 가운데서 최상의 선택을 하는 것이야말로 가장 큰 관건이다. 인생은 수많은 선택으로 이루어져 있다. 아침에 집을 나서는 순간부터 작거나 큰 문제를 선택하는 기로에 서 있다. 오늘은 어떤 선택을 할 것인가? 어느 길로 가야 하나? 나의 마음에 어떠한 훈련을 할까?

긍정의 마음 혹은 부정의 마음, 실패의 삶 아니면 성공의 삶 중에서 선택은 우리가 해야 하는 몫인 것이다. 삶의 선택은 우리의 삶이 좀 더 사려 깊은 의식적된 삶인가 아니면 생각과 의식이 결여된 삶인가 하는 두 가지의 관점이다. 누군가 무엇이 적시에 최대의 실용적이며 이상적인 것이 무엇인가 물어본다면 확실하게 이야기할 수 있는 것은 자신이 마음속에서 우러나오는 가장 올바른 선택을 하는 것이다.

우리는 무엇이든지 마음대로 선택할 수 있는 자유가 있다. 하나님께서는 인간에게 스스로 선택하는 자유의지를 주셨지 기회를 주신 것은 아니다. 기회란 오직 의지로 선택하고 변화되어 갈 때 비로소 자신의 것으로 된다. 나의 태도, 생각, 행동, 계획이 모든 것이다. 근본적으로 우리는 선택에 의한 산물이다. 주위 환경, 자라온 배경, 태어난 유전인자와 생활 습관은 상당한 영향이 있지만 이 모든 것들은 나의 미래를 결정짓지는 못한다. 이러한 제한된 의식을 극복하기 위하여서는 생각의 선택을 바꿔야 한다.

누구나가 통과해 나가야 하는 부분인데 중요한 것은 그 문제를 받아들이는 우리들의 마음과 행동이 어느 쪽을 선택하는가에 달려 있다. 형편과 문제들을 어떻게 받아들인 후의 그것에 대처하는 행동에 의하여 상당한 차이가 있다. 이것에서 우리는 삶의 중요한 교훈을 찾을 수 있다.

나의 선택은 남이 나를 어떻게 취급하는 것인가 혹은 유전적인 인자에 의한 부산물이 아니다. 관건은 나 자신이 무엇을 어떻게 선택하느냐이다 이러한 환경을 뛰어넘는 선택은 무엇인가? 하는 이 질문이 나의 미래를 결정짓는 것이다. 나의 살아온 과정이 험난했으니 당연히 문제가 생길 수밖에 없다, 라는 식의 결론을 내리는 선택은 나를 인생의 바닥으로 떨어뜨리는 비관적인 발상이다.

만약 부정적이고 깎아내리는 생각을 선택한다면 후에 나타나는 행동은 동일한 것이 된다. 이유는 육신적, 정신적, 행동면에서 자신에게 같은 비관적인 방향으로 프로그램하여 그대로 선택을 하기 때문이다. 우리는 이러한 습관적인 부정적인 선택보다 희망이 있는 역동적인 선택을 하여야 한다.

내가 매일 하고 싶은 것을 마음대로 선택하며 산다는 것은 하나님으로부터 받은 큰 특권이다. 원대한 꿈을 이루는 동기가 되는 것이다. 이처럼 실제적인 생각은 매일의 행동에 지대한 영향을 준다. 합리적인 생각은 위험을 최소한으로 줄일 수 있다. 현실적인 생각은 안전을 보장하며, 삶을 향상시키는 데 중요한 요인이 된다.

현실에 적합한 생각은 목표와 계획을 만든다. 현실에 맞는 생각은 모든 일에 든든한 초석이 되어 준다. 현실에 입각한 생각은 역경에 처한 사람들에게 적절한 조언자가 되어 준다. 현실적인 생각은 꿈들을 이루게 하여 준다.

사형수들과 흉악범들만 수용하는 미국 북 캘리포니아에 있는 샌

틴 감옥소에서 한 죄수가 기자와의 인터뷰에서 그곳의 생활에서 가장 불행하고 참기 힘든 것은 '내 마음대로 선택하지 못하는 삶'이라고 하였다. 우리에게는 자유스럽게 선택할 수 있는 특권이 있는데 선택의 결과에 의하여 분명히 양극이 명암으로 나누어진다.

그것들의 결과는 바로 그들이 선택한 행동으로 인한 것이기 때문이다. 하나의 행동을 선택하면 그에 따른 결과가 나온다. 옳은 선택은 옳은 결과를 가져오고 틀린 선택은 잘못된 결과를 초래한다. 특정한 생각을 하면 역시 그와 같은 결과가 나온다.

어떠한 상황 가운데 있더라도 무엇을 어떻게 선택하느냐이다. 매일매일의 선택이 결국은 나의 미래를 만드는 것이다. 다시 말하면 나의 지금은 나의 선택의 결과이다. 마치 농부가 씨를 뿌리는 것과 같은 이치다. 인생의 가장 큰 능력은 우리의 순간순간을 정확히 생각하고 선택할 수 있는 능력이다. 선택으로 인한 결과는 전혀 다른 극과 극의 결과를 낳게 된다.

## 2

# 최선의 선택을 위하여

　모든 사람은 옳다고 믿는 것을 선택한다. 예기치 못한 무서운 절망과 시련을 직면한 후 나는 과연 무엇을 어떻게 선택한 것인가는 전적으로 나에게 달렸다. 특히 실패와 절망 후에 오는 나의 삶의 선택은 극과 극이 될 수 있다. 실패한 사람이 다시 회생할 수 없는 것은 순간의 선택을 잘못한 것이다. 왜 나의 삶은 이렇게 문제에 문제들만 반복하는 것인가? 하는 반문에서 잘 증명하여 주고 있다. 선택의 순간에서 과거의 동일한 실패에 대한 정의가 사라진 것이다.

　쉽게 변화하는 감정에 의한 결정보다는 다시 반복될 수 없는 과거 실패에 대한 심도 있는 보다 근본적인 배경을 찾는다. 그러나 주어진 어려운 환경을 이기면서 승리한 사람들에게는 분명 그들의 밑받침이 되는 정신에 주목하고 배우고 본받아야 할 대목이 있기 마련이다. 다이몬드와 숯은 다 탄소라는 인자로 이루어져 있다. 오랫동안 힘든 과정을 견딘 탄소는 나중에 다이아몬드라는 고귀한 결정체로 되었고 그렇지 않은 다른 탄소는 숯이라는 보잘것없는 땔감의 선택으로 된 것이다.

　저명한 상담가이며 심리학자인 나다니엘 브랜든은 『의식적인 생각의 예술』이라는 저서에서 우리의 각자의 삶에다 5% 더 의식적인 생각을 주장한다. 선택이 어디에 있느냐가 관건이다. 나의 삶 가운데서 결과를 예측하며 의식이 있는 생각의 선택이 무엇보다 중요하다. 왜냐하면 선택 후에는 그에 상응하는 책임이 따르기 때문이다.

우리의 마음속에 있는 상식의 세계에 귀를 기울여야 한다. 이러한 훈련은 우리 삶에서 수많은 선택을 하여야 할 상황 가운데 쉽고 효과적이며 최선의 선택을 할 수 있는 능력을 키워준다. 평범한 실생활의 한 예를 들어보자.

프리웨이에서 갑자기 옆에 있는 차가 내 앞으로 끼어들어 왔다고 가정했을 때 지금 나의 선택은 어떻게 할까? 화를 내고 경적을 울리고 뒤따라가 창문을 열고 상대를 주먹으로 한 방 날릴까? 그렇다면 나의 하루 계획은 순간적인 분노에 의한 선택으로 인하여 하루 일이 혹은 오랫동안 후회할 일이 생길 것이다.

이와 달리 화는 나지만 상대가 얼마나 급하면 갑자기 끼어들까, 라는 두 가지 선택에서 우리는 선명하고 극한 결과를 보게 된다. 나에게 돌아올 직후의 상황을 생각하여야 한다. 그 상황이 문제들을 더 나쁜 결과로 몰고간다면 우리는 다른 방향을 선택하여야 한다. 그 후에 오는 다른 결과는 극과 극의 두 가지의 결과를 가져오는 것이다. 이러한 결과는 경험이라는 수식어가 붙는다.

문제는 누구든지 경험하는 부분인데 중요한 것은 문제를 받아들이는 우리들의 반응과 행동으로 어떤 선택을 하느냐 하는 것이다. 형편과 문제들을 어떻게 보느냐에 따라 행동이 결정되며 또한 그에 의하여 오는 결과는 상당한 차이가 있다. 이것에서 우리는 삶의 단순한 진리를 찾을 수 있다. 문제는 무엇을 어떻게 선택하는가, 그것이다. 매일매일의 선택이 결국은 나의 존재를 만든다. 다시 말하면 나의 지금은 나의 선택의 결과다. 물론 타고난 유전자와 생활 습관 등은 우리에게 큰 영향을 주고 있으나 마지막 결단은 각자의 선택에 달렸다.

한 가지 선택으로 말미암아 결과는 우리의 삶의 명암이 극과 극으로 바뀌는 것이다. 나타나는 상황은 동일하나 결과는 어떤 선택을 하느냐에 의하여 천차만별로 다르게 나타난다. 우리 현실의 일상은 쉴 틈 없이 빠르게 돌아가고 여러 가지 일에 쫓기다 보면 자연스드레스가 생기는 것은 피할 수 없다.

그러므로 우리의 삶의 페이스에서 어떠한 일을 선택해야 할 때 순간적 감정으로 사건이나 일에 대하여 잘못 선택하기가 쉽다. 왜냐하면 순간적인 감정에 치우친 선택은 올바른 판단력이 서질 않아 좋지 않은 결과를 초래한다.

인간은 성숙한 사고와 따르는 그의 합당한 행동을 필요로 한다. 어떠한 선택을 할 것인지 확신이 없을 때에는 우리 마음 깊은 곳에서 나오는 음성을 들어야 한다. 바로 그 음성이 나의 진정한 뜻을 표현하기 때문이다. 즉 마음속에서 나오는 음성을 따라가는 것이다.

이러한 속에서 나오는 음성이 곧 나를 표현하는 메시지이기 때문에 이에 합당한 행동이 수반되어야 한다. 우린 흔히 속에서 나오는 음성을 가볍게 생각하는 경우가 많다. 쉬운 예를 든다면 지금 초콜릿을 먹고 싶을 때 나 자신에게 말하길 '지금은 안 돼!'라고 이야기하는 순간과 행동으로 옮기는 순간은 나의 최고의 균형잡힌 조화로운 상태를 보여준다.

불완전한 가운데서 나의 최상의 완전함이 나타나는 것이다. 다른 선택의 방법은 이 상황에서 다음의 올바른 결정은 무엇인가? 하고 자신에게 진실되게 물어보는 것이다. 다음의 최상의 선택은 무엇인가에 늘 초점을 맞추어야 한다. 곧 이러한 질문을 통하여 자신과 대화해 나가는 것이다.

이러한 음성은 순간의 감정에서 오는지 혹은 이성적인 판단인지 조심스럽게 판단을 하여야 한다. 우리의 삶에서 인생의 가장 큰 능력은 우리의 순간순간을 바르게 선택할 수 있는 능력이다. 언제 나의 마음에서 나오는 음성과 반대되는 방향으로 결정한 것이 있는가? 결과는 실패의 선택인 것이다. 나의 깊은 곳에서 나오는 음성을 잘 들어야 한다. 나의 진정한 마음속에서 나오는 음성에 맞춰 평화 공조를 이루어야 한다.

이것은 훈련을 통하여 배우는 교훈이다. 우리는 어떠한 상황에서는 선택하기 힘든 상황이 온다. 내일을 준비하는 최상의 방법은 지금 올바른 선택을 한다. 물론 선택이 틀릴 수도 있다. 어느 것이 우선순위인가를 잘 생각하여야 할 것이다. 과거의 실패에 후회만 할 수는 없다.

기회는 항상 찾아오며 여러 형태로 또 여러 방향으로부터 다가온다. 그러나 확실한 사실은 이러한 수많은 기회들은 나를 위하여 선택되기를 기다리고 있다. 지금 매 순간마다 포착하여 올바른 판단 하에 최선의 선택을 한다. 순간을 인내하고 견딘 올바른 선택은 미래를 윤택하게 만든다.

하루하루 발전하지 않는 삶은 의미가 없다. 우리는 한편으로 발전과 성장하기 위하여 인생을 산다고도 해도 과언이 아니다. 누구든지 태어난 환경과 조건은 똑같을 수가 없다. 그러나 한 가지 같은 것이 있다. 그것은 누구의 미래든 자신들의 발전을 위해 똑같이 준비되어 있다는 점이다.

이러한 여건에서 성장하기 위한 올바른 선택이 필요하다. 발전을 위해 준비되어 있는 미래를 무의미하게 만드는 것은 바로 나의 선택에 따른 책임이기 때문이다. 우리의 삶은 현재에 있고 힘과 기량은 현재에 있다. 노력한다 하여도 과거의 실패는 되돌려 놓지 못한다. 다만 다음의 계획을 현재 진행형으로 선택하고 계속하여 간다.

# 3

# 선택, 즉 또 하나의 습관

　중요한 것은 현재, 바로 이 순간이다. 현재는 곧 현금이다. 과거는 지나간 지불된 수표이며 미래는 약속어음과 같은 것으로 앞의 일을 보장하지 못한다. 현실을 똑바로 보아야 한다. 성공의 열쇠는 현실을 직시하고 있는 곳에서 여건들을 발견해야 한다. 현실을 선택하고 그것에서 다음의 목표를 향하여 점프하는 스프링보드로 사용하는 것이다.

　현실을 우리의 삶 가운데 무엇이 놓여 있는가를 알기 위한 도구로 선택한다. 현실에서의 선택은 미래의 결정에 지대한 역할을 한다. 우리는 흔히 끊임없이 생각만 하고 특별한 미래의 보장도 없는 것을 가지고 시간을 허비한다. 지금의 일이 잘 안 되고 문제가 있고 새로운 생각이 떠오르지 않을 때 '다음의 옳은 일'을 선택하여야 한다. 이 선택 방법은 진로의 방향을 제시하고 더 나아가 인생과 자신에 대하여 확신감을 갖게 해 준다.

　"진정한 자유인의 역사는 기회에 의하여 쓰여진 것이 아니고 선택에 의하여 쓰여진 것이다."

- 아이젠하워 대통령 -

부정적인 이유만을 찾는 습관에서 긍정적인 결과를 만드는 습관을 선택하는 것이다. 나의 역량에 초점을 맞추고 나의 부족한 것에 솔직하여야 한다. 막연한 장밋빛 아름다운 그림만 보는 것이 아니고 놓여 있는 현실을 똑바로 볼 필요가 있다. 솔직한 것은 진실함이 존재한다. 완전한 진실이며 또한 추한 진실이다. 용기와 결단이 필요하다. 나의 나약함으로 인하여 나 자신을 속이는 것은 아니다. 이러한 단계가 내 인생을 새로 쓰는 순간들이다.

나의 삶을 바꾼 중요한 선택들이 무엇인가를 시간을 내어 메모해 보는 것은 대단히 중요하다. 나의 선택들이 어떻게 나의 환경을 바꾸었으며 나 개인에게는 어떠한 변화가 이루어졌는가? 선택의 결과가 계속되는 실패였다면 결과는 어떤 방향으로 갔는가에 초점을 맞추고 개선책을 연구하고 정확한 방향으로 나아가라. 앞으로 힘든 선택을 어떻게 할 것인가?

미리 준비하는 것은 싸움에서 반 이상 이긴 것이다. 주위에서 보면 같은 실수를 반복하여 저지름으로써 사업에서, 인간관계에서 직장 생활에서 계속하여 실패를 초래하는 예를 본다. 자신의 부족한 면을 분석하고 연구해 볼 필요가 있다. 과거에 실패한 부분들을 좀 더 연구하는 것이다. 분석을 하면 우리는 반복적으로 실패한 공통의 원인을 발견할 수 있다.

한 부분에 너무 치우쳐 있는 약한 부분이 우리에게 모두 다 있다.

대부분의 모든 중요한 일들은 큰 이슈에서 생겨나지 않고 작은 일에 서부터 생성된다. 작은 문제같이 보이나 그곳에서 파생되는 심각성 을 쉽게 간과한다. 작은 문제 그 자체라고만 보는 것이다.

작은 일에서 큰일에 이르기까지 감정에 치우쳐 쉽게 상처를 받는 다. 모든 일에 공적인 것과 사적인 부분 사이에 정확하게 선을 그어 야 한다. 조심스럽게 대안을 가지고 대처하는 지혜가 필요한 것이 다. 나의 계속되는 실패는 어디에서 발생하나? 누구나 연구와 분석 이 필요하며 이에 대한 대비책을 수립하는 것이다. 또 다른 방법은 나의 약한 부분에 에너지를 허비하는 것보다는 강한 부분에 더 전 심전력을 하여야 한다.

자신이 좀 더 안내심이 필요하다고 생각될 때에는 전문가나 믿을 수 있는 멘토와 상담하는 것이 필요하다. 이 모든 것들은 나의 잘 못된 선택으로 인하여 기인한다. 기회와 여러 조건들을 어떻게 선택 할 것인가 기로에 서 있을 때 첫째, 완벽한 선택보다는 합리적인 선 택을 하라. 두 번째는 선택하는 항목들과 그 효과에 대하여 연구를 하는 것이다. 마지막으로 선택을 마친 후엔 다른 선택에 대하여 더 이상 생각하지 말아야 한다. 이미 선택한 것에 꿈과 기대를 가지고 과감히 도전하는 것에 집중하는 것이다. 모든 선택에는 그것에 대한 막중한 책임이 따르기 때문이다.

우리가 온전한 선택을 할 수 있는 이유는 첫째로 인간은 근본적 으로 악하지 않다고 믿는다. 두 번째, 우리는 성장하고 변화하려는 능력이 갖추어져 있다. 세 번째, 모든 순간들은 환경이 올바르게 되 는 가능성의 기회를 가지고 있기 때문이다.

지금 이 순간에도 좋은 일들이 일어나고 있다. 지금 현재 이 순간 보다도 더 좋은 기회는 없다. 가능성의 눈으로 바라본다면 이 순간 들은 나를 위하여 존재하며 이것을 즐기고 이용하고 맞게 훈련한 다. 순간순간을 성장하는 선택의 눈으로 바라본다. 상황에 올바른 생활 습관을 의지적으로 선택함으로 나의 미래는 긍정적으로 바꿀 수 있다.

특정한 환경에서 올바른 선택을 하는 것을 생활 가운데 접목시키 고 훈련함으로 후천적으로 개선된 성격으로 변한다. 예기치 않은 문 제들을 대비하기 위하여서는 평소에 새로운 인성을 선택하는 훈련 이 필요하다. 잘못된 성격과 인성은 변화되어야 한다. 매일 벽돌을 차곡차곡 쌓아 올리는 것처럼 매일의 주어진 일에 최선의 선택을 하는 생각과 의지를 강하게 하고 우리의 선택 기준을 좋은 방향으 로 높여야 한다. 이런 과정에서 제2의 새로운 습관이 성품으로 형성 된다. 이것은 모든 상황에 대비하는 가장 중요한 요인이다.


나의 선택들이란?


나는 무엇이 될 것인가 선택하는 것이다.
나는 올바른 꿈을 선택하는 것이다.
나는 나의 가치를 선택한다.
나는 배울 것을 선택한다.
나는 어떻게 배울 것을 선택한다.
나는 매 순간마다 입을 것, 할 말, 행할 것을 선택한다.
내가 믿는 것을 선택한다.
나는 어디로 갈 것인가를 선택한다.

나는 상대방이 나에게 무슨 영향을 줄 것인지 선택한다.
나는 나쁜 일들에 어떠한 반응을 나타낼 것인가 선택한다.
나는 상대를 어떻게 대할 것인가를 선택한다.
마지막으로 나는 위에 있는 모든 것들을 훈련하는 것을 선택한다.

인생은 순간순간의 올바르고 투명한 선택으로 이루어져 있다.

# 나에게는 결정권이 있다
## (I am in charge of my life)

인생은 나의 인생이다. 인생이라는 긴 여행길의 운전수는 바로 나인 것이다. 나의 인생은 나의 책임이요, 주인공이요, 운전수인 나의 임무이다. 나의 인생을 어디로 달릴 것인가 하는 것은 중요한 과제이다. 내 마음 깊은 속에서 원하는 것을 하지 않고 인위적으로 억누르지 않았는지 살펴봐야 한다.

불행은 바로 진정한 나로부터 멀리 이탈된 상태를 의미한다. 불행이란 나의 정체성과 목적에 반대되는 것을 하고 이야기하는 것에서 시작된다. 상대방을 목적 없이 닮으려는 행위와 아무런 목적이 없는 삶은 불행의 시작이다.

인생은 에너지다! 인생은 가치가 있다! 인생은 아름답다! 인생은 행복하다! 이것이 필자의 결론이요 외침이다. 나는 이러한 아름다운 생각, 능력이 있는 생각을 하면서 모든 사람들에게 외치고 있는 것이다. 이런 외침 앞에 '나의'라는 주어를 넣어 보자.

외적인 대상에서 기쁨과 행복을 찾아 이곳저곳을 헤매왔지만 마음에 남은 것은 오직 허탈과 실망과 채워지지 않은 헛수고뿐, 인생은 나그네길 우연히 왔다가 정처없이 지나간다는 유행가의 가사에 지나지 않는다. 이것이 우리가 바라는 의미의 인생에 대한 결과다.

흔히 우리들은 행복의 정의를 '만약'이라는 단서가 꼭 붙는 것을 볼 수 있다. '만약 나에게 백만 불이 있다면, 만약 내가 승진만 된다면 부러울 것이 없겠는데, 혹은 바라던 학위만 얻으면 나의 인생은 장밋빛 인생이 될 것인데, 만약 나의 몸과 얼굴을 조금만 성형을 하면, 만약 돈 많은 남자와 결혼만 한다면 나의 팔자는 달라지겠는데……' 등등. 이러한 외부로부터 오는 변화들로 이루어졌다. '만약'이라는 가정이 붙는 것이다. 이러한 이유들은 인생을 행복하게 만드는 일부분의 조건은 될 수 있다. 자세히 보자. 이들의 공통적인 면은 행복은 외부의 환경의 변화에서 좌우되는 수동적인 관념이다.

다시 말하면 이러한 행운들이 찾아 오지 않으면 나의 삶은 불행해진다는 원리다. 그러나 진정한 의미의 행복은 외부에 형편에 의하여 좌우되는 수동적인 것은 아니다.

즉, 이러한 외적 조건은 오래 지속되는 진정한 행복의 필수 조건은 아닌 것이다. 인간의 마음에서 물질에 의한 외부 여건의 변화에서 오는 것은 일시적인 기쁨이고 시간이 지나가면 그 기쁨은 곧 사라진다.

인간들이 가장 소중히 생각하는 주요 대상들, 즉 돈, 지위, 외모, 명예 등은 얼마 안 있다가 사라지는 마치 신기루와 같은 존재들이다. 우리들의 심리는 새로운 외부의 변화에 대하여 처음에는 흥분하고 기뻐하지만 얼마 후 그 흥분 상태는 과거로 사라져 버린다. 아무리 귀한 것도 일순간이 되어 버린다.

진정한 인생의 행복은 어디서 오는가? 순간순간마다 찾아오는 기쁜 감정을 즐기는 것도 있지만 나에게 이미 주어진 고귀한 존재와 인생의 목적과 계획을 깨닫고 나의 진정한 가치를 감사하며 목적을 향하여 하루하루 주어진 여건에서 최대의 능력을 연마하고 사는 삶에서 행복은 찾아온다.

행복한 사람은 주어진 환경보다는 어떠한 마음의 태도를 가지고 사는 것이 더 중요하다. 내적으로 자신을 컨트롤하는 능력이 있는 사람들은 또한 스트레스를 잘 처리하는 능력이 있으며 직장에서의 성취도 그렇지 않은 사람보다 높다.

만일 행복하지 않다고 생각될 때, 마음 깊은 속에서 원하는 것을 하지 않고 인위적으로 억누르지 않았는지, 하루 약15분간 생각하며 속에서 진정 원하는 것을 다시 적어 보라. 내적인 충실도를 정기적으로 점검하여야 한다.

우리의 육신과 마음과 영혼이 혼연일체가 되어 서로의 상호작용으로 또한 서로를 위하여 일하고 있다. 이 세 가지의 상호작용에서 어느 한 부분이라도 조화를 이룰 수 없을 때에는 마음의 즐거움은 사라진다. 또 다른 면에서의 행복의 추구는 나의 삶이 기쁘지 않을 때 나 스스로에게 질문을 해 본다.

나의 어느 부분을 더 활용함과 극대함을 인하여 나의 삶이 더 살아날 수 있는가를 생각한다. 저명한 극작가인 윌리엄 예이츠는 행복에 대한 정의를 "행복은 사람의 덕이나 혹은 단순한 기쁨이 아닌 단순한 성장 그 자체에 있다. 우리가 성장하고 있으면 진정한 행복감을 느낀다."라고 했다.

미국 로스엔젤레스에 있는 미국 전역에서 최강 농구 팀 레이커스의 전설적인 농구 코치 필 잭슨은 자신의 최고의 행복은 매 순간마다 나의 자신과 나의 능력을 인정하고 그것을 최대한도로 발휘하는 데 있다고 말했다.

행복은 내가 원하는 것, 나의 경력, 어떠한 과거 생활을 한 것, 앞으로의 나아갈 방향 등 여러 여건이 연관이 있는 일에서 기인하는 것도 일부는 될 수 있으나 진정한 의미의 행복감은 내가 소유하고 있는 것, 나의 지금 있는 상태, 내가 하고 있는 모든 것, 그리고 나의 존재에 대한 행복감이다. 결국은 밖에 있는 요소들이 밖에서 안으로 들어오는 것보다는 내 안에 이미 가지고 있는 요소들이 밖으로 표현되어 나가는 원리가 진정한 의미에서 행복감이라는 단어가 붙여진다.

이러한 형태의 행복감은 최고로 승화된 진정한 행복감의 정의라고 볼 수 있다. '만약'이라는 조건이 붙여진 행복은 진정한 행복이 될 수 없다. 조건이 충족되지 않으면 행복할 수가 없다는 해석이 나오기 때문에 행복은 나의 존재를 있는 그대로 수용하고 그것에 대한 기쁜 감정과 행복함을 가질 수 있어야 한다.

침략하라 그 마음을

# VI 단계적으로 점검하라

# 1

## 단계적으로 점검하라

매일의 계획표를 작성하여 하루의 일에 대한 우선순위를 정하는 것은 체계적이지 않은 마음을 정리시키는 탁월한 훈련이다. 나의 잘못된 습관을 고치는 그리고 삶의 패턴을 효과 있게 바꾸는 역할을 한다. 개인의 능력을 효과적으로 향상시키는 쉬운 방법이다. 우선 매일매일의 할 일들을 중요한 순서대로 적는다. 과제들의 효과적인 시행 방법을 제시하고 따르는 문제들을 분석하며 해결 방법을 찾는다. 이 방법은 과거에 대한 집착과 안 된다는 부정적 의식이 뿌리내려진 나의 생활 습관을 바꾸는 훈련이다. 계획 하나하나를 보면서 하루의 방향, 내일의 방향 나가서 나의 인생의 방향을 제시하여 준다.

오랫동안 마음과 무의식중에 붙어 있던 좋지 않은 습관, 즉 불순물을 제거하는 작업이다. 평소의 우리의 삶은 아무런 구체적인 대안이 없는 매일의 일관된 형식적인 삶의 연속이라고 보는 것이다. 적극적으로 동기와 목적을 찾아서 개척하는 능동적인 삶의 마인드가 아니고 수동적인 자세로 겨우 앞에 있는 일들을 해결하기에 급급한 것이다.

마음 가운데 교통정리를 하는 연습과 훈련이 필요하다. 적극적인 자세를 취하여 효과적으로 이루어내는 행동이 필요하고 불필요한 것은 과감히 버리는 훈련이다. 이러한 훈련은 나의 속에 잠재하고 있는 삶의 동기와 목적을 다시금 깨닫게 하여 준다. 우선 먼저 실천의 단계는 6단계로 나의 머리에 입력을 하여야 한다.

1. 계획을 세우라.
2. 세운 계획을 받아들이라.
3. 계획을 실행하라. 머리에 그려라. 행동으로 나서라.
4. 약한 점을 보강하라. 실력을 쌓으라.
5. 계속하여 실행하라. 다시 시도하라.
6. 그 결과를 기대하라.

이러한 순서와 계획을 실행하면서 나는 나의 목적과 계획을 나에게 최대의 적합한 것으로 받아들인다. 이것이 내가 진정 원하는 삶의 스타일이다. 이것이 바로 나요, 나의 원하는 것을 모두 포함한다.

나는 이것을 적극적으로 쟁취할 것이고 최선을 다할 것이고 결과로 목적을 달성할 것이다. 인정하는 것과 받아들이는 것은 나의 마음의 엔진과 모터에 해당하는 것이다. 인생의 모터에 시동을 걸었으니 다음은 그 방향을 향해 달려야 하는 것이다. 그곳을 향하여 몸과 마음이 하나가 되어 질주를 하는 것이다. 이후에 수반되는 행동은 목표 지점에 도착하는 첩경이 된다.

나에게 지금 중요한 일들은 무엇인가? 하루에 한두 번씩 30초나 1분간 생각하고 점검하고 확인하라. 이러한 점검은 나의 나태하고 게으르며 목표 없는 마음 상태를 개혁시키는 근본 목적이 있다. 우리에게는 계획을 즉흥적이고 생각나는 대로 하는 혹은 마지막까지 미루다가 임박하여지면 허둥지둥 시작하는 좋지 않은 버릇이 있다. 이런 습관으로 인하여 하루에 더 많은 일을 효과적으로 끝마칠 수 있을 것을 겨우 작은 양의 일을 성취하거나 다른 이유를 들어 전혀 하지 못하는 결과를 초래하게 된다.

또한 습관적으로 미루는 과정에서 예기치 않은 문제들이 나타나고 실행할 수 있는 과제들을 결국은 포기하고 만다. 매일의 계획표 작성으로 인하여 오랫동안 마음과 무의식중에 붙어 있던 나쁜 습관과 불순물, 즉 일을 수행하는 데 나오는 변명들 즉 중간에 포기하는 것, 오래 지연되는 것, 정확한 문제에 대한 진단 부족 등 고질적인 문제 등의 생각과 습관을 바꾸고 제거하며 당면한 문제의 분석과 해결 방법, 일의 중요한 우선순위를 정하고 더 나아가 일에 성취감을 몇 배 더 상승시켜주는 지대한 효과를 가져다준다.

일에 대하여 미리 준비하고 분석하며, 계획을 수립하는 등 기본적인 삶의 방향의 중요한 방법을 배운다. 이러한 훈련의 역할은 하루의 계획을 보면서 전반적인 나의 앞으로의 선명한 인생의 방향과 청사진을 깨닫게 하는 결과를 가져다준다. 성취된 것은 0표를, 성취되지 않은 것은 x표시를 하여 분석과 문제의 해결 방법을 모색하여야 한다.

특히 시간이 좀 더 필요한 일들에 대하여서는 타임 테이블을 정하고 그 기간 내에 마칠 수 있도록 최선의 노력을 다한다. 사소한 것에 마음을 빼앗기지 말고 크게 그림을 그리면서 주위에 있는 방해물들을 정리하라. 주위의 분위기를 변화 있게 생동감이 나게 한다.

# 가지치기를 하라

　단순하게 주위를 정리하고 평소 마음의 부담되는 것, 나를 힘들게 하는 것, 걸림돌이 되는 것은 나의 일상에서 하나 둘씩 제거되어야 한다. 조용한 시간에 나의 삶에서 버려야 할 것을 노트에 하나씩 기록하고 가능한 것부터 정리 작업을 하는 것이다. 먼저 중요한 부분, 나의 마음이 변화될 수 있고 힘을 얻게 되는 것 그리고 가능한 부분에 집중하여 재정비를 한다.

　매일의 계획표 작성은 오늘의 목표를 정하고, 확인하고, 효과 있게, 도전의 마음, 행동하는 습관, 하루하루 기쁨을 느끼는 동기, 나를 능력 있게, 가치 있는 삶, 집중하는 삶, 자신의 능력과 진정한 가치의 발견, 나아가서 나의 인생의 전반을 인도하는 청사진의 기초가 된다. 또한 좀 더 능동적으로 나의 마음을 움직이게 만들며 계획표의 실행을 함에 따라 성취하며 미래지향적으로 생활의 패턴이 바뀌진다.

　중요한 것뿐만 아니라 사소한 것, 작은 것, 중요하지 않은 것까지도 모두 적어 본다. 나의 마음이 체계적으로, 인생의 중요한 의미를 발견하는 현실적이고 체계적인 마음과 그것을 보는 감각이 개발되고 더욱 집중할 수 있게 연습과 훈련이 필요하다.

의식적으로 나의 생활의 흐름을 알 수 있게 하며 나 자신을 발견하고 깨닫기 위한 훈련의 과정이다. 이런 과정을 통하여 나의 삶을 내가 주도하고 개척하며 그 열쇠는 내가 쥐고 있으며 문제에 대하여 능동적으로 대처하며 발전하여 나가는 삶이다.

나의 생각과 마음이 예리하며 통찰력 있는 도구로 만드는 과정이고 또한 나의 전반적인 삶의 흐름에서 부족한 생활 부분을 깨닫게 하여 주며 매일매일의 과정을 통하여 변화하며 배우고 더 나아가 나를 능력 있는 사람으로 만들어 주는 방법이다. 그러나 주의할 것은 매일의 일과들이 너무 완벽주의가 되어서는 곤란하다. 처음에 일을 하려면 여러 가지 방해가 되는 예기치 못한 여건과 환경들이 만나게 된다.

나를 힘들게 하는 마음의 상태, 즉 화가 난다든가 논쟁을 벌이는 경우를 가급적 피하고 혹은 그 경우에 대비하여 감정에 사로잡히는 것이 아니고 이성적으로 침착하게 담대하게 마음을 다스려야 한다. 나를 알지 못하면 나를 변화시킬 수 없다. 처음 순간들을 잘 견디면 그다음에는 힘이 생기고 마음의 확신이 생기고 앞으로 가는 방향이 명확하게 더 확고하게 자리 잡는다. 계획들은 항상 수정될 수 있다. 이루어지지 않은 계획은 그 다음 날에 이루도록 하라. 반드시 하루를 마친 후 계획들을 점검하라.

이루지 못한 계획들은 문제가 무엇인가 다시 반복하지 않기 위하여 해결점을 찾아라. 그러나 막중한 심리적인 중압감은 피한다. 처음에는 훈련 기간이라고 생각하고 자생력이 생길 때까지 가능한 것, 적당한 양, 비교적 쉬운 목표들을 세우라. 과감한 실행은 전염성이 있어 다른 계획의 성공도와 만족감을 가져다준다.

성공적으로 이룬 계획들 혹은 이루어진 것이 없더라도 최대한 노력한 것들에 대하여 기뻐하고, 감사하고, 성취감에 의식적으로 몇 분간 잠기며 자신의 이름을 부르며 '오늘도 멋지게 해냈다' 혹은 '오늘 참 좋은 하루였다' '보람된 성장의 하루였다' '감사한 하루다' 등 기쁨을 표현한다. 삶의 새로운 활력을 찾고, 새로운 의미와 가치를 깨달아 보람되고 기쁜 삶의 시작이 이루어진다. 하나씩 마음의 결단하는 것에 집중을 한다. 그 결단은 힘이 들어도 가능한 것이고 할 수 있는 것이어야 한다.

종이에 항목을 적어 보며 실행에 옮긴다. 성취의 여부에 대하여 자주 점검한다. 이러한 시작의 결단들이 마음 가운데 습관적으로 점검되고 시행되면 다음 프로젝트로 같은 반복을 한다. 매일 항상 나와 내적인 대화를 하면서 자신을 격려해 주면 곧 나는 어느덧 다른 형태의 새로운 나를 발견한다. 밖으로 다짐하면서 하는 말은 대단한 위력이 있다. 세상의 모든 대상을 향하여 확신감을 가지고 선포와 명령을 하는 것이다.

그리고 아침에는 이런 질문을 해 본다.

오늘 하루는 어느 곳에 집중을 하여야 하나?
어떠한 노력을 기울여야 하나?
어떻게 그 목적을 성취할 수 있나?

저녁에는 이러한 질문을 해 본다.

1. 어제보다 나아졌나?
2. 오늘도 삶의 에너지를 얻기 위하여 어떠한 노력을 했나?
3. 최대한 나의 능력을 사용했는가?
4. 나의 행복을 가로막는 일들이 무엇인가?
5. 이웃과 사회를 위하여 어떠한 일을 했는가?

내가 할 수 있다는 자신감, 자신에 대한 신뢰감, 자신의 능력을 과소평가했던 부분을 재발견하는 기회, 이런 과정을 통하여 성취감과 삶의 참 기쁨을 발견하고 더 큰 꿈의 성취를 위하여 나가는 첩경이 된다.

# 쉬운 것부터 하나씩

예를 들어보자.

1. 서랍 정리
2. 냉장고 청소
3. 잔디 깎기
4. 화장실 고치기
5. 부모님께 안부 전화하기
6. 상사에게 이 메일 보내기
7. 아이들 숙제 도와주기
8. 취미 생활
9. 장보기
10. 학교 강의 듣기
11. 운동하기
12. 음식 만들기

처음에는 실현 가능한 비교적 쉬운 항목들을 선택하여 시작하는 것이다. 반복의 훈련을 통한 습관이 더 큰 프로젝트를 완성시킨다. 더 나아가서 일주일의 계획을 적어 보는 것은 속에 생각하고 있는 계획과 자신이 이 모든 일을 잘 이루었다는 생각이 동시에 함으로써 이러한 생각의 과정들을 다시 깨워준다.

농부들이 씨앗을 뿌릴 때에는 법칙이 있다. 첫째는 먼저 뿌리고 나중에 거둔다. 원하는 것을 얻으려면 먼저 주어야 한다. 두 번째는 뿌리기 전에 밭을 갈아야 한다. 씨가 뿌리를 내리려면 준비가 필요하다. 상대에게 필요한 것과 제공 시기 및 방법을 파악한다. 세 번째, 시간이 지나야 거둘 수 있다. 제공했다고 해서 그 결과를 즉각 기대할 수는 없다. 네 번째, 뿌린 씨는 전부 열매가 되는 것은 아니다. 씨앗10개를 뿌렸다고 10개 전부 수확하는 것은 아니다. 다섯 번째, 뿌린 것보다 더 많이 거둔다. 모든 씨앗에서 수확을 얻을 수는 없지만 결국에는 뿌린 것보다 더 많은 수확을 거두게 된다 .너무 이해타산에 급급하지 않는다. 여섯째, 콩 심은 데 콩 나고 팥 심은 데 팥 난다. 다른 사람에게 손해를 끼치면 손해를 이익을 주면 이익을 얻는다. 일곱 번째, 종자 씨는 남겨두어야 한다. 수확한 씨앗 중 일부는 다시 뿌릴 수 있게 종자로 남겨야 한다. 받았으면 되갚아야 한다.

흔히 내가 소유하고 있는 것들은 나의 신분을 말해준다고 한다. 이것은 마치 많은 소유가 세상에서 성공한 것처럼 해석되는 것이다. 온 세계가 경제공황으로 인하여 모두가 긴축 살림을 하는 현 상황에서 우리는 행복과 부자라는 진정한 의미를 다시 생각해 볼 필요가 있다. 우리는 눈에 보이는 외면적인 요인들, 즉 물질적으로 풍성하다는 수식어가 반드시 붙어야 진정한 행복과 부자라는 의미를 가지고 있다고 생각한다.

내가 사고 싶은 모든 것, 가지고 싶은 모든 것, 하고 싶은 모든 것,

이루고 싶은 모든 것 등등. 그러나 진정한 행복은 눈에 보이는 소유에 있는 것이 아니고 나의 삶에서 얼마나 중요한 질적인 요소들이 있는가이다. 물질적인 면에서의 성취나 만족을 부인하려는 것은 아니다. 재물 또한 행복감을 주는 요인이 될 수 있으며 재물의 소유는 행복감과 어느 정도 비례하는 것이다.

중요한 것은 나의 인생의 비전이 어디에 있는가? 나는 어떠한 가치 있는 삶을 살기 원하는가? 다시 말하면 그것은 은행에 얼마나 많은 대출금을 받았나 혹은 신용도를 가늠하는 신용 점수가 무엇인가도 아니다.

흔히 많은 사람들의 대화를 들어보면 집을 위하여 더 큰 식탁 세트가 필요하고, 집 때문에 더 큰 소파가 필요하고 가구들이 필요하다는 이야기를 한다. 옷이 많기 때문에 더 큰 옷장이 필요하다는 것들이다. 그래서 더 큰 집으로 이사를 가야 한다는 결론이 나온다. 여기에 심각한 문제가 있는 것을 발견할 수 있다.

그것은 대상이 내가 주체가 아니라 나 이외에 놓여 있는 형편과 여건들에 초점을 두고 나의 가치 기준이 피동적으로 그곳에 맞춰져야 하는 것이다. 나는 그것들에게 맞춰져야 되는 대상이 되는 것이다.

중요한 것은 나의 가치와 원하는 것에 대하여는 전혀 무시된 결정인 것이다. 나의 허영과 욕심에 사로잡혀 그것에 초점을 맞추고 무작정 따라가는 것이다. 그러나 반대로 생각하여 내가 안방에서 원하는 것은 무엇인가? 내가 거실과 부엌에서 원하는 것이 무엇인가? 내가 인생에서 혹은 가정에서 진정 원하는 그리고 안락한 것들, 우선이 되는 것은 무엇인가? 이러한 질문을 스스로 해 보는 것이다.

진정한 행복의 정의를 다시 살펴볼 필요가 있다. 여행을 갈 때 최상급의 호텔에 묵는 것, 콘서트에서 제일 비싼 자리에 앉는 것, 최고의 식당에서 최고급 와인으로 저녁을 먹는 것 등 실제적으로 이러한 것들은 우리의 삶에서 잠시의 기쁨을 가져다준다.

그러나 무분별한 소비와 여러 가지 소유물들과 그것들에 대한 집착은 나의 삶에 조용히 그리고 순간적이고 가시적인 만족으로 나의 집 안에 침투하고 있어 결국은 나의 행복을 가로막는 걸림돌이 된다. 내가 한 번도 신지도 않고 입지도 않은 구석에 방치된 수많은 구두들과 수많은 옷가지들을 보면서 내가 진정 필요한 것들을 다시 생각해 본다.

# 누구나 실패할 수 있다

세상 누구도 실패를 경험하지 않은 사람은 아무도 없다. 세계 각 분야에서 우뚝 선 지도자 모두가 그들의 삶에서 뼈아픈 실패와 좌절의 아픔을 경험한 사람들이다. 그러나 그들에게는 실패의 과정이 그들을 강하고 담대하게 큰 안목을 가지고 세상을 정복하는 지름길로 안내하는 동기가 되었으며 삶의 여정에서 강력한 도구로 쓰임 받은 것이다.

실패에 대한 연구는 대학에서 전공 분야의 한 부분으로 선택되어야 하고 반드시 배워야 할 중요한 과목이다. 인생은 작건 크건 간에 실패의 과정이 없이는 성공의 자리에 올라갈 수 없다. 흔히 나타나는 시행착오에 한 실패의 위험은 나의 삶에 있어서 항상 이곳저곳에 존재하고 있다. 오히려 실패는 당연한 사실로 받아들여야 한다.

해답을 전혀 얻을 수 없는 현실을 정확히 보고 인정할 것은 솔직하게 인정하며 나의 현재와 과거의 행동에서 나오는 실패의 여건들을 정확하게 분석하는 시간을 가져라. 내가 지향하는 삶의 목적을 향하여 나의 능력이 최대한 발휘되고 있는지 매일의 삶을 점검하는 것은 무엇보다도 중요한 자가 점검이다.

문제는 같은 문제에서 계속 같은 실패를 반복을 하는지가 중요한 관건이다. 당연히 똑같은 실패는 반복됨이 없이 다만 교훈이 되어야 한다. 실패는 성공과 마찬가지로 그것을 무조건 배척하고 부정하는 것이 아니고 성공과 같이 그 존재의 가치를 인정하여야 한다. 성공을 향한 크나큰 도우미의 역할을 하기 때문이다

전기를 발명한 토마스 에디슨은 수많은 실패를 거듭하였으나 그는 실패를 진정한 실패가 아닌 반대로 그만큼의 성공 가능성을 더 찾았다고 했다. 실패를 보는 나의 눈은 어떠한가? 부정적인가 혹은 긍정적인가 둘 다 맞지 않는 생각이다. 다만 현실을 바로 보는 현실주의자가 되어야 한다.

중요한 것은 실패한 후의 나의 생각과 자세가 어느 방향으로 가는가, 즉 실수나 실패를 통하여 무엇인가 배운 다음 다음에 위기가 닥쳤을 때에 어떻게 극복하는가의 자세와 행동이 더 중요하다. 먼저 실패를 두려워한다면 나의 가능성을 가로막는 생각이다.

실패를 두려워하고 그곳에서 배우지 않는다면 실패만 계속될 뿐이다. 자신에게 늘 질문을 하라. 무엇이 잘못되었는가? 혹은 무엇이 부족한가? 실수로 인한 부분은 받아들이나 재평가를 하는 시간은 반드시 필요하다. 누가 나의 삶에서 모든 일이 순조롭게만 풀릴 것이라고 보장할 수 있겠는가? 누구인들 실패하지 않겠는가? 자신에게 좀 더 관대한 마음을 가지고 다시 도전한다면 우리의 마음은 더 강력한 힘을 얻을 수 있다.

나의 실패, 부족함 그리고 무능력 등의 결점들은 나의 인생의 종착역이 아니다. 그것들은 인생을 살면서 지나가는 한 과정일 뿐이다.

주어진 어려운 환경을 이기면서 승리한 이러한 나의 제한된 의식을 극복하기 위하여서는 생각을 바꿔야 한다. 우리의 습성은 무엇이든지 밖에서 일어나는 성공한 일에 대하여만 축가를 부르려 한다.

결과는 아직 나타나지 않았지만 우리 내면에서 일어나는 것에 긍정적인 변화에 대하여 진정한 축하를 하는 것이다. 나 자신에 진정한 메시지를 주는 것은 대단히 중요한 사항이다. 나의 실수한 부분에 대하여 개선된 현상이 나타나면 반드시 진정한 축하를 하여야 한다.

우리의 삶은 늘 성공이라는 관념에 사로잡혀 있어 혹여라도 실패를 하면 절대로 용납이 되지 않는다. 흔히 한 사람의 외적인 성공이라는 정의를 개인의 전체의 가치로 해석한다. 야구 경기에서는 타자의 평균 35% 정도는 성공이라고 보고 나머지 65%는 실패의 타자가 된다. 공격면에서는 실패한 선수들이 더 많다. 그러나 이러한 실패는 야구 경기에서 정상으로 취급된다. 오히려 당연한 사실로 묘사가 된다.

야구에서 주는 교훈은 어떻게 실패를 다음 경기에 대비하여 잘 이용하느냐 하는 것이 더 중요한 사항이다. 우리는 실패를 경험했든 그렇지 않든 다음과 같은 3가지의 중요한 사실을 기억하여야 한다.

첫째, 앞서 지나간 인생의 선배들도 나와 같은 실패를 경험했다는 사실이다. 그들의 체험담에서 새로운 것을 배우고 힘을 얻는 소중한 기회가 된다. 두 번째, 과거의 나의 실패에서 더 잘할 수 있는 지혜와 용기를 얻는다. 세 번째, 현재의 실패 없이는 지금보다 앞으로 올 수 있는 실패의 패턴을 끊는 것이 훨씬 더 힘들어진다.

"인생에서 실패를 한 번도 안 해 본 사람은 새로운 시도를 한 번도 해 보지 않은 사람이다."

- 아인슈타인 -

　흔히 우리들은 문제를 제각기 자기들의 방식으로 문제들을 해결하고 대처한다. 어떤 사람들은 문제들을 의식적으로 피하기도 한다. 반면에 어떤 사람들은 크고 작은 문제에 대하여 평온을 유지하면서 잘 대처하고 오히려 주위 사람들을 위로하며 안심시킨다. 그들은 상황 판단을 정확히 하고 문제들을 직시하고 그 형편 안에서 문제를 해결하려고 한다. 그것을 통하여 새로운 성숙된 인격을 만든다. 내가 가지고 있는 잘못된 편견과 고집을 깨닫게 해 주며 인내와 이해심을 가져다준다. 한 개인이든 혹은 한 국가이든 화평하고 평온한 기간과 번영의 기간에는 나라와 국민들이 게을러지고 나태하게 된다.

　그러나 문제나 역풍이 몰아칠 때에는 그것들에 대항하고 온 국민이 합심하여 노력하며 두려움을 제거하기 위하여 최상의 노력을 한다. 이러한 과정에서 새로운 발전을 이루어낸다. 우리들은 전반적으로 발전과 목표를 향하여 나아가는 과정은 잘 견뎌낸다. 문제가 생겼을 때에는 먼저 단순한 나의 실수인가 혹은 목적이 있는 뜻을 내포하고 있는가를 생각해야 한다.

　모든 문제는 나에게 교훈을 가져다주는데 두가지 면을 볼 수 있다. 한 가지는 문제에 대하여 실패한 것을 배운다. 두 번째는 문제를 통하여 나의 인격과 인성이 올바른 방향으로 나아가는 기회가 된다. 문제의 고통은 피할 수 없다. 불교에서는 인생은 고난이라고 한다. 우리가 고난을 찾는 것이 아니라 예기치 못한 고난이 인생길에 찾아온다. 그러나 고난을 인생의 목적과 뜻에 연관시켜 생각하면 나에게 큰 유익이 되고 앞으로 올 고난을 쉽게 넘을 수 있으며 목표의 여러 단계를 도약할 수 있는 동기가 된다.

나의 마음속에 있는 금을 캐기 위하여 정금하는 과정에서 사용되는 불은 고난을 통과하는 과정에서 내 안에 감추어져 있는 능력과 저력을 발굴할 수 있도록 촉매작용을 한다. 일생을 살아가는 동안 작건 크건 간에 문제와 고난은 피할 수는 없다. 운동선수는 훈련과 연습의 기간 중에 이겨내야 할 자신과의 싸움을 우승을 이루기 위한 목적으로 끝까지 견딘다.

# 5

# 실패를 통하여

　문제들을 의연하게 그리고 인내하며 신중하게 교훈을 받아들이고 남은 문세를 대처한다. 문제는 문제로만 보는 것이 아니라 내가 당연히 대처하고 풀어 나가야 할 삶의 한 과정이라 인정하며 준비하며 임한다면 실패할 것이라는 두려움이 나에게 틈타지 못할 것이다.

　희망이라는 의미 대신에 두려움의 생각을 갖는다. 도전과 발전이라는 단어는 찾아볼 생각조차 하지 않는다. 희망의 꿈이라는 말은 어디론가 사라지고 마음에서 떠난 지 오래다. 내적으로는 자기부정과 의심에 사로잡혀 있고 외적으로는 그에 대한 결과를 미리 짐작하고 불안한 행동을 한다.

　자신에게 질문해 본다. 나는 왜 이러한 두려움에서 벗어나지 못할까? 나의 잘못인가 혹은 그것이 내가 할 수 있는 최선인가? 모든 것인가? 이유는 나의 완벽주의에 사로잡혀 있거나 혹은 과거의 연속된 실패의 경험들이 발목을 잡는다.

　이러한 마음속 깊게 자리 잡은 상처들은 자연스럽게 나의 마음의 피난처가 되고 깊은 곳에서 나오는 허위의 메시지가 삶을 더욱 힘들게 한다. 나는 나쁜 환경을 스스로 만들고 있다. 인위적인 도피는 더 큰 문제와 두려움을 낳는다. 철저하게 마음의 문을 열고 냉정하게 문제들을 분석할 수 있는 마음이 필요하다. 아무리 큰 문제라 할지라도 그것들을 있는 그대로 수긍하고 받아들여야 한다.

문제의 해결에 대한 나의 혁신적인 역할과 해결점을 받아들인다. 문제의 해결점이 내 안에 있다는 것을 깨닫는 것이다. 많은 사람들은 실수를 남에게 전가하려고 하지만 마치 레이저가 장착된 문제에 대하여 미사일이 표적을 향하여 가는 것 같은 노력을 적용하면 놀라운 해결책이 나타난다.

운동 시합에서도 마찬가지로 실수는 정상적인 현상이다. 에디슨은 수많은 실패와 낙심을 통하여 성공에 더 가까이 갈 수 있었다. 1,000번째 도전에서 성공한 후 그는 다음과 같은 이야기를 하였다. "나는 999번의 실패를 한 것이 아니라 전구가 켜지지 않은 999가지의 이유를 알았다." 이처럼 위대한 성공과 창조는 실패 없이 불가능하다. 실패란 반복된다면 더 큰 실패를 가져오지만 그것을 거울삼아 배우면 성공의 초석이 되는 것이다.

실패가 성공으로 이어지는 데에는 중요한 법칙들이 있다. 첫째는 실패가 왜곡되거나 감추어지지 말아야 한다. 잘못된 것을 인정하고 솔직히 받아들이며 두 번째는 같은 실수는 다시 반복되지 말아야 하며, 세 번째는 이를 활용해 부족한 면을 훈련하고 연마하여 초석으로 삼아야 한다.

실패에 대하여 원인 규명이 아닌 책임 추궁이 강조된다면 새로운 일의 시작에서 획기적이고 모험적인 방법을 찾기보다 두려움이 앞설 것이다.. 어떤 기업에서는 실패한 사람들만 뽑아서 상을 수여한다고 한다. 실패를 장려하는 것이 아니고 실패를 교훈 삼아 더 발전을 유발시키기 위함이다.

가능성이 보이지 않으면 일찌감치 포기를 한다. 여기서 필요한 지혜란 쉽게 포기하지 않는 것과 그리고 단호하게 포기하는 것이다. 모든 문제는 새로운 기회를 주는 씨앗이다. 모든 문이 닫혀 있어 보일지라도 다른 쪽의 문은 열려 있다. 포기하는 것은 항복하는 것이 아니라 다만 다른 고지를 향하여 발길을 내딛는 것이다. 전혀 예상치 못했던 다른 것이 새롭게 시작되는 것을 말한다.

"성공의 진정한 실험은 정상에 올랐을 때 무엇을 하였나 하는 것이 아니고 진정한 성공은 바닥까지 떨어진 실패 지점에서 얼마나 높게 뛰었는가 하는 것이다."

- 조지 패튼 대장 -

우리 삶에는 가정, 인간관계, 직장, 사업 등에서 거듭되는 같은 실패를 반복하게 된다. 이러한 반복의 실패를 막기 위하여는 다음과 같은 실제적인 일들을 실행하여야 한다. 실패의 동기가 되는 나쁜 버릇과 부정적인 습관들을 노트에 기록하여 둔다.

대표적인 것 5개 정도 적어 각 항목에 대하여 거듭되는 잘못된 마음의 생각과 행동의 패턴을 적는다. 다시 각 항목에 잘못된 행동을 하는 이유에 대하여 적는다. 행동 유발에서 나오기 전의 심리적인 상태는 어떠하였는가를 관찰하는 것은 매우 중요하다.

감정의 변화로 인한 순간적으로 반복되는 행동이라면 고려하여야 할 대목이다. 할 수 있는 한 반복되는 실패의 고리를 끊는 실제적인 방법들을 적는다. 남에게 거부당할 수 있다는 두려운 동기에서 옳지 않는 방법을 사용한다면 위험한 결과를 초래한다.

글로벌 기업의 지도자를 뽑는 조건 중에서 과거의 이력이 얼마나 많은 성공을 하였느냐가 초점이 아니고 실패한 후에 어떻게 다시 재기를 하였는가에 초점을 맞추는 것이다. 낙마한 곳에서 다시 말을 잡아타고 채찍을 가하고 달리는 용기와 행동이 필요하다. 어려운 과정의 통과는 다시 배우고 성숙하게 되는 중요한 과정이 된다.

실패와 낙심을 경험하게 될 때 얻게 되는 교훈은 무엇인가? 자포자기 인가 아니면 극복하려는 굳은 의지와 결단의 결과인 치료와 믿음이 찾아온다. 매일 삶에서 어려운 고비와 장애를 만난다. 어려움을 이기고 우뚝 선 많은 사람들 가운데 중요한 공통점을 발견할 수 있다. 그것은 바로 어려운 문제들을 만나면 그들은 쉽게 링 안에 흰 손수건을 던지지 않는다.

운동복의 대명사로 부르는 Columbia 의 사장인 남편이 갑자기 심장마비로 세상을 떠났다. 부인은 경험도 없고 해서 사업체를 팔려고 생각 중에 그녀는 다시 생각을 고치고 남편을 대신하여 회사를 경영하기로 마음을 먹고 아들을 경영진에 참여시키고 겨울 스키용 파카를 일상생활에서도 겸용하여 입을 수 있도록 시판하였는데 그 상품이 대 히트를 친 것이다.

그녀는 경험을 통하여 전략을 바꾸는 준비를 하라고 조언한다. 나만이 할 수 있는 유일한 방법들이 무엇인가를 고안하고 또한 나에게 없는 자질에 돈과 시간과 에너지를 낭비하지 말라고 충고한다.

유명한 영화 작가, 감독이자 배우인 실베스터 스탤론은 그의 배우의 전력은 거부당함과 실패의 연속이었다. 계속하여 영화배우로서의 위치에 설 수 없게 되자 그는 대본작가로서 직업을 바꾸었다. 조금씩 작가로서 이름이 나오자 그는 할리우드로 사무실을 옮겼다. 자신이 주연을 하는 조건으로 자신이 쓴 소설을 제작자에게 팔려고 했지만 그는 번번히 거절당했다.

결국은100만 불에 판권을 제작자에게 넘겨 주었다. 그 후에 〈Rocky〉라는 영화가 탄생했는데, 그는 오스카 주연상으로 지명되었고 2억 불의 기록적인 수입을 올렸다. 그 후 속편 다섯 편을 제작하였는데 총 10억 불의 수입을 올린 것이다.

우리가 완벽주의자라면 부족한 열정과 인내를 배우는 것이다. 승진에서 나의 능력이 과소평가되고 탈락이 되었다면 나는 곧 받아들임과 동시에 나의 가치를 다시 배울 것이다. 인생 여정에서 언덕길과 내리막길은 인생을 흥미있게 만들고 다가올 미래에 성공의 도구 역할을 하는 것이다.

인생의 커브볼이 우리의 삶에 던져진다면 그것을 잘 선택하여 적시에 때리는 훈련과 그것을 통하여 한 단계 업그레이드시키는 기술을 배워야 하는 것이다. 실패라는 단어는 발전하려는 목적에서는 반드시 있어야 할 필수품과도 같다. 그러나 완벽해지기 위한 것에 목적을 둔다면 대단한 장애물이 되는 것이다. 왜냐하면 완전함을 배우는 것이 아니라 성장하고 발전을 위하여 나가는 것이다.

우리는 우리의 강한 면과 약한 면을 넘어서 보는 자신을 잘 아는 능력이 필요하다. 과거의 실패와 쓰라린 경험의 마음 문을 뒤로 잠그고 오늘이 나를 깨워주는 하루가 되기를 원한다. 이제부터는 다른 곳에서 응답을 구하는 것이 아니고 나에게서 해결점을 찾는 것이다.

실패에서 일어날 수 있는 방법을 몇 가지 적어 본다.

1) 나의 시간과 에너지를 최대한 당면한 문제에서 어떻게 사용할 수 있는 가를 찾고 그곳에 역점을 두어야 한다.

2) 문제들을 작은 부분들로 분해한다. 그러므로 해결될 수 있는 작은 부분으로 구분을 하여 그것들에 합당한 효과적인 해결책을 찾는다. 실패에서 나는 진정 무엇을 잃었고 무엇을 잃지 않았는지 알아볼 필요가 있다. 특히, 중요한 점은 잃어버리지 않은 부분에 초점을 맞추고 다시 힘을 모으는 지점을 찾아야 한다.

3) 실패와 역경은 우리의 모든 감각을 마비시키고 볼 수 있는 눈을 멀게 만든다. 어떻게'보다는'왜'라는 부분에 초점을 맞춘다.
왜냐하면 다음 행동할 방향을 스스로 자문하고 행한다. 마음의 혼돈, 정지, 포기하는 상태는 삶에 치명적인 방해물이고 피할 수 없는 앞에 놓여 있는 큰 장애물이 되는 것이다.

4) 인생길에 불시로 찾아오는 문제들은 혼자서 해결하기 힘들 때에는 반드시 이웃이나, 그 밖의 전문가의 도움의 대상을 찾고 또한, 이해하며 들어줄 수 있는 대화의 상대를 찾는다. 그들의 의 견을 듣고 도움을 청하며 어려움을 나눈다.

성공자와 실패자의 차이는 지속적인 끈기와 인내에 있는 것이다. 힘이 약해서도 실력이 모자라서도 아니다. 문제를 만났을 때 문제의 진의를 정확하게 파악하여 철두철미한 진단 하에 끝까지 치밀하게 분석 해결하는 것이다.


## 실패로 가는 지름길

데일 카네기의 실패한 사람의 10가지 공통점을 알아보자.

1) 모든 잘못은 남에게 있다.
2) 열등의식과 자기 비하의식이 강하다.
3) 삶의 목표가 없다.
4) 모든 것을 쉽게 포기한다.
5) 과거의 일에 지나치게 생각한다.
6) 독창력이 없고 남의 흉내만 낸다.
7) 계획 없는 생활을 한다.
8) 노력은 하지 않고 성공의 지름길, 쉬운 길만 찾는다.
9) 자신에 대한 신뢰도가 없다.
10) 패배에 대한 원인을 분석없이 그대로 인정한다.


우리는 흔히 운명론 혹은 팔자소관을 주장하고 주위 환경과 남을 탓하며 자신의 인생을 그것에 맡기는 경우가 많다. 못사는 나라의 종교를 관찰하면 그들은 운명적인 인생관을 가지고 있다. 못사는 것이 마치 팔자라고 위안하고 더 나아가서 운명, 환경, 조상, 상대방에게 이유를 전가한다.

우리 각자는 전지전능한 손에서 창조받은 위대한 걸작품이다. 지구상 오직 나라는 존재는 오직 한 사람밖에 없다. 나에게는 귀한 인생의 목적과 사명을 가지고 태어난 특별하고 독특한 존재라는 것을 항상 기억하여야 한다. 나의 인생에는 하나님의 귀한 목적이 있다는 것을 항상 마음속 깊이 새겨야 한다.

헨리 키신저 전 국무장관은 재임 시에 여러 대통령들과 같이 일을 했다. 그가 말하는 역대 대통령들은 큰 일들을 하지 않았고 다만 그들만의 능력이 가는 한 곳에 초점을 맞추고 직무를 수행했다고 한다. 실패와 두려움이 생길 만한 곳은 시도조차 하지도 않은 것이다.

적극적인 다른 방법을 찾아보자. 새로운 것을 시도해 보는 것이다. 나의 삶에서 언제 새로운 것을 시도해 보았는가 자문해 보라. 우리는 쉽고 지루한 일상생활 속에 살고 있다. 이러한 것은 삶 자체를 질식시키는 것이다. 산을 정복할 때에는 높고 위험한 정상만 보지 않는다. 험난한 산의 꼭대기만 본다면 두려운 생각에 정복하기 힘들다.

정복할 가능성이 전혀 없다. 그러나 필요한 것은 작은 첫걸음을 떼면서 시작한다. 이와 같이 인생은 문제와 혼돈의 순간이 계속 이어진다. 그러나 중요한 관점은 각자 그 문제들을 어떻게 보고 어떠한 반응을 하는가에 달려 있다. 사업의 시작 혹은 물건 제작, 정원을 새롭게 만들 때에는 어떠한 과정이라도 종이에 적고 디자인한 다음 천천히 그리고 한 단계씩 다음 단계로 간다면 우리는 목적지에 도착하는 것이다.

어떠한 방해가 있더라도 계속하여 전진한다. 문제와 그 두려움에 대하여 해결의 눈으로 고정시키면 성공하는 폭은 상당히 넓어진다. 내가 알지 못하는 새로운 힘과 에너지가 있는 자신을 발견한다. 단지 계획이 완성되지 못하는 이유가 있다면 그것은 바로 '나' 때문인 것이다.

어려운 환경에서 나오는 문제보다는 단지 내가 성공하지 못한다는 것을 믿는 것이다. 우리는 반드시 생각할 것이 있다. 실패의 결과 무엇을 잃었는가 혹은 잃지 않은 것은 무엇인가를 살펴본다. 극한 상황이라고 생각될 때 우리는 흔히 이제는 마지막이라고 쉽게 단정을 짓고 포기한다. 그러나 이것보다 앞으로 나갈 다른 방법을 찾고 실행에 옮긴다. 정신을 차리고 강하고 담대하게 대처하여야 한다

역경은 '왜'라는 물음표 대신 '해결될 희망'이라는 답을 가지고 피하려는 깃보다는 적극적으로 문제를 해결하는 것이다. 적극적으로 문제에 개입하여 힘들 때에는 주위 여러 사람과 대화를 통하여 어려움을 나눈다. 그들과 이야기에서 위안을 받고 해결점을 찾을 수가 있다. 역경은 당분간이다. 패닉 상태에 들어가서는 안 된다.

실패에 따르는 두려운 마음에 대한 대응할 수 있는 강력한 무기는 곧 성공하는 자, 강한 자로서 나에 대한 믿음이다. 내가 할 수 있다는 나에 대한 강력한 신뢰다. 주위와 남에게 비난보다는 해결이 되는 확신의 마음으로 그리고 문제의 해결책에 더 중점을 두어 대치한다. 이러한 어려움을 통하여 더 내적인 성장의 기회를 잡는다.

어려운 상황에서 형편이 반대로 전환되는 기회는 항상 있다. 그 이유는 인간들은 선천적으로 선하다. 우리에게는 변화와 성장하는 역량이 있기 때문이다. 많은 사람들은 인간은 근본적으로 바꾸지 못한다고 한다. 그러나 희망을 포기할 정도로 어려운 실패와 여러 중독으로부터 벗어난 사람들의 예는 얼마든지 찾을 수 있다.

이유는 현재의 삶에서 역전될 수 있는 기회는 삶의 순간마다 찾아

온다. 무엇인가 지금 이 순간에 좋은 일들이 일어날 수 있다. 나의 모든 가능성을 가지고 삶의 순간들이 포착되기 바라고 훈련하여지기를 원한다. 겁쟁이들은 두려움이 그들을 마음대로 조종하게 만든다. 위험과 문제들로부터 피하려고만 한다. 그러나 용감한 사람은 두려움에도 불구하고 자기 소신을 굽히지 않고 나갈 방법을 찾는다.

"한 인간의 척도는 평안하고 안락한 상태에서 나타나는 것보다 역경과 고난의 시기에서 나타난다."

- 마틴 루터 킹 -

"올바른 인간의 인격은 안이하고 편안한 가운데서 개발될 수 없다. 오직 어려움을 통하여만 만들어진다. 괴로움은 영혼을 강하게 만들고 비전이 선명해지며 원대한 계획이 다시 충전되고 성공에 이른다."

- 헬렌 켈러 -

두려움과 회의감이 올 때 대처하는 방법을 요약해 본다.

1) 나의 두려움과 역경을 이해하고 인정하라.
2) 부정적인 자신의 생각과 대화를 피하라.
3) 나의 편안한 지점에서 나오라.
4) 하나 둘씩 개선 방법들을 사용하라.
5) 긍정적인 면에 초점을 맞춘다.
6) 내가 이길 수 있는 여건들을 나열하라.
7) 나를 믿어주는 사람들과 자주 교제를 하라.

침략하라 그 마음을

# VII

## 시간, 인생의
## 작은 단위

# 1

# 시간, 인생의 작은 단위

시간은 우리의 삶에서 가장 중요한 부분이다. 우리 각자는 특정한 일을 하기 위하여 부름받은 존재들이다. 이러한 사명의식을 가지고 매일의 순간순간마다 최선을 다해야 한다. 현재의 시간이 나에게는 가장 중요한 순간들이다.

어느 사형수에게 마지막 5분이 주어졌다. 28년 동안 살아온 사형수에게 마지막 5분은 너무 짧았지만 매우 귀한 시간이었다. 그는 고민 끝에 결정하기를 나를 알고 있는 모든 분께 작별기도 하는 데 2분, 그리고 하나님과 다른 동료 사형수들에게 마지막 감사와 고별기도 하는 데 2분, 그리고 마지막 1분은 눈에 보이는 아름다운 자연과 최후의 순간까지도 서 있게 해준 땅에게 감사하기로 마음을 먹었다. 볼에는 눈물이 흘러 내리고 가족들과 친구들을 생각하며 작별 인사와 기도를 하고 있는데 벌써 2분이 지나버렸다. 그리고 자신을 돌아보며 이제 3분만 있으면 나의 인생도 마지막이구나 하는 생각이 들자 눈앞이 캄캄해졌다.

지난 인생 28년이란 세월을 좀 더 소중하게 사용하지 못한 것을 후회하며 다시 한 번 인생을 살 수 있다면 하고 회한의 눈물을 흘리는 순간 기적적으로 사형 중지 명령을 받는다. 기적적으로 풀려난 그는 5분간의 극적인 순간을 생각하며 평생을 마지막 순간처럼 소중하게 생각하며 열심을 다하여 살았으며 그 결과 『죄와 벌』, 『카라마조프의 형제들』 등의 명작들을 발표하여 톨스토이와 견줄 수 있는 세계적인 문호로 우리 마음에 남게 된 것이다. 그 사형수가 바로 러시아의 위대한 작가인 도스토옙스키이다.

우리는 오늘 현재 지금의 시간에 대한 소중함을 실감치 못한다. 아니면 시간에 대한 감각을 잊고 사는 것이다. 매일매일 다른 날이 빈틈없이 찾아오기 때문에 새날을 맞이하는 의미에 무감각하다. 이 세상에 태어난 나의 사명이 무엇인지 되새기는 시간을 갖는다. 나의 귀한 존재성을 다시 찾고 그에 맞는 삶을 찾아야 한다. 삶의 목적을 이루기 위하여 순간의 귀함을 다시 깨달아야 한다. 나의 인생은 오늘이 지나면 다시 오지 않는, 영원히 되돌려 놓지 못하는 시간들이다. 삶이 매일매일 중요하고 새로운 사명과 각오로 다짐한다.

시간을 통하여 역사는 새롭게 이루어나간다. 내 인생이 얼마 남지 않았다는 생각, 혹은 오늘이 인생의 마지막이라는 생각을 해 보는 것이다. 내일이 마지막 날이라 할지라도 묵묵히 나의 사명을 감당하여야만 한다. 이것이 내가 지금 할 수 있는 의무요 사명이요 최선의 길이다.

막연한 내일의 꿈만 꾸고 사는 것, 마치 지금 이 순간보다도 막연한 언젠가의 그날이 가장 중요한 것처럼 망상 속에 있는 것이다. 이러한 꿈 가운데 현실에 전혀 도움이 되지 않는 생각들은 이 시간부터 정리되어야 한다.

오늘 이 순간이 없으면 미래의 꿈은 절대로 이루어지지 않는다. 중국에서 자랑하는 만리장성은 하루에 만들어진 것이 아니다. 그당시 외부의 침입을 막기 위한 가장 효과적인 계획이 현실 가운데 이루어진 대 업적이다. 효과적인 계획이 수립되었으면 그에 따르는 다음의 계획이 뒷받침되어 실행으로 옮긴 것이다.

수많은 순간순간들의 노력과 수고가 모아져서 큰 업적을 이루는 것이다. 흔히 많은 사람들은 매일 하는 것 없이 시간만 지났다는 말을 자주 쓴다. 일의 처리하는 습관과 패턴을 분석할 필요가 있다. 첫 번째 이유는 나의 삶이 현실성이 없는 일들에 너무 과대하게 집착한 것이다. 또 다른 이유는 마음에서 계획들이 정리되지 않은 무계획의 대표적인 삶의 예라고 보면 된다.

생각이 나는 대로 이것저것 하다 보니 결과는 보이지 않고 결과 없는 수고만 한 것이다. 매일매일 삶에서 나에게 가장 필요한 것, 우선순위에 따라 중요한 것들을 미리 생각하며 정리하는 훈련과 습관이 필요하다. 모든 계획은 중요한 비중에 의하여 실행되어야 하며 현실성에 입각하여 적절한 그리고 효과적인 후속 절차가 이어져야 한다.

하루를 정리하고 오늘도 무엇을 하며 하루를 보냈는가? 중요한 일들을 왜 끝맺음을 하지 못하였나? 문제에 대한 다른 해결 방법은 무엇이었나? 계획했던 일들의 성취도는 몇 퍼센트가 되었는지? 이러한 질문들을 스스로 물어본다. 특히 적어 보는 습관은 대단히 중요하다. 질문들에 대한 정확한 지점과 해답을 알려주기 때문이다.

지금 나의 삶은 어느 지점을 통과하고 있는지 혹은 어느 곳으로 향하여 가는지 전반적인 인생 여정의 로드 맵을 자주 확인해 보아야 한다. 조그만 냇가들이 모아져 큰 강물을 이루는 것처럼 지금의 시간들의 결과가 하나 둘 모아져 내일의 운명이 결정되는 것이다. 매일 무심하게 지나는 시간을 다시 재정비하고 효율적으로 활용을 하여 나의 삶의 능력이 순간순간마다 최대의 진가가 발휘되어야 한다.

시간과 나의 능력 발휘와의 관계는 매우 중요한 관계에 있다. 왜냐하면 매 순간들을 통하여 나의 능력이 변화와 성장을 하고 있기 때문이다. 나의 하루의 계획은 무엇으로 채워져 있나? 불필요한 낭비로 인하여 하루 24시간이 허비되고 있지는 않는가? 무엇으로도 살 수 없는 나의 귀한 기회들을 놓치고 사는 삶이 아닌지? 주기적으로 매일의 시간 인벤토리를 점검하여야 한다.

# 2

# 꿈을 행동으로(Action with vision)

비전은 모든 계획에서 첫 번째로 실행할 덕목이다. 멋이 있는 꿈, 낭만이 있는 그림, 성취된 목표 등 얼마나 멋진 상상인가! 많은 오류는 수많은 비전이 상상에서 그치고 마는 것이다. 즉, 현실성이 결여된 것이다.

쉬운 예를 들어보자. 비전은 바닷가에 집을 사는 것이다. 그다음 목표는 3년이라는 구체적인 계획을 두고 매년 오만 불씩 돈을 모으는 구체적인 플랜이 반드시 따라야 한다. 체중을 줄이기로 결정했다면 다음 달에는 5파운드 정도 줄인다는 구체적인 계획이 나오며 그것을 목표로 삼고 행동으로 나아간다.

이렇듯 모든 비전은 다음 단계의 세밀하고 구체적인 행동 강령이 반드시 수반되는 것이다. 행동을 통하여 새로운 방법이 나타나고 에너지가 생기며 집중력이 나온다. 나이키의 광고 중에서, 'just do it!'이라는 말이 있다. 결정을 했으면 곧 확신과 믿음을 가지고 실천으로 옮기라. 행동이 없는 비전은 헛된 꿈, 망상에 지나지 않는다.

나의 친구 중 장밋빛 아이디어만 나열하는 사람이 있다. 큰 이상과 꿈 그리고 창조적인 아이디어가 매우 풍부하다. 만날 때마다 그의 장밋빛의 이상만 나열하는 이야기로 시간 가는 줄 모른다. 그는 생각에 이미 말로써 다 이루어 놓은 계획들이다. 나의 생각도 대화 중에 그의 낙천주의, 이상주의에 빠져 들어가 이미 성취된 것처럼 착각을 해 본 것이 한두 번이 아니었다.

그의 생각은 대단히 능력이 있고 위력적이다. 그러나 그의 현실은 그렇지가 못했다. 그의 심리는 자신의 망상과 허황된 이상만으로 된 말을 하면서 가지고 있는 불만과 스트레스를 대신 해결하고자 한 것이었다. 결국 그는 안타깝게 일찌기 병으로 생을 마감했지만 지금 생각 가운데 그의 꿈이 20%라도 성취되었다면 그는 대단한 성공자가 되었을 것이다.

행동의 개시는 더욱 마음에 확신을 주며 의심하는 마음을 없애준다. 일을 수행하는 과정에서 예기치 않는 다른 효과적인 방법들을 부수적으로 얻을 수 있고 목표에 대하여 좋은 결과를 얻는다. 막연한 꿈과 비전은 시간이 지나면서 처음의 가졌던 열정과 감정이 사라진다. 처음부터 무리한 계획을 세우지 않는다. 실수를 통하여 계획이 수정되고 약한 점을 보강한다. 시행착오가 생길 수 있으나 두려워 말라. 일단은 첫 발걸음을 떼는 작업이다.

2010년 캐나다 동계올림픽 경기에서 한국은 쇼트 트랙뿐만아니라 장거리 스피드 경주에서도 금메달과 은메달을 획득했다. 전혀 예상 밖의 예기치 못한 종목에서 우승을 한 것이다. 과거에 별로 관심을 두지 않았던 종목이라고 한다.

이렇듯 예상 밖의 우승이지만 가능한 종목은 전부 도전을 해 보는 것이다. 실패를 하더라도 실제로 많은 경험을 할 수 있고 기대하지 못했던 곳에서 의외의 수확을 얻을 수 있는 기회인 것이다.

"해 보기나 했어?" 이 말은 생전에 끊임없이 도전하고 성취감이 강했던 현대그룹의 고 정주영 회장의 유명한 이야기다. 정 회장은 생전에 "해 보기나 했어?"라는 말을 입에 달고 살았다고 한다. 또한 그가 평소에 한 유명한 말은 "무엇이든지 할 수 있다고 생각하는 사람만이 해 내는 법이다"라는 말을 직원 회의에서 늘 하곤 했다고 한다. 모든 여건은 완전히 준비되지는 않았지만 뛰지는 못할지라도 우선은 첫 발걸음은 옮겨보라는 그 나름의 귀한 삶의 철학이 있는 말이다.

이렇게 간단하면서 능력이 있는 말과 행동은 가난한 집의 장남으로 태어나 초등학교밖에 나오지 못한 정주영 회장의 대단한 그의 지도력, 추진력, 넓게 보는 안목이 대한민국 경제 발전의 절대적 초석이 된 것은 우리 모두 다 아는 사실이다.

그는 한국을 대표하는 자동차 회사는 물론 대규모의 건설 회사를 비롯하여 여러 방계 회사를 만들게 된 원천과 우리나라가 선진국으로 진입하기 위한 귀한 시금석이 되었다. 얼마 전 한국을 35년 만에 방문한 후 무엇보다도 눈에 들어오는 것은 사회의 전체 분위기가 무엇인가 이루어질 수 있다는 또는 해낼 수 있다는 확신 있는 다이내믹한 역동력을 발견한 것이다. 이러한 보이지 않는 움직이는 에너지가 한국이라는 작은 나라가 짧은 기간 내에 경이적인 발전을 이루어낸 모퉁이 돌이 된 것이다.

내가 원하는 것은 무엇인가? 이 질문에 대하여 많은 사람들은 관념조차 가지고 있지 않다. 행동하지 못하는 것은 내가 원치 않거나 관념조차 없기 때문이다. 아니 원하는 것이 없는 것이 더 정확한 답변이다. 좀 더 원인을 분석하면 목적은 있으나 안 된다고 생각하는 부정적인 이유이고 다른 원인은 막연히 시간이 없어서 구체적으로 생각해 보지 못했다는 것이 그들의 공통적인 답변이다.

그렇다면 계획에 따르는 나의 구체적인 방법들은? 단지 사업 계획만 무성하다면 아직 때가 이르지 않았다는 등 그 밖에 아직 여건이 형성되지 않았다는 등의 공통적인 것들은 모두 이루기 위한 실제적인 행동을 하는 것보다 피해가는 이유들이다. 모든 여건이 다 준비된 상태를 기다리는 것은 거의 불가능하다는 결론이다.

그러나 무엇보다도 중요한 것은 조금 부족한 가운데서 믿음과 확신을 가지고 판단하고 행동으로 옮기는 것이다. 그러한 과정 가운데 우연치 않게 또 다른 길이 전개되는 것을 발견한다. 많은 사람에게 '당신이 인생 가운데서 가장 원하는 것이 무엇인가?' 하고 물어보면 막연히 '행복한 삶이다.'라는 답변으로 두리뭉수리한 관념을 가지고 있다.

전혀 실제적이고 구체적인 정확한 그림이 그려지지가 않았다. 첫 단추부터 끼워지지 않은 상태이다. 이것은 현실에서는 실패로 직결하는 생각이다. 이것은 곧 조종 장치가 없는 타겟을 벗어난 다른 방향으로 가는 미사일과 같은 인생이 된다. 내가 얻지 못하는 것은 행동이 따르지 않은 원인이고 그것을 다시 정립하면 의식적으로 찾지 않고 그에 따르는 의지적 소원으로 노력하지 않았기 때문이다.

우리가 원대한 꿈과 계획을 실행에 옮기는 확률은 고작 8% 미만이라고 한다. 각 분야에서 세상을 움직이는 위대한 사람들이 나오지 못하는 큰 이유는 말만 무성했지 그것에 함께 가는 행동이 따르지 않은 것이다.

마라톤 대회에서 참가한 어느 한 여성 주자의 셔츠에 적힌 말 가운데 '기적은 마지막까지 완주한 것이 아니다. 진정한 기적은 용기를 가지고 시작하는 것이다.'라는 이야기가 기억난다. 우리에게 새로운 도전을 주는 이야기다. 바로 시작하라는 말이다. 시작은 이미 반 이상을 성취한 것이 아닌가?

목표에 초점을 맞추고 그것을 성취하기 위하여 행동으로 훈련을 하는 것에서 매일 힘을 받는다면 우리의 삶은 정확한 궤도에서 질주하고 있는 것이다. 나만의 시간을 가지고 나와의 대화를 통하여 내가 할 수 있는 것과 해야될 것을 알 수 있게 해 준다.

'지금 하라!' 이 말을 아침에 열 번, 정오경에 열 번, 저녁에 열 번씩 소리를 내서 열정과 감정을 가지고 자신에게 이야기하는 것이다. 약 2주 동안 계속하여 연습을 해 본다. 이러한 의지적인 훈련은 곧 나의 의식구조에 새겨져서 마음에 입력이 된다. 입력이 된 의식은 습관이 되어 자동적으로 무슨 계획이든지 행동으로 곧 옮기는 습관으로 이어진다.

하버드 의대 교수였던 윌리엄 제임스 박사는 프라그마티즘, 즉 실용주의라는 생각의 이론을 개발했는데 '생각은 행동을 주도한다'라는 요지다. 아무리 좋은 목적이 있더라도 행동으로 이어지지 않는다면 아무런 가치가 없다.

인생을 두려워할 필요는 없다. 삶에는 우리가 생각하는 것보다 훨씬 더 소중한 가치와 무한한 기쁨이 있다는 것을 알아야 한다. 이러한 진리를 믿으면 사실로 되는 것이다. 이러한 생각이 행동으로 옮겨지면 인생은 값지게 변한다. 인생은 염세주의와 낙천주의 사이의 투쟁이다.

어린아이가 두려워서 걸음마 연습을 하지 않는다고 가정해 보라. 평생 동안 잘 걷는 모습은 생각할 수 없을 것이다. 그러나 어린아이는 두려움이 없다. 넘어지면 다시 걷는다. 무릎에 상처가 나 피가 나더라도 계속하여 한 걸음씩 걷는다. 더 걸을 수 있다는 희망과 또한 주위에서 잘했다는 칭찬을 들으며 완전히 걸을 때까지 쉬지 않고 시도를 한다. 결국은 걸음마의 초보 단계를 넘어서 다음 단계는 달리고 뛰는 과정으로 넘어간다.

우리가 살고 있는 이 세대의 가장 큰 진화는 인간들의 속마음의 변화가 인간들의 외적인 삶을 크게 변화시키는 원리의 발견이라고 본다. 인생의 목표가 무엇인가 다시 정리를 하여야 한다. 곧 액션을 취해야 할 것에 초점을 맞추는 훈련은 마음의 혼동을 없게 하여 주고 삶의 선명한 방향을 제시하여 준다.

내일 혹은 다음 주나 다음 달에 하는 것이 아니고 지금 이 순간 혹은 오늘 시작하는 것이다. 운동을 하려면 오늘부터 시작한다. 배우고 싶은 것이 있으면 오늘부터 시작하고 그에 따르는 구체적인 사항들을 적어 보고 실행한다.

자동차를 사려면 지금부터 계획을 하고 준비 과정을 시작한다. 실수를 했더라도 계속하여 다음 단계의 필요한 일을 시작하면 미루는 습관과 그 밖에 나쁜 버릇으로부터 영원히 벗어날 수 있다.

**계획을 수립하라!**
**믿음으로 행동을 개시하라!**
**최선을 다하고 성취하라!**

# 3

# 최상의 심신(Good condition)을
# 유지하려면

　나를 인생의 도전자, 개척자로 정복자로 만들고 싶은가? 성공자의
삶을 살고 싶은가? 필자는 민지 운동을 시작하라고 적극 권하고 싶
다. 운동을 통하여 새로운 나를 발견하였고 필자는 손쉬운 걷는 운
동으로 인하여 삶의 무기력함과 답답했던 마음에 새로운 활력소를
얻었다. 10년 전부터 거의 매일 집 앞 공원을 산책하고 있다. 운동
하는 시간을 통하여 확고한 정신적 그리고 육체적인 건강을 회복하
였다. 운동의 효과는 육체적 혹은 정신적인 습관에 의하여 몸과 마
음에 쌓인 불순물을 제거하는 가장 탁월한 방법이기 때문이다.

　나 역시 하루하루 걷는 가운데서 마치 깊은 늪에서 빠져 있다가
나오는 자신을 발견하게 되었고 그것을 통하여 힘과 기쁨을 찾게
되었다. '나의 인생이 어디로 가는가, 인생의 목적이 무엇인가'에 관
한 자신의 본질적 정체성을 발견하게 되었다. 그리고 육신적인 건
강뿐 아니라 정신적인 건강도 회복이 되었다. 침체되어 가고 소멸되
어 가는 마음에 활력을 다시 찾았고 삶의 목적과 가치를 다시 깨닫
게 된 인생의 큰 전환점이었다. 모든 세상의 사물을 보는 눈이 부정
적이고 염세적이고 소극적인 것에서 긍정적이고 적극적이고, 확신의

삶으로 변화를 갖게 된 것이다.

운동은 바로 자신과의 싸움이다. 특히 나 자신과의 싸움은 반드시 이겨야 한다. 나의 적은 바로 나의 마음 한가운데 있어 할 수 없게 만들고 동시에 합리화시키며 게으르게 하고 사실에 반대하는 행동을 원하고, 타협하고 쉽고 편안한 행동만을 추구한다. 그러나 이러한 효과적인 운동 방법을 통하여 자신의 약하고 부족한 면을 강화시키며 통제하는 새로운 자아를 만들어 인생의 길을 다시 찾고 앞에 있는 방해물을 제거하고 담대하고 도전적이고 진취적인 새로운 사람으로 변화되어 간다.

규칙적인 운동은 일상의 삶에서 오는 지루함을 해방시켜 주고 이러한 육체적인 운동과 더불어 정신적인 운동은 인생의 방향을 인도하고 인생의 나아갈 길을 확인시켜 주는 역할을 한다. 육체적인 운동에 제한이 있는 사람들은 정신적인 운동이 필요하다. 이러한 내적인 운동을 하는 것, 즉 깊은 명상에 잠기는 것, 기도하는 것을 통하여 현대의 유행병처럼 퍼져 있는 우울증, 무기력증을 이기는 탁월한 방법들이다.

나의 적합한 운동을 통해 정신적으로 새롭게 충전받는 방법을 개발하여야 한다. 40대 후반에 찾아 오는 디프레션과 좌절감, 우울증을 몰아내는 방법은 매일 습관적인 운동과 함께 감사하는 것, 기쁜 마음을 갖는 습관, 이것은 대표적인 정신적인 훈련이라고 말할 수 있다. 일상생활에서 자주 짜증이 나고, 스트레스가 쌓이며 무기력해지고, 의욕이 없는 생활, 활력이 없는 어두운 마음이 들 때에는 즉시 마음에서 거절 신호를 보내야 한다.

의학보고서에 의하면 우리의 몸에는 두 가지의 호르몬이 분비가 된다고 한다. 하나는 병을 이기게 해 주는 엔돌핀이고 다른 하나는 모든 병의 원인이 되는 코티졸이라는 호르몬이 분비되는데 쉽게 화를 내거나 두려움을 잘 느끼는 사람들은 아르데날린의 분비로 인하여 코티졸이 생성된다고 한다. 이것으로 인하여 결국은 우리 몸의 각 기관에 해가 되는 혈당이 증가되고 병을 이기는 항체가 약해진다.

반면에 전반적인 걷기 운동이나 자전거 타기, 에어로빅, 등산 등은 엔돌핀을 생성시켜 혈관 속으로 들여보내 준다. 운동은 우선 신체의 나쁜 영향을 주는 호르몬인 코티졸을 없애주고, 이것을 통하여 몸에 혈압과 혈당을 정상으로 만들어 주고 축적되어 있는 나쁜 요소를 제거하는 역할을 하는 것이다.

삶이 우울하고 힘들다는 생각으로 나의 마음이 약해질 때일수록 매일 운동하는 습관을 가져야 한다. 홀가분하게 걷고 뛰고 던지고 차고 넘어지고 다시 일어나는 운동을 시작하라. 손쉽고 평범한 운동이다. 굳이 체육관에 가야 할 필요가 없다.

이러한 육체의 운동은 자신의 고통과 무력함을 극복하는, 감당할 수 있는 새로운 힘이 생긴다. 집중력이 생기고 저항력이 생기고 앞으로 삶에 새로운 도약의 능력이 생기게 하여 준다. 우리는 항상 엔돌핀이 우리 몸 안에서 생성되도록 대기시켜 놓아야 한다. 우리 몸은 마치 24시간 약국이 있는 것과 같이 마음의 버튼만 누르면 좋은 호르몬들이 몸 전체에 퍼져 나가 병을 치료해 주고 약한 부분을 강하게 해 주는데 버튼을 누르는 것은 전적으로 나 자신에게 달렸다. 버튼을 누르게 하는 동기 유발이 바로 운동에 의하여 이루어진다.

운동이 정신적 그리고 인체에 미치는 효과는 어느 것보다도 탁월하여 머리를 주로 사용하는 현대인에게는 절실히 필요하다. 컴퓨터의 발달과 그 밖에 새로운 기술의 발견은 인간 생활을 점점 더 복잡하게 만들며 인내심을 빼앗아 가고, 바쁘고 메마른 삶으로 몰아가고 있다. 운동을 통하여 마음속 깊이 자리 잡고 있는 악성 바이러스 균을 제거하여야 한다. 부정적인 것, 곧 두려움, 불평, 의심, 원망 등이다.

소극적인 마음이 변하여 적극적으로 긍정적으로 바라보는 안목이 생긴 것이다. 평소에는 관심이 없었던 것들이 새로운 눈으로 볼 수 있는 감정을 갖게 하는 동기가 된다.

이렇듯 운동의 효과는 우리의 몸과 마음과 정신을 혁신적으로 변하게 만든다. 운동을 통하여 부정적인 생각에서 긍정적으로 생각으로 바뀐다. 인생을 살면서 나의 구석구석에 쌓여진 여러 불순물들이 제거되는 것이다. 특히 부정적인 생각의 늪에서 벗어난 것에 큰 의미가 있다. 그것들은 나의 존재를 다시 찾는 동기가 되었다. 삶의 목적과 가치를 되찾게 해 준다.

인생에 대한 새로운 목표와 각오로 재정립을 하게 되고 곧 용기 있는 행동으로 옮기게 한다. 운동은 인내심을 키워주며 노력하며, 강하고 담대하게 모험을 하게 해 준다. 운동을 통하여 사물을 보는 마음이 긍정적이요, 동기 지향적, 적극적으로 변하며, 흩어진 마음, 혼돈스러운 생각들과 복잡한 주위의 여러 여건들을 다시 정비시켜 주며 생각지 못한 분야를 발견하는 안목이 선명하게 그려지고 삶에서 중요한 부분이 무엇인가 정리가 되고 창의적인 마음이 생동감 있게 나타나고 그것들이 곧 행동으로 옮기는 마음으로 연결지어 준다.

우리의 심신이 잘 활성화되기 때문에 근심, 두려움, 소극적인 마음, 그 밖의 부정적인 마음들을 제거하여 준다. 얼마 전 KBS 방송국에서 기획한 '대한민국100세인'이란 프로에서 전남 곡성에 사는 홍승갑(104세) 할아버지는 매일 목욕을 하고 술과 담배는 입에 대지 않고 그가 개발한 기체조와 매일 팔굽혀펴기를 30회 이상을 하며 강원도 정선에 사는 이윤영(102세) 할아버지는 매일 4km의 거리를 자전거를 타고 탭댄스 운동을 매일 하며 친구와 지내는 것을 낙으로 삼고 무슨 일이든지 즐겁고 바쁘게 보낸다고 한다.

이렇듯 육신적인 운동과 정신적인 운동은 수명에 밀접한 관계가 있다. 하루의 일손을 잠깐 멈추고 몇 분간 건강한 나의 정신과 육체의 상태를 생각해 보라. 운동을 시작하는 것이다. 우리가 섭취하는 음식은 어떠한가, 과다한 음식의 섭취로 인하여 몸이 혹사되지는 않는가, 나의 몸에 유익하고 몸을 살리는 식습관은 무엇인지, 주목을 할 필요가 있다. 우리 몸에 흡수되는 음식으로 인하여 몸과 마음은 새롭게 변화되기 때문이다.

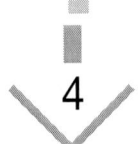

# 심신을 단련하라

　인생은 훈련으로 이루어져 있고 훈련은 인생을 마감하는 그날까지 계속되어야 한다. 이것은 우주의 변치 않는 법칙이요 제일 근본이 된다. 이것은 인간답게 사는 방법이다. 필자는 이 원리를 앞에서 수없이 강조를 하고 있다. 혹자는 인생을 한마디로 목적을 향하여 진격과 돌격의 과정이라는 과격한 표현까지 사용하고 있다.

　훈련을 통한 결과는 나의 위대한 두 번째 걸작품이 탄생하기 때문이다. 훈련은 고품격의 인간을 만들어 낸다. 이러한 훈련의 과정을 거치지 않고서는 목적과 꿈은 절대로 실현될 수 없다. 우리의 삶의 모든 환경이 나에게는 곧 훈련의 장이다. 비전을 달성하기 위하여 반드시 훈련과 희생이 필요하며 그것을 통하여 목표 지점에 이르게 된다.

　훈련은 정확하게 현실을 보는 안목을 가져다주며 그것을 있는 그대로 받아들여 더 나아지는 행동을 하게 한다. 현실에 따르는 개인적인 희생은 절대적으로 필요하며 나를 더 나은 사람으로 만드는 무엇보다도 중요한 요소이다.

　무슨 일에 핑계나 이유가 많은 사람들은 일에 대한 필요한 행동보다 부정적인 말과 태도를 앞세운다. 그 이유는 그들 자신의 확고한 목표의 부재 및 훈련과 희생의 결핍에서 오는 것이라 할 수 있으며, 결과적으로 피할 수 없는 어려움이 기다리고 있다. 그중에 대표적인 것은 후회와 포기라는 단어다.

다시 말하면 꿈과 목표를 향하여 최대의 노력을 기울이면서 어려운 환경을 참고 기다리며 끝까지 포기하지 않는 마음이다. 우리의 인생은 흔히 높은 산을 등반하는 등반가의 여정에 비유한다.

암벽을 타는 사람들은 정상을 바라보고 정복하는 목적이 뚜렷하기 때문에 한 발자국 옮기며 정상에 가까워지는 것을 느낄 때 희열을 느낀다고 한다. 인생도 마찬가지로 찾아오는 매 순간마다 나와의 투쟁에서 최선을 다하는 노력을 통해 조금씩 변화되고 성장되어 가는 과정을 인내하는 가운데 찾아오는 희열과 참 기쁨을 맛보는 것이다.

오늘도 나에게 주어진 과제들을 충실히 감당하는 훈련이다. 오늘 하루도 노력이 필요한 훈련 과정이며 남과의 경쟁이 아닌 나 자신에 대한 과감한 싸움이며 목표를 향하여 가는 담대한 탐험이다.

인생길이 항상 평탄한 길만 있는 것이 아니므로 때로는 멀리 돌아가는 방법도 배워야 하고 가로막힌 암벽을 타는 방법도 배워야 한다. 그러나 예상치 못한 장애물에 대한 해결책은 폭풍우와 풍랑이 잠잠하게 되기를 기다리며 다른 길을 찾거나 혹은 계속하여 닥친 어려운 과정을 극복하며 때론 즐기며 포기하지 않고 통과하는 것이다.

내 어깨의 짐들이 무겁고 힘들다고 박차고 나와 쉬운 길, 편한 길, 넓은 길을 택한다면 그것은 인생의 낙오자가 되는 지름길이 된다.

이러한 훈련 과정의 통과는 나를 다이아몬드처럼 영롱하고 귀중하게 만드는 결정적인 요인, 즉 무엇보다도 나를 천하보다도 값지게 만들고 더 나아가 이웃과 사회에 기여하며 매우 중요하게 쓰임받는 위대한 사람으로 만들어진다

골프공의 표면에 수많은 홀들이 있는 것을 볼 수 있다. 단순하게 생각하면 표면이 매끈하면 더 잘 나가리라고 생각되나 그 반대로 공기의 저항에 의하여 원하는 곳으로 가지 않는다고 한다.

인간은 이렇듯 완전하지 않고 누구에게나 부족한 면이 있다. 그 결점을 솔직히 인정하고 받아들이고 하나 둘씩 개선하며 사는 것이다. 오히려 이러한 부족한 것을 깨닫고 그곳에 최대의 노력을 가하면 완전한 상태에서 보다 더 좋은 결과를 가져온다. 인간 내면에 부족한 점이 발견될수록 더욱 노력을 기울일 수밖에 없는 것이다.

우리의 민족성이 다소 감정적이고 순간적인 부분이 있으나 의외로 매일 먹는 한식을 관찰하면 기다림의 중요성을 찾아볼 수 있다. 서양 음식의 대표적인 스테이크는 익힌 후 소금을 뿌려서 즉석에서 먹는 반면에 우리의 조리 방법은 양념에 재워서 몇 시간이 지난 후에 먹는다. 샐러드는 즉석에서 소스에 버무려 먹는다

그러나 우리 음식은 수 개월 혹은 수 년간 숙성과 발효를 시킨 후에 기다려 먹는다. 서양의 음식은 즉석에서 소금으로 간을 맞추는 반면 우리 음식은 세월이 어느 정도 지나 알맞게 숙성된 간장으로 맛을 낸다. 대표적인 음식인 국과 찌개는 처음에 높은 열을 가하여 어느 정도 시간이 지난 후에 열을 낮추어 가열한 후 다시 일정 시간이 지나야 제 맛을 낼 수 있다. 음식마다 조리법이 조금씩은 틀리지

만 이렇듯 때가 되기를 기다리는 조리 방법은 음식에 더 깊은 맛을 내게 하는 경지에 도달하게 한다.

우선 나의 목표가 올바르고 효과적인 가능성이 있는가의 선택하는 판단이 무엇보다 중요하다. 때가 되기까지 인내와 기다림의 결과는 성취감과 또한 만족스러운 보상이 기다리고 있다. 정해진 목표에 대한 열정의 마음과 포기하지 않는 꾸준한 노력은 성공한 사람들의 대명사가 된다.

다이아몬드는 보석 중의 보석이다. 그러나 본질은 숯과 똑같은 탄소의 결정제이다. 그런데 하나는 숯이 되었고 다른 하나는 다이아몬드가 되었다. 다이아몬드는 수만 년의 세월 동안 땅에서 내리는 압력과 뜨거운 열기를 잘 견뎌냈기 때문이다. 땅속에서 150만 파운드의 압력과 섭씨 2700도의 열기가 가해져서 다이아몬드가 만들어졌다. 우리의 인생도 이같이 때로는 견디기 힘든 압력과 또한 열기가 있다.

육체적 훈련의 중요성과 유익을 다시 정리한다면

1) 나 자신을 설득하는 능력이 있다.
2) 실제적 삶을 체계적으로 만들며 스트레스를 제거하여 준다.
3) 자신에 대하여 대단한 만족감을 갖는다.
4) 자신이 긍정적으로 변하고 남에게 좋은 영향을 준다.
5) 적절한 기회를 포착한다.
6) 나의 운명을 만든다.
7) 인생의 목표에 도달한다.

# VIII

더 높이, 더 멀리

# 더 높이, 더 멀리

지금 세계는 일일권으로 접어든 빠르고도 다양화된 글로벌 정보 시대이다. 새로운 정보와 고도의 기술과 정보의 홍수를 이루고 있다. 세계의 구석구석에서 일어난 일들을 한눈에 볼 수 있는 시대이다. 하나님께서 우리 한 사람 한 사람을 걸작품으로 만드셨다. 다시 말하면 완전한 존재가 아닌 미완성의 존재인 것이다. 인생에서 성장과 발전의 과정을 이루고 각자의 삶을 계속하여 창조해야 하는 의무와 책임이 있다. 이러한 상황에서 과거의 무의식적인 습관, 안이한 생각, 구태연한 사고에서 비롯된 행동에 머물러 있다는 것은 곧 퇴보를 의미한다.

좀 더 사려된 의식, 함축된 생각과 융통성의 마음이 필요한 시기다. 모든 사고와 행동에 대한 책임의식이 필요하다. 선명하고 회전이 빠른 생각과 새로운 지식을 갖추지 않으면 다변하는 환경에서 낙오자의 길을 걷게 된다.

새로운 컴퓨터의 개발로 인하여 어제의 새로운 기술이 오늘은 쓸모없이 버려지는 상황이다. 이처럼 외적으로 빠르게 변화하는 여건에서 과연 내가 성장하기 위하여서는 어떠한 과정이 필요한가? 변화하고 발전하기 위하여 실질적으로 어떠한 단계를 거쳐야 하나?

우선 첫 번째로 나의 내적인 의식구조의 변화가 무엇보다도 중요하다. 의식구조의 획기적인 변화가 일어나야 한다. 나의 편협한 생각의 범주에서 벗어나 더 크고 넓게 보는 시야의 확장과 생각의 눈이 필요하다. 남의 의견, 지식, 경험 등을 넓게 포용하는 마음이 필요하다.

사람이 내적으로 의식과 생각이 바뀌면 외적으로 보여지는 부분도 자동적으로 바뀐다. 이해하기 쉽게 예를 든다면 전쟁터에서 적군들을 물리칠 수 있는 나의 강하고 위력 있는 무기는 무엇인가? 생각해 보자. 우선 막강한 화력을 가진 첨단 무기가 필수적이다. 그리고 필요한 고도의 전술이다. 운동경기에서 상대에게 승리하는 중요한 포인트는 고도의 실력과 전술, 강인한 체력이 절대적으로 필요하다. 첨단 무기는 곧 나의 실력과 다음의 목표를 위하여 끊임없이 도전하는 마음, 그에 따르는 적극적인 행동이다.

"하루 연습을 안 하면 내가 안다. 이틀 연습을 안 하면 나의 스승이 안다. 사흘 연습을 안 하면 청중이 안다."

- 안드레 프레빈 -

# 2

## 쉬운 것부터 하나씩

목적을 달성하기 위하여 어떤 지식이 필요한가? 필요한 기술과 지식을 연마하는 것이 무엇보다도 중요하다. 목표에 접근하기 위하여 필요한 부분에 집중된 노력을 하라. 추구하는 목표에 필요한 우리의 삶은 시작에서 삶이 끝날 때까지 배움의 연속이다. 나를 성장시키는 방법 가운데는 과감하게 나에 대하여 시간과 노력을 투자하여야 한다.

아이가 세상에 태어나 성인으로 성장하는 과정을 살펴 보면 항상 배우는 것과 그것을 적용하는 것으로 이루어진다. 어릴 적 그들은 항상 부모나 선생님에게 물어본다. 호기심과 궁금한 것이 곧 아이들을 성장시키는 모티브가 된다. 성인인 우리들은 어떠한가? 학교를 졸업하고 나면 배우는 것에 더 이상 관심이 없어지게 되며 새로운 지식을 배우려고 시도를 하지 않는다.

배움에는 정년이 없기 때문에 살아 있는 한 지속적인 배움이요, 그 결과 변화요 성장이다. 나를 새롭게 연단시키고 성장케 하는 것으로서 지식의 습득은 절대적으로 필요하다. 목표의 방향을 늘 점검하고 현재의 위치를 파악하고 목표에 집중하여 세워진 전반적인 청사진이 늘 머리에 그려져야 한다. 나의 위치, 형편 더 나아가서 능력을 넘어서는 생각을 한다.

장년들은 나이에 제한을 두지 말라. 나이는 숫자에 불과하며 하고 싶다는 생각이 들 때 그때가 바로 적당한 시기다. 새로운 의학의 발달과 그에 따르는 식생활 습관의 개선, 다양한 지식과 정보들로 말미암아 인간의 수명이 더 연장되어 우리들의 삶은 과거 어느 시기보다도 다양하며 그에 따라 배우는 폭도 넓어졌다.

요즈음 세계의 악화된 경제 사정으로 인하여 은퇴 계획을 취소하거나 수정하는 사람들이 많아졌다. 그만큼 노년층의 사회 활동이 길어진 것이다. 인생의 목표는 무엇을 성취한 후 그곳에서 정지되어 끝난 상태가 아니고 계속하여 더 나은 방향으로 옮겨가는 과정에 있다. 추구하던 인생의 목표가 달성된 후 인생이 그 자리에 정지된다면 인생의 퇴보가 시작되는 것이다.

목적의 성취가 조금씩 성장되는 과정에서 참 기쁨을 맛보며 정상을 향하여 갈 때 진정한 삶의 목적을 이룬다. 하루저녁 사이에 내가 몇 배 성장하고 갑자기 높은 고지에 올라서 있다는 발상은 위험하다. 그것은 곧 벼락출세와 노력없이 쉽게 얻으려는 한탕주의의 사고방식이다.

진정한 의미의 성공은 지극히 오랜 훈련 과정을 통해서 얻어지는 노력의 결과이다. 끊임없이 시도하고 실패하고 재도전하는 가운데 이루어지게 되는 인내와 훈련의 시간은 무엇과도 바꿀 수 없는 나의 보화가 만들어지는 시기이다. 건강한 삶의 패턴에 의하여 노소의 인식 차이가 점점 사라져 노년층도 그 나이에 필요한 훈련을 늘 받아야 한다.

# 천 리 길도 한 걸음부터

세계적인 발명가 토마스 에디슨은 "나는 내 평생에 일은 하지 않았고 재미있는 것들만 즐겼다."라고 말했다. 나의 계획의 설정은 내가 살아온 지점이 아니고 내가 앞으로 계속하여 가야 할 지점이다. 그곳이 나의 인생길이요 가는 여정길이다. 그 길이 나를 정확히 표현하여 주며 곧 나의 핵심이자 나의 인생 목적이다.

어린아이가 엄마 배 속에서 10개월 동안 잉태되어 자라서 세상에 나오듯이 생각이 일정 기간 마음속에서 확신과 다짐으로 잉태되어야 하고 깨달은 후에 도전과 실행으로 옮겨진다. 계획은 종이에 구체적으로 순서대로 항목별로 적으라. 나의 목표를 상세하게 할 수 있는 여러 방법을 다 적어 본다. 내가 원하는 목표를 적극적으로 이해하는 데 큰 도움이 되는 것이다. 적는 것은 왜 중요한가?

정확한 자료를 얻어내는 것과 구체적인 계획을 세우는 것 등은 반드시 종이에 적어서 확인하는 습관이 필요하다. 우리는 쉽게 잊어버리는 습성이 있기 때문에 메모함으로써 마음에 새기고, 수시로 나의 길을 확인하고 점검하고 결심하고 다음 단계로 옮긴다.

노트에 기록하는 또 다른 중요한 이유는 나의 마음 깊은 곳에서 나오는 순간의 생각과 감정이 집약되고 체계적이고 현실적이고 이성적인 자료를 만들어 주고 우리의 감각을 최대로 확인하고 동원시키는 순간이기 때문이며 마음을 다시 확신시켜 주는 효과적인 방법이다.

메모하지 않고 막연하게 머릿속에서 생각만 한다면 곧 잊어버리게 되며 그것은 잠시 떠오르다 사라지는 헛된 꿈 혹은 망상에 불과한 쓸모없는 것이 되어 버린다. 하지만 매 순간 기록하고 요약 정리하는 습관을 갖게 되면 우리의 감정과 생각과 모든 감각이 동시에 작용하여 집중되기 때문에 현실 생활에 실제적이며 깊이 있고 미래 지향적으로 접근할 수 있도록 도와준다.

또 메모의 중요성은 나의 정체성을 알게 하는 즉, 내가 중요하게 생각하는 것, 나의 감정들, 나에게 동기를 부여하는 것들을 선명하게 깨닫게 해 준다. 작은 자료들을 메모한 후에 자료들을 보고 있으면 먼 곳에 있는 것이 아니라 나의 손에 잡힐 만한, 즉 내가 충분히 할 수 있는 가능한 것이라고 확신을 가져오고 나도 모르는 사이 자신감을 갖게 된다.

나 자신의 목표의 설정은 나의 목적지에 대한 지도를 갖기 전에 첫 번째로 만들어져야 하는 출발인 셈이다. 우리의 삶 가운데 비극이란 인생을 마감하는 죽음이 아니고 목적 없는 삶이 가장 위험하고 헛된 삶이다. 목적지가 없는 인생길은 집을 잃은 노숙자의 생활과 같다.

마치 우리 자신을 하늘에서 본다면 오아시스 없는 사막 한가운데 나침반이 작동이 되지 않아 이곳저곳 방황하는 삶이다. 허무한 삶이요, 무가치이고 불안하고 혼동과 실수가 연속된 삶이다. 고귀한 삶을 허비하게 되는 것이다. 목표와 목적이 있는 삶을 향하여 추구하는 노력은 나의 삶의 진정성을 발견하는 것이다. 행복과 인생의 만족을 가져다주는 확실하고 틀림없는 방법이다.

목표를 설정할 때에는 현실적이고 가치가 있고 행복감이 수반되는 요소가 있어야 한다. 그러나 요즈음 젊은 층의 추세는 노력이 수반되지 않는 한탕주의 직업을 선호한다. 성공을 하면 부와 명예를 얻을 수 있으나 실패할 경우 생계를 걱정할 정도의 나락에 떨어진다. 노력 없이 쉽게 혹은 단 기간 내에 돈을 버는 망상에 잡혀 로또에 당첨되는 것, 도박에 빠지는 것 또한 연예인이 되어 소위 팔자를 고쳐보자는 심리가 팽배되어 있다.

어린아이들을 대상으로 앞으로 무엇이 되길 원하는가의 설문조사에서 1위가 가수나 배우, 그 밖에 연예인이 되는 것이 70% 이상이라고 한다. 과거 어린 아이들의 희망의 대상이었던 단골 1위인 과학자는 하위를 차지했다고 한다.

많은 젊은이들이 연예인이 되고 싶어하여 그 경쟁률은 가히 상상을 넘어설 정도로 심각한 수준에 와 있다. 이런 추세는 세계 어느 나라도 찾아볼 수 없는 기현상이라고 한다. 무엇이 이토록 잘못된 사회를 만들었는가?

대다수가 연예인이 되고 싶은 것은 어쩌면 우리 사회에서 꾸준히 노력하여 성취하는 방식으로는 인정받기 어렵다는 불신 의식이 팽배한 결과로 보인다. 기성 사회의 잘못된 현실, 즉 겉만 보는 허황된 생각, 정치인들의 자신들만 생각하는 이기심과 값싼 포퓰리즘, 헛소문의, 한탕주의 등이 어린 세대에 그대로 반영된 것이다.

인기 있는 연예인이 되기는 쉬운 것인가? 뼈를 깎는 연습과 자신과의 철저한 싸움과 훈련이 필요한 것이다. 남보다 더 많은 철저한 연습, 희생, 노력이 따라야 한다. 모든 분야에 조화로운 평형성을 이루어 가는 것이 무엇보다 중요하다.

누군가는 과학 분야 또 다른 누군가는 정치, 군사, 사회 분야, 예술 분야 등 골고루 분포가 되어 사회 전반적으로 발전을 이루어 가는 것이 아닌 화려하게 보이는 신기루 같은 환상에만 사로잡혀 마치 그것이 절대적인 것처럼 생각하게 되는 어리석음에 빠져서는 안 된다 .

# 4

# 구체적인 목적을 향하여

바르고 건강한 목적을 가지고 최선을 다하여 실력을 차근차근 쌓아 가는 삶의 목적에 대한 올바른 동기를 통한 목적의식은 삶에 대한 확고한 신념과 진실된 인생의 가치관을 심어준다. 만약 값싼 군중심리에 휩싸여 자신이 진정 무엇을 원하는지 모른다면 그것은 자신을 속이는 것이 되어 나의 인생을 한순간 물거품으로 만드는 결과를 가져온다.

내가 원하는 것에 대한 선명한 생각을 찾아내는 것은 그리 어려운 일이 아니다. 단순히 자신에게 '어떠한 분야를 경험하길 원하는가? 어떠한 분야에 공헌하길 원하는가? 어떠한 사람들과 교제하며 행동하길 원하는가?'를 물어보는 것이다. 내가 무엇을 원하는지 왜 그것을 원하는지 알면 사람들이 나의 곁에 올 것이다.

목표를 높게 세움으로써 실제적인 달성도를 높일 수 있다. 나 자신에게 질문하라. 막연하게 높은 보수의 직업과 비싼 자동차를 가지고 싶어 하는 피상적인 상상보다는 왜 그러한 것들이 필요한가? 원하는 목표의 진실을 자신에게 질문하여 보라. 그것들에 진정한 가치가 무엇인지를 먼저 깨닫는다.

확실한 목표는 자신감과 동기감을 심어준다. 나의 가치를 깨닫고 자신을 능력 있는 존재로 만든다. 확실한 목표로 향하는 삶은 문제를 해결하는 판단력과 능력을 준다. 목표의 설정 후 일정 기간을 두고 성과나 진행 여부를 확인하라. 또한 어느 단계까지 도달했나 수시로 점검하라. 장애가 있다면 그의 실제적 문제는 무엇인지 파악하라. 어떻게 해결할 것인가? 장애물이 발견되었다면 다른 방법으로 시도하라.

의식적으로 목표가 이미 이루어진 것처럼 상상하고 흥분과 승리감에 잠겨라. 할 수 있다는 자신감과 도전의 마음을 가지고 계속해서 노력하라. 습관적으로 마음에 확신과 믿음으로 외쳐라. 열정적으로 결심하고 전력을 다한다. 내가 원하는 것에 대한 수정체처럼 선명하고 확실한 형상을 보아야 한다.

보라! 냄새를 맡으라! 맛을 보라! 경청하라! 목표들을 가능하게 그리고 구체적으로 만들라! 성취하고 싶은 목표에 나의 온 힘과 최선을 다할 때 최대한의 나의 존재에 대한 행복과 기쁨 그리고 성취감, 만족감을 가져다준다.

진정한 삶의 가치는 삶의 즐거움과 목표의 추구가 동시에 있어야 한다. 나의 인생이 가는 길은 어디로? 우선 당신이 삶에서 이루어낸 큰 업적중에서 3가지를 나열한다. 그 가운데 하나 즉 나의 강점을 발견할 수 있고, 잘할 수 있고, 가치있게 생각되는 것 하나를 선택하라. 이 중에서 나에게 가장 강한 느낌이 오는 것, 성공할 수 있다는 마음의 확신이 있는 것 중에서 한 가지를 선택한다.

다음 단계로는 이것들을 성취하기 위하여 필요한 자질과 인성이 무엇이 있는가를 노트에 적어 지속적으로 머릿속에 확신을 한다. 특정한 자질들은 곧, 나에게는 능력이요, 이것들은 이미 태어날 때부터 타고난 나의 탤런트로 주어진 것이다. 거기에 나의 진실함, 결단력, 집중력, 신뢰성, 확신감, 비전, 인내심, 열정을 담아낼 수 있는 것들을 찾아내어 모든 것들이 조화를 이루어 행동으로 이루어져 연결될 수 있도록 집중 개발한다.

단기간의 목표와 장기간의 목표를 세우고 확신이 수반된 행동이 밑받침 되었을 때 꿈이 현실로 눈앞에 드러나는 것이다. 나 자신을 과소평가하지 말고 새로운 생각과 도전을 시도한다. 도서관에서 관계되는 많은 자료들을 읽고 집중 연구 및 분석하는 과정에서 더 선명하게 나타난다.

올림픽에 참가하는 모든 선수들은 훌륭한 실력들을 갖추고 있지만 그중에서 오직 한 명만이 금메달을 얻는다. 결정적인 것은 나와의 투쟁이요, 긍정적이고 확신의 생각들을 갖는 마음의 훈련이 절대적 무기인 것이다.

위에 언급한 여러 자질들을 항상 마음에 확인하고 새기며 이것들을 삶에 적용함으로써 실제적인 삶의 경기에서 엄청난 능력을 발휘하게 된다. 운동선수들은 승리의 기초가 되는 중요한 원칙들을 끊임없이 마음에 확신시키고 그에 필요한 훈련과 연습에 온 심혈을 기울여야 한다.

남보다 잘하려는 생각보다 나에게 주어진 여건과 자신의 능력을 최대한 발휘하는 생각이 필요하다. 나에게 질문하라. 나의 인생에 어떠한 계획과 목표, 그리고 꿈이 있는가? 이런 질문에 대한 정확한 답변이 없을 때 나는 다시 원점으로 돌아가 답을 먼저 찾아야 한다. 어떤 사람은 재능과 자질이 없다고 실망을 한다. 그러나 없는 것이 아니라 아직 마음속 깊이 숨겨져 나타나지 못한 것이다.

철저한 나 자신의 분석과 연구를 통하여 마음 수면 위에 떠오르게 된다. 자신과의 진정한 대화가 이루어져야 한다. 또한 다양하게 균형을 갖춘 배움을 통하여 여러 분야를 시도해 보는 것은 곧 나의 숨은 재능을 알 수 있는 방법이다. 우리는 칼을 쉬지 않고 날카롭게 만들어야 한다. 칼자루는 각자에게 이미 주어졌기 때문이다.

우주는 많은 가능성으로 채워져 있다. 우리의 앞에는 균등한 기회가 주어져 있다. 나의 내적인 가치에 눈이 떠지고 내적인 힘과 나의 능력을 발견하고 그것이 발휘되면 하나님이 지으신 목적대로 새 능력의 새사람으로 다시 태어나는 것이다. 우리는 흔히 장밋빛 꿈만 세우고 구체적인 목표를 세우지 못하는 경우가 많지만 이것은 바로 나를 강하게 세워주며 곧 인생의 최대 목표가 되는 것이다.

비전이 있는, 나의 미래에 가치 있는 인생의 청사진을 완성한다.

1) 매 주마다 청사진을 토대로 작은 것부터 가능한 시행 사항을 적는다. 앞을 향하여 올바른 길을 미리 확인하고 찾는 것이다

2) 열정으로 세워진 계획들을 가지고 진취적이고 창조적이며, 효과적인 개선책을 연구함으로 목적지에 도달한 사람에게 적극적으로 접근할 수 있다.

3) 상대방과의 대화 방법을 좀 더 적극적으로 개선하고 그들에게 먼저 다가가고 그들에게 전하고자 하는 메시지를 정확하게 전달한다.

4) 많은 사람들을 만난다. 그들에게서 원천적인 힘을 얻어내고 나의 삶을 인도하라.

5) 문제가 될 것들을 항상 모니터링하고 해결점을 찾는다.

6) 필요한 지식은 배우고 실력을 향상 시킨다.

누가 나의 모든 일이 순조로울 것이라고 보장할 수 있겠는가? 누구인들 실패하지 않겠는가? 자신에게 좀 더 관대한 마음을 가지고 다시 도전한다면 우리의 마음은 더 강력한 힘을 얻을 수 있다. 나의 실패, 부족함 그리고 무능력 등의 결점들은 내 인생의 종착역까지 가는 도중 수리되고 복구되어야 할 필요한 나의 동반자이자 나의 강력한 무기가 되는 것이다. 주어진 어려운 환경을 이기는 방법으로는 새로운 패러다임으로의 전환이다.

# 나를 훈련하라

우리의 삶은 오직 인격을 쌓는 면에서 성장하는 것이다. 그것이 결여된 성장은 단지 겉으로 보기 좋게 치장한 것에 지나지 않는다. 우리 자신과 우리의 삶 그리고 사회가 변화되기를 바란다면 막연한 인기, 돈, 재능에 초점을 맞추는 것보다는 인격과 덕을 쌓는 것에 초점을 맞춰야 한다.

나의 부족한 면이 무엇인가를 적는다. 그곳에 초점을 맞추고 나 자신이 성장해야 한다. 하루 일을 마친 후 오늘 어떠한 행동을 통하여 무엇이 훈련되었는가를 생각해 본다. 성장되는 과정이라 평가된다면 격려를 해야 한다.

어릴 때에는 과자에 마음이 흔들리고 청춘 남녀들은 이성에 흔들리고 패기 왕성할 때는 야망에 흔들리다가 늙으면 다시 과자에 마음이 흔들린다고 한다. 흔들리는 마음을 잡느라 어려운 고행을 하는 가운데 어느덧 인생은 저물어가는 것이다. 우리는 매 순간 흔들리는 삶을 살고 있다.

그러나 사탕이나 과자에 혹은 이성에 마음이 흔들릴지라도 불순한 독선적인 야망에 사로잡혀 사회 전체 그리고 나의 삶 전체가 무너진다면 무가치하고 허무한 인생이 된다. 마지막 인생의 결승점까지 초심을 잃지 않고 최선을 다하며 인생의 마라톤에 매진하는 것이다.

자신과의 진정한 대화는 대단히 중요한 것이며 스스로 무엇인가 잘못 되어가고 있다는 것을 깨닫는 순간이다. 이 순간부터 진정한 나를 발견하는 출발점에 와 있고 성숙되어 가는 과정의 시작이다. 자신에게 이러한 이야기를 할 수 있는 용기가 없으면 무엇인가 삶이 잘못된 방향으로 가는 것이다. 이러한 질문은 곧 나 자신을 정확히 보는 순간, 나를 발견하는 순간, 깨어나는 순간의 동기가 된다. 또 다른 나의 진정한 배움과 고쳐야 할 부분은 내면적인 즉 인간성에 관한 것이다.

재능과 지적인 욕구에 대한 갈증은 배움을 통하여 채워질 수 있지만 나의 내면에 잠재하고 있는 잘못된 인성은 대단히 중요한 부분으로 인간 사회 전반에 영향을 주는 요인으로서 끊임없이 개선되고 승화되어져야 한다. 흔히 우리들은 사람들의 외적인 면에 치중을 하여 한 부분만 보고 사람들을 평가한다.

즉, 겉으로 나타나는 지위나 돈과 명예가 그 사람의 전부를 나타내고 있다. 이러한 기준들은 사람에 대한 잘못된 평가의 도구가 된다. 얼마나 위험한 평가의 기준인가! 그러나 자신 스스로에게 질문을 하여 보라. 나는 나의 잘못된 인간성을 고치고 바른 성품을 닮아보려고 노력한 적이 있는가? 눈앞에 보이는 작은 이익 때문에 남에게 혹은 주위에 얼마나 많은 어려움과 해를 끼쳤는가? 조금 더 소유했다고 남을 업신여기지는 않았는지? 대부분 자신의 강점과 장점, 은사에만 초점을 맞추고 중요시 여긴다.

나의 근본적으로 결핍된 부분들은 무엇인가? 세상에서 무엇보다도 제일 중요한 것은 바로 내적인 올바른 인간상이다. 진정으로 사회를 아름답게 발전시키고 인간관계를 올바로 세우고 나의 진정한 개혁을 원한다면 돈보다도 명성보다도 은사보다 더 중요하게 다뤄져야 할 부분은 올바른 인간성과 함께 인격의 구성 요소라고 할 수 있다. 이러한 인격 성숙이 부족한 시점에서 돈과 명예와 권력 위주로 그리고 재능만 우선으로 중요시한다면 세상은 기계가 기름 없이 돌아가는 돌만 무성하고 황폐한 사막이 된다.

　나의 고집, 교만, 욕심, 우월성, 이기심, 분노 등의 해와 독이 있는 나만의 가득찬 자존심과 교만감, 부족한 인격은 사회의 암초 같은 존재로 결국 세상을 어둡고 황폐하게 만드는 요인이 된다. 특히 성경에서 교만은 패망의 선봉이라고 말하고 있다. 교만은 결국 나를 처절하게 넘어뜨리는 첫째 요인이다. 이것은 인간의 가장 취약한 부분으로 타협하기 쉽고 유혹에 빠지게 만든다.

　나의 내적인 약한 부분들을 점검하고 부족한 인격을 고쳐 나간다면 재능과 그 밖에 가지고 있는 여건들은 빛나는 값진 존재들이고 나아가 나는 사회의 존경받는 인물이 된다. 밝은 사회를 만들어 후손에게 물려주어야 할 의무와 책임이 있다. 이러한 사회를 후손들에게 가르치고 물려주는 올바른 인도자 역할을 하여야 한다.

　세상에는 배우는 사람이 있는 반면에 배우기를 원치 않는 사람들이 있다. 배우는 자들은 주위에 지대한 관심을 가지고 교훈의 이야기를 잘 듣는다. 쓴소리라도 인정하고 그것들을 나의 부족함으로 진정 받아들인다. 실수를 했을 때에는 다시 같은 것을 반복하지 않는다. 부족한 부분에서는 열심을 내어 잘하려고 노력한다. 얼마나 성공하였는가 혹은 실패하였는가에 초점이 맞춰지는 것보다 내가 배우는 사람인가 혹은 배우지 않는 사람인가에 초점이 맞추어진다.

다시 전체적으로 생각해 보자. 나는 매일 매달 매년 더 나아지고 있는가? 스스로 질문을 하여 보자. 다음으로 연결되는 질문은 나는 어떠한 면에 더 개선할 필요가 있는가? 나는 어느 부분에 더 집중할 필요가 있나? 나를 능력 있는 존재로 만들어지는 것에 방해하는 행동과 원인은 무엇인가? 사소한 것들에 실망과 좌절을 쉽게 하는 마음에 용기와 격려가 필요하다.

나의 조그마한 삶의 발전을 축하하라. 실패를 자주하는 부분에 대하여 자신을 비난하지 않는다. 나는 현재 발전해가는 진행형에 있기 때문이다. 어제보다는 오늘이 나아지고 내일은 더 성숙한다. 나의 불완전한 가운데에서 완전함을 찾아가는 연습을 하는 것은 매우 큰 유익을 준다 .

다시 설명한다면 다음과 같다. 지금의 '나'는 진정한 내가 아니다. 이것은 내가 진정 원하는 것이 아니다. 나는 이 목적을 위하여 태어나지 않았다. 현재의 나와 같은 존재가 되고 싶지 않다. 자신에 대하여 확신하는 마음과 믿음이 없다. 나는 누구이고 무엇 때문에 존재하나?

# 6

# 초강력 방패 사용하기

우리는 매일 삶에서 어려움과 장애물을 만나고 있다. 특히 현대사회의 의 정보와 지식이 홍수와 같이 넘쳐나고 상황들이 빠르게 바뀌는 현실이나 반면에 외부에서 우리들을 공격하는 요인들이 더 많아져 그것에 대처하는 방어를 강하게 스스로 하지 않으면 좌절과 실패 가운데 빠지기 쉽다.

우리 몸에 바이러스 균이 침투하면 몸에서 자체 방어하는 반응들이 나온다. 몸에 열이 생긴다든지 혹은 통증을 수반한다. 방법은 곧 약을 처방하고 복용하여 바이러스 균을 없애는 것이다. 그러나 문제는 우리들이 마음에 공격하는 여러 가지의 바이러스 균들은 어떻게 퇴치를 할 것인가는 심각하게 생각해 본 적이 없는 것이다.

이러한 외부의 공격들을 대항하는 강력한 방법의 개발이 필요하다. 문제는 내적으로 공격하는 균들이 외적으로 오는 증상보다도 더 파괴적이란 사실이다. 왜냐하면 내적으로 잠깐 스쳐가는 정도의 공격에도 우리는 쉽게 좌절감과 실망감을 갖게 되기 때문이다.

우리의 심리적인 상태는 열 번의 좋은 말을 듣다가 한 번의 비난의 말을 들으면 쉽게 좌절을 한다. 좋지 않은 이야기와 사건, 인간관계에서 오는 여러 문제들 즉 허위 사실 유포, 중상 모략, 그 밖에 예기치 못한 문제와 사건들은 우리의 일상생활에서 많은 부분을 차지하고 있는 것이 현실이다. 주위의 사건 소식들과 특히 우리가 평소의 대화는 80% 이상이 힘을 빼앗는 소재들로 이루어져 있다는 사실이다.

그러나 실제로 우리 자신들은 그것에 대한 심각성을 깨닫지 못하고 있다. 그러한 바이러스들의 공격에 아무런 방어책이 없이 그대로 노출되어 있다. 그것들은 우리의 몸과 마음을 절대적으로 무기력하게 만들고 마비시키고 마음을 황폐하게 하여 심지어는 평생 불안과 실패감에서 헤어나지 못하게 하는 파괴력이 있다. 이러한 공격으로 인하여 계속하여 넘어지게 되면 우울 증세로 인하여 자살의 충동으로까지 이어져 생을 마감하는 실례를 흔히 주위에서 볼 수 있다.

대표적으로 요사이 만연되고 있는 우울증의 증가 추세는 150%씩 증가 있다고 한다. 앞으로 우울증과 같은 독버섯의 만연은 미래의 삶에 다가올 반사회적 요인들 특히, 자식과 이웃과의 대화 소통의 부재에서 생기는 환경에서 큰 사회문제로 대두될 것이다.

우리나라는 경제가 어려워짐으로 오는 문제들, 마음의 상처로 말미암아 생기는 아픔 그리고 자신감의 상실로 인하여 자살하는 숫자는 선진국 가운데 제1위를 차지하여 자살공화국이란 치명적인 별명을 가지고 있다.

이러한 문제들과 외부의 치명적인 공격을 나를 나 자신으로부터 혹은 외부의 무자비한 공격에서 막는 방법은 무엇들이 있나? 특히 인터넷과 컴퓨터의 발전에서 오는 편한 생활과 새로운 정보 전달 등의 좋은 부분이 있으나 반대로 그것들이 우리의 정신세계를 혼미와 황폐하게 하고 우리의 일상 가운데서 막대한 피해를 주고 있다.

우리는 매일 매시간 순간마다 우리의 무방비된 마음은 적들의 공격에 그대로 노출되어 있다. 외부의 공격에 대한 안티 바이러스가 우리 마음에는 준비되어 있지 않아 쉽게 넘어지고 처절한 패배의 쓴맛을 본다.

아프리카에 있는 대머리 독수리는 동물이 죽을 때까지 기다리거나 또한 부패한 짐승의 고기를 먹고 사는데, 썩은 음식을 먹은 후에도 식중독에 걸리는 일이 절대로 없다고 한다. 왜냐하면 일단 상한 음식이 위 안에 들어오면 강한 위산인 ph1에 해당하는 위산이 위에서 분비되어 유해 물질을 분해하는 일차적인 방어선을 가지고 있다. 위에서 분비되어 고기에 있는 독소나 유해한 균들을 죽인다고 한다.

외부로부터 침입해오는 악성 병균을 죽이는 방법은 무엇들이 있는가? 우리의 삶은 수시로 마음의 내부에서 오는 적 혹은 외부에서 오는 적들로 공격을 받고 점령을 당한다. 심한 공격은 나를 심한 좌절의 늪지에서 헤어나지 못하고 심지어는 우울증과 자살로 삶을 마감한다.

어느 날 갑자기 삶의 의욕이 사라지고 열정과 패기가 높았던 인생이 철저하게 허무하고 가치 없는 감정으로 변하고 만다. 어지간한 비난의 소리도 잘 넘겨버렸던 감정들이 단 한 번의 책망과 비난으로 말미암아 마음속의 강력한 방어력은 쉽게 무기력하게 된다.

이러한 외부의 공격들을 마음 가운데 허용하여서는 안 되고 무슨 방법을 동원하든지 선제공격으로 항상 공격하는 악성 바이러스들을 섬멸하여야 한다. 외부의 공격에 대처하는 방법은 내적으로 마음의 훈련을 쌓고 평소에 내가 강하고 담대하여지는 것들이 무엇인가 분석을 하는 것이다. 특히 삶 가운데서 그것들에 대항할 수 있는 즉 나에게 힘과 기쁨을 주는 것들은 무엇들이 있는지 연구를 하고 그것들에 대한 보강 작업이 필요하다.

예를 들면 규칙적인 운동은 걱정, 근심 혹은 그 밖에 외부의 공격들로부터 보호하는 탁월한 방법 중의 하나다. 운동을 하면 우리의 몸과 마음에 또 다른 강한 에너지가 공급된다. 운동으로 인하여 뇌의 호르몬이 자극되어 몸에 이로운 호르몬인 엔돌핀이 생성된다.

어떤 사람은 좋아하는 책을 보고 있으면 기분이 좋아지고 힘이 솟아난다고 한다. 어떤 사람은 그림을 그리면 근심과 걱정이 사라진다. 음악을 들으면 걱정과 고민이 사라지고 위안을 받는다.

올바르고 현실적인 방법을 통하여 의식적으로 매일매일 예기치 않은 외부의 공격에 강하고 담대하여지는 자기 나름의 방법을 개발하여야 한다. 특히 강하고 담대한 자신의 이미지를 늘 마음에 새기는 것은 대단히 효과 있는 방법 중의 하나다. 이미지 트레이닝, 즉 상상의 훈련 자신이 원하는 이미지를 반복적으로 꾸준히 습관이 되어 나의 의식구조에 각인될 때까지 반복하는 것이다.

특히 운동선수들에게는 상당히 효과적인 방법이다. 트레이닝을 하는 과정에서 기억 내의 모든 유형의 경험들을 저장하고 자신이 바라는 결과의 이미지로 변화되어 보고 느끼고 듣는 감각적의 경험이 선수의 마음 한가운데 이루어진다. 비록 경기에서 실패하더라도 오래 마음에 남아 있는 것이 아니라 곧 회복이 되는 마음의 훈련이다.

상상의 훈련은 실제적으로 경기에 어떠한 효과를 가져다주는가? 어떠한 동작의 생각을 떠올리며 연습을 하면 운동선수의 신경을 자극시켜 근육을 크게 활성화시키기 때문에 그 동작을 할 때에 동일한 신경 경로를 따라 신경 자극이 근육에 전달된다.

상상하는 훈련만으로도 근육이 가지고 있는 동작에 대한 기억을 생생하게 해 줌으로써 선수들의 기술 및 경기력 향상에 도움을 준다. 단, 조건은 이 훈련을 할 때에는 머릿속에 떠올린 생각이 실제와 같이 선명하고 세밀하여야 하며 성공적인 결과를 얻기 위하여서는 자신이 원하는 방향으로 자유자재로 바꿀 수 있어야 한다.

# 7

# 지속적으로 꾸준히

항상 마음속으로부터 '나는 강하다. 나는 담대하다. 나는 용기가 있다'라는 생각과 훈련을 통해 모든 것들이 잘되고 있다는 상상하고 그것을 의식적으로 자신에게 강하게 확신시키는 작업이다. 거울을 앞에 두고 이 피부에 닿으면 옻이 오르는 것처럼 피부염이 유발된다. 그러나 이 두 관문을 뚫고 열매를 먹었더라도 문제는 남아 있다. 이 열매를 다량으로 섭취하면 복통과 설사 그리고 발열 상태를 일으킨다.

조용히 나만의 시간을 가지고 종이에 하나 둘씩 적어 나의 방어벽은 무엇인지 나열해 보자. 마음에 감동되는 부분을 집중하여 반복훈련을 한다. 습관적으로 나에게 힘을 주는 것 혹은 기쁨을 주는 것을 잊지 말고 훈련하고 그것들을 나의 제2의 성격으로 만들어야 한다. 이것들은 결국 나에게 외부에서 무너뜨리는 적군의 공격을 막을 수 있는 최상의 강력한 병기가 된다. 각자 외부의 공격으로부터 막아내는 방법은 각자 필요 적절하게 개발하고 대처하여야 한다.

무엇보다도 일상 가운데 매시간마다 공격해오는 부정적인 생각은 그때마다 제거시키는 것이다. 또한 생각 전환의 연습을 통하여 그리고 습관적인 긍정적인 생각으로 진취적인 행동이 따르도록 한다. 처음에 언급한 것같이 매일의 행사표를 중요한 사항 순으로 적는 습관을 가지고 즉각 실행에 옮기는 연습을 한다.

문제들이 잘 해결된다는 확신을 의식적으로 갖는 습관을 늘 갖는다. 문제를 피하는 것보다 문제 속에 적극적으로 개입하여 해결하는 방법은 큰 용기와 자신감을 준다. 이 모든 것 하나하나는 사소한 것 같으나 함께 합쳐지면 대단한 위력을 발휘한다. 이 준비 과정은 자신에 대한 철저한 도전이요 싸움에서 이겨야 한다. 처음에는 힘들어 보이나 작은 것, 평범한 것, 쉬운 것부터 시작하는 것이 좋다. 지금 당장 시행에 들어가자.

# 8

# 짧은 시간도 효과적으로

나는 무엇을 할 때 시간 가는 줄 모르고 열중하는가?

내가 무엇을 하는 것이 나에게 유익하고 또 나를 발전시키는 일인가?

어떻게 나의 꿈과 목적을 내가 원하는 시간에 이룰 수 있을까?

나에게 가장 필요한 것이 무엇인가?

누구나 항상 행복하고 즐겁기를 원하지만 그렇게 살고 있는 사람은 없다. 그렇다면 오늘 내가 해야 할 것이 무엇인지 나를 통하여 이루어져야 할 일이 무엇인지 점검한다.

아주 사소한 것이라도 성실하고 꾸준히 하자. 어렵고 힘든 일과 슬픈 일 가운데 어떠한 상황 하에서도 감사하는 마음을 가지고 임한다면 후에 모아져서 나에게는 어떠한 외부의 공격으로부터 막아낼 수 있는 내적인 힘을 쌓는 것이다. 이것은 또한 삶의 행복을 가져다주는 매우 중요한 요인 곧 강력한 방어의 수단이 된다.

은행나무는 소나무, 버드나무와 함께 가로수의 대표적인 것으로 노란색으로 물들이는 아름다운 나무이다. 하지만 늦가을의 정취를 더하여 주는 은행나무 아래를 지나가게 되면 자신도 모르게 표정을 찡그리게 만든다. 그것은 은행나무 열매에서 나오는 특유의 고약한 악취 때문이다. 은행나무는 왜 이러한 역한 냄새를 풍겨대는 열매를 맺을까? 그것은 자기 본능에서 나오는 방어책이라는 신기한 사실이다.

개체 수 증식이 되는 열매를 맺을 때에 즉 씨앗을 동물이나 곤충으로부터 보호하기 위함이다. 은행나무의 자기방어의 체계는 여러 단계로 구성되어 있다. 일차 관문은 물론 악취다. 하지만 곤충과 동물들이 악취를 견뎌냈다고 해도 열매를 먹기는 쉽지 않다. 사람이 도구를 사용해서 벗기기도 힘든 두껍고 단단한 껍질이다. 그뿐만 아니라 이 성분 _은행나무의 성분_은 피부에 닿으면 피부염이 유된다. 혹이나 니두가지 관문을 뚫고 열매를 먹었더라도 문제는 많이 먹으면 복통과 설사 그리고 발열상태를 일으킨다.

# 9

# 시험을 통한 단계의 성장(Up grade)

인간의 삶에는 크고 작은 역경이 찾아온다. 인생은 높이 올라가지만 반면에 내려오는 시기도 있기 때문이다. 어쩌면 당연한 현상으로 수용한다. 문제는 나의 삶의 한 부분으로 받아들여 문제와 공존함으로 삶의 필연적인 과정으로 인식함과 동시에 어떻게 동행하고 극복하느냐에 달려 있다.

삶에 문제가 전혀 없고 기쁨과 행복만 있다면 우리 생활은 무미건조하다. 행복, 기쁨이라는 말의 정의도 전반적인 수정이 필요하다. 그러나 핵심은 문제들은 나에게는 좋은 기회이고, 성장할 수 있는 중요한 기폭제의 역할을 하며 삶의 원동력이다.

두려움이란 어릴 적 경험하던 형상화된 어떤 물체로부터 오는 것이 아닌 가상적인 증상이다. 또한 점점 성장하는 과정에서 경험과 관계를 통하여 자신도 모르게 우리의 생각 속에 자리 잡고 자라는 허상의 것이다.

부모나 주위 사람들로부터 필요 이상으로 비난을 듣고 자랐으면 두려움이 점점 성장하여 성인이 된 후에도 크게 마음 가운데 스스로를 묶고 있는 것이다. 그 당시엔 역경처럼 보이나 궁극적으론 나의 귀한 스승이요 도우미요 그것들을 발판으로 삼아 높게 뛰어 넘는 교두보요 활력제인 것이다. 막연한 마음의 염려, 근심, 불안, 두려움 등은 큰 방해물이 된다. 강한 마음, 담대함 마음, 용기 있는 마음을 가져라.

해결된다는 긍정의 마음을 항상 가져라. 나 자신에게 자주 이야기하고 확신을 넣어 준다. 문제를 피하는 것이 아니라 문제 가운데서 맞부딪쳐 해결하여야 한다. 중요한 사실은 역경은 우리를 강하게 성장시키고 더 큰 어려움도 이길 수 있는 자신감과 확신 그리고 문제들을 역이용을 할 수 있는 지혜와 기회를 제공한다는 것이다.

다시 말하면 어려움과 문제들은 그만큼 나의 성장을 위한 필수적으로 돕는 귀한 도우미 역할을 한다. 어려움을 이겨낸 만큼 성장하는 것이다. 수많은 성공한 인물들을 연구하면 대부분 어려운 과정을 뚫고 정상에 우뚝 선 사람들이다. 그들에게는 자신들의 문제들이 그들의 성장과 발전에 큰 공헌을 했다고 이구동성으로 이야기한다. 그들의 삶에는 문제들이 함께 따라다닌다. 핵심은 이것을 보고 받아들이는 우리들의 마음가짐이다.

역경을 이긴 후 참 기쁨과 감사와 행복감을 맛본다.
어려움을 통하여 나의 감추어져 있는 가치를 재발견한다.
역경을 통하여 다른 문제들을 해결할 수 있는 능력을 얻는다.
어려운 과정을 이겨내는 가운데 자신감을 얻는다.

다음에 다가오는 문제에 여유 있게 해결할 수 있는 능력을 부여한다. 좋은 포도주가 만들어지려면 4,000피트의 고지대에서 자라는 포도나무에서 나오는 포도라고 한다. 아주 작은 소량의 수분과 강한 햇볕을 많이 받게 하여야 한다. 일부러 거의 죽어가는 마지막 단계까지 가는 과정에서 끝까지 남아 있는 포도에서 최상의 질 좋은 포도주가 나온다고 한다.

인생의 과정은 어려운 순간이 찾아왔을 때 쉬운 것만을 바라지 말아야 한다. 나의 삶에 최상의 포도주가 만들어져야 하는 것이다. 피어 있는 꽃들을 쳐다보면 아름답게 빛나는 고유의 색깔을 띠고 그 자리에서 영롱하게 피어 있다. 언젠가는 자란 후에 아니면 곧 시들어 땅에 파묻혀 죽고 만다. 꽃들은 땅 밑에서 위로 싹을 낸 후에 뜨거운 햇빛, 바람, 풍랑을 만난다.

어려움을 통하여 또 하나 배우는 기회가 되고 보는 사물의 시야가 넓어진다. 많은 사람들이 쉬운 인생을 살기를 원한다. 빠른 결과와 쉬운 방법들을 택한다. 인생을 통하여 아무 문제 없는 쉬운 삶을 살려는 마음은 단지 환상이나 허망한 꿈만 꾸는 실패자요 게으른 자의 정 코스라고 보는 것이다.

즉, 인생을 무의미한 세월로 허송세월하겠다는 것은 다르게 해석을 한다면 남의 등에 업혀져 무일푼으로 물이 흘러가듯 사는 삶인 동시에, 주위 사람들에게 손해만 끼치는 인생이 되겠다는 뜻과 같은 것이다. 얼마나 무책임하고 서글픈 인생인가?

한 남자가 친구인 목사님한테 인생 상담을 하였다. "요사이 나에게 사는 것이 너무 힘들어 인생을 포기하고 싶을 심정이네, 문제가 없는 곳이 없을 까?" 하고 묻자 목사님인 친구는 조금 생각을 한 후 "적당한 곳이 있네. 그곳은 걱정도, 근심도 없는 곳이지. 자네가 원하는 곳은 바로 이곳일세." 하고 친구를 공동묘지로 안내하였다.

*"당신이 하루 종일 아무런 문제에 부딪히지 않는다면 당신은 잘못된 길을 걷고 있는 것이다."*

- 윌리엄 셰익스피어 -

우리의 삶은 곧 문제들과 늘 함께 공존하여야 한다. 우리들이 꿈을 만들고 목표를 향하여 도약하려고 과정에는 반드시 원치 않는 방해물들이 나타난다. 이러한 것들은 자연스럽게 나타나는 현상으로 같이 동행하며 인정하고 나가야 한다. 그것들을 통하여 우리에게 문제 해답의 열쇠를 찾는 방법이 된다.

우리가 할 일은 앞에 놓여 있는 목표를 향하여 더 적극적으로 여러 기회들을 잡으려는 노력이 필요한 것이다. 즉, 그것에 전력투구하는 것이다. 조금은 역설적일 수 있으나 진정 도와주는 안내자, 힘을 실어주는 자들, 기회를 주는 요인들이다. '왜 나에게만 이러한 일들이 일어나는가?' 혹은 '나는 하는 일마다 안 된다'라는 자신을 부정하는 비관적인 맨탈리티를 과감히 벗어 버리고 그 다음의 단계는 무엇인가에 더 역점을 두고 전진한다.

문제 자체만 보는 것이 아니라 문제 해결에 중점을 두어 다시 도약하는 계기로 삼아야 한다. 문제가 없는 사람은 지구상에 아무도 없다. 우리 모두에게는 목표를 향한 강력한 도전만 있을 뿐이다. 힘겨운 환경처럼 보이지만 우리의 받아들이는 마음과 그것에 따르는 행동에 달렸다.

도전은 우리에게 발전할 수 있는 원동력과 문제들을 제거하는 새로운 길을 열어준다. 비판적인 생각을 가진 사람들은 문제들을 자기 중심의 생각에서 저주 혹은 운이 나쁜 것으로 판단하려 하지만 여러 문제들과 어려움은 인생의 승리자들에게는 하나의 절호의 기회로 본다.

나에게는 좋은 일만 일어난다, 혹은 일들이 승승장구한다는 관념은 나의 머리에서 지워야 할 잘못된 생각이다. 문제에 대한 해결 방법에서 중요한 것은 어려움이 있을 때 자신이 취하는 태도가 더 중요하다. 문제가 크다고 생각하자. 과거의 문제들이 어떻게 해결되었나 생각하면 그리 염려할 것은 못 된다. 과거의 문제들이 나에게 준 교훈은 무엇인가 생각하면 그 경험으로 인하여 지혜로운 생각을 얻을 수 있는 것이다.

문제 자체에 초점을 맞추면 해결의 기미는 보이지 않는다. 문제에는 반드시 해결점이 있다. 해결점을 하나 둘씩 적어 보라. 문제를 연구 분석하여 큰 부분은 전문가들과 상의하여 해결하고 당면한 문제들의 해결 방법을 생각나는 대로 종이에 적어 본다.

답변을 나열하는 가운데 의외로 문제들이 간단히 해결될 수 있다. 그 다음에는 필요하고 신속한 행동이 나와야 한다. 골프 선수들은 공을 잘 치는 것도 중요하지만 구덩이에 빠져 있는 공을 잘 끌어내어 원하는 방향으로 치는 것도 그에 못지않게 중요하다.

대부분의 문제는 나의 실수에서 오는 것이 많다. 어려움이 닥쳐왔을 때 자책의 감정을 버리고 앞으로 나아갈 길로 나가야 한다. 의식적으로 그 문제를 피하면 심리적으로 더 힘든 과정이 된다. 그대로 받아들이고 역경은 당분간이라는 마음을 가지고 남의 도움을 청하는 것도 한 가지 방법이 된다.

더욱이 문제에 대하여 패닉 상태나 정신적인 공황 상태가 되어서는 안 된다. 계획한 다른 일들이 중단되어서는 안 된다. 계속하여 추진이 되어야 한다. 남을 원망하는 것보다 문제의 해결에 초점을 맞추고 모든 나의 모든 에너지를 가능한 부분, 해결이 되는 건설적인 부분에 초점을 맞추어야 한다. 최종적으로 내가 실제로 잃은 것과 얻은 것은 무엇인가를 분석한다. 그래도 아직 남은 것은 있지 않은가?

# 10

# 환경은 나의 교사

"인격은 모든 일이 익숙해지고 편안한 시기에는 성장되지 않는다. 오직 어려움과 문제를 통하여 강하여지고 비전이 재조명되고 야망이 보강되고 곧 성공이 이루어진다."

- 헬렌 켈러 -

이 부분이 내가 배워야 할 참된 스승들이다. 실수한 만큼 배우고 성숙해지는 것이다. 똑같은 실수는 반복하지 않기 위하여 사전에 문제를 해결하고 발견되지 않은 요인들에 대한 분석과 연구로 한 차원 높이 도약하는 것이야말로 나의 몫이다.

상황에 관계없이 좋은 점과 나쁜 점들이 조화를 이루어 더 좋은 환경을 만들어 내는 것을 알고 나 자신을 갖추어 나가는 것에 초점을 맞춘다면 한층 더 질 높은 삶에 도전하게 되는 것이다 고열에 잘 달구어진 쇠만이 단단한 칼이 된다. 세상의 역경을 잘 견디고 이긴 사람들이 그 분야에서 우뚝 설 수 있다.

인간의 삶에는 크고 작은 역경이 찾아온다. 인생은 높이 올라가지만 반면에 내려오는 시기도 있기 때문이다. 그러한 과정을 나의 삶의 한 부분으로 받아들여야 한다. 주위에 수많은 성공한 인물들을 연구하면 대부분 어려운 과정을 뚫고 정상에 우뚝 선 사람들이다. 그들에게는 자신들의 어려운 역경의 순간들이 성장과 발전에 큰 공헌을 했다고 이구동성으로 말한다. 모든 역경, 실수 가운데서 좋은 씨앗을 발견해야 한다. 역경을 이긴 후 진정한 기쁨과 감사와 행복감을 맛본다.

어려움을 통하여 내 속에 숨어 있는 가치를 재발견한다. 역경을 통하여 다른 문제들을 해결할 수 있는 능력을 얻는다. 문제를 통하여 큰 자신감을 얻고 기쁨을 얻는다. 앞으로 만나게 될 문제에 여유 있게 해결할 수 있는 힘이 길러진다.

어려움을 통하여 또 하나 배우는 기회가 되고 보는 사물의 시야가 넓어진다. 많은 사람들이 인생을 쉽게 살기 원한다. 우리들이 꿈을 만들고 목표를 향하여 도약하려고 할 때에는 반드시 원치 않는 일들이 수반된다. 이러한 것들은 대단히 자연스럽게 나타나는 현상으로 같이 동행하며 인정하고 나아가야 한다. 그것은 또한 그 과정을 통하여 우리에게 여러 좋은 기회를 제공한다.

우리가 할 일은 앞에 놓여 있는 목표를 향하여 더 적극적으로 여러 기회를 잡으려는 노력이 필요하다 그것에 전력투구하는 것이다. 자신감이 부족한 사람들은 인생을 이중적 차원에서 본다. 축복인가 혹은 저주인가. 항상 겉으로만 보는 축복의 그림만 본다. 그러나 진정한 인생의 승리자는 이 두 가지 다른 성격의 개체들을 동일한 발전의 기회로 본다. 어떠한 환경이 오더라도 좋은 면과 나쁜 면이 삶 가운데서 함께 조화를 이루어야 한다. 좋은 일만 있다면 좋은 것에 대한 가치는 큰 의미를 갖지 못할 것이다.

*"역경에 대한 교육은 없다. 그러나 그것에 대하여 배우려면 역경이 너를 삼키기 전에 그것들을 극복하는 강인함이 있어야 한다."*

- 월트 디즈니 -

도전은 우리로 하여금 발전할 수 있는 원동력을 제공하고 문제들을 극복하는 길을 열어 준다. 비판적인 생각을 가진 사람들은 문제들을 방해물과 지주로 판단하려 하지만 인생의 승리자들에게는 하나의 절호의 기회로 보는 것이다. 진한 향과 좋은 맛을 내는 커피는 4000피트 이상의 고지대에서 재배된 추위와 더위를 잘 잘 견디어낸 것이라고 한다.

2010년 2월7일은 44회 미식 축구 결승날 인디아나 콜츠와 뉴 올린스 세인츠와의 결승 게임에서 많은 사람들의 예상을 뒤엎고 세인츠는 콜츠를 17대31로 기적의 우승을 거둔 날이다. 콜츠는 3년 전에 전국을 제패한 경력이 있는 강력한 팀이다. 그러나 만년 최하위 팀에서 허우적거리던 세인츠가 전국에서 일등을 한 것이다.

기적의 팀인 세인츠는 창단 43년 만에 첫 우승을 했을 뿐 아니라 매년 전국에서 최하위를 면하지 못한 아주 형편 없는 팀으로 우승은 전혀 생각지도 못한 팀이었다. 설상가상으로 수년 전 카트리나의 홍수 재해로 말미암아 수천 명의 생명을 빼앗아갔고 그 해로 인하여 루이지애나 주 전 지역의 80%가 침수되었으며 아직도 그 악몽에서 헤어나지 못한 지역이며 복구되지 않은 미국 내에서도 매우 낙후

된 가난한 지역인 것이다.

수해에 의하여 제대로 된 운동장 시설도 제대로 갖추지 못한 열악한 형편 가운데서 승리를 거두었다는 뜻깊은 의미와 운동선수 몇 사람을 제외하고는 다른 팀에서 불러가지 않는 소위 삼류 선수들만이 모인 최하위의 열악한 조건의 팀이다. 이러한 사실들은 우리에게 도전적인 교훈을 주는 사실이다. 그 아니라 주장인 드류 역시 몇 년 전에 샌디에고에 있는 실업 팀에서 성적 부진으로 퇴출된 쿼터백인 것이다.

그러나 그들이 수많은 문제들 가운데서 승리한 이유는 무엇일까? 재정적으로나 기술과 구조적인 열악한 여건에도 불구하고 코치와 더불어 주장, 선수가 혼연일체가 되어 강한 정신무장을 통하여 이루어 낸 쾌거라 아니할 수 없다. 이들은 수마로 피폐한 수많은 역경들과 문제들을 보고 꼭 승리하리라 하는 강한 확신과 다짐을 한 것이다. 그들은 수많은 역경과 문제들에도 불구하고 과감히 뛰어넘은 위대한 인간 승리다.

그들이 직면한 여러 장애물들이 그들에게는 오히려 과감한 도전의 강한 동기가 되었다. 다른 팀보다는 그들이 가진 각오의 의미가 주는 힘이 백 배 이상으로 높았다. 주장인 드류는 승리한 후 우리는 모든 역경을 이겼다. "우리는 우리 자신들을 믿었다. 우리는 최선을 다했다. 모든 루이지애나 주의 주민들의 한 염원이 이루어졌다. 우리는 끝까지 갈 것이다."라고 말했고 또한 팀과 코치단, 구단주에게 모든 공로와 감사를 돌렸다.

역경을 받아들이는 나의 마음은 어떠한가? 그 다음의 행할 일은 문제를 딛고 일어서는 강하고 담대한 마음이 절대적으로 요구된다.

침략하라 그 마음을

# IX

읽으라, 얻으라

# 1

# 읽으라, 얻으라

나를 성장시키는 중요한 방법의 또 한 가지는 끊임없이 독서하는 습관을 갖는 것이다. 독서는 인생의 진실한 인도자요, 나침반 역할을 한다. 그것을 통하여 새로운 지식과 정보를 얻을 수 있다. 지금부터 시작하여 보자. 나에게 얼마나 도움이 되는지 곧 깨닫게 될 것이다.

여행을 떠날 때에는 읽을 만한 책 한두 권씩은 꼭 지참을 한다. 하루하루가 새로운 것을 배우는 기회인 것이다. 자신에게 도움이 되는 여러 책을 분야별로 다양하게 읽는다. 특히 나에게 힘을 주는 동기부여에 관한 서적들이나 본받기 원하는 특히 위인전이나 실패에서 역경을 이긴 성공담은 삶에 대단한 도전을 준다.

특히 독서는 나의 생각과 행동을 원하는 곳으로 가능케 하여 주는 탁월한 능력이 있다. 인생의 도전을 원하는가? 특정 분야에 관심이 있는가? 배우고 싶은 분야가 있는가? 자료는 무궁무진하게 있는 인터넷에서 종류별로 추천 도서의 목록을 찾을 수 있다. 주위의 존경하는 인물과 사회의 성공한 그들은 무슨 책을 읽는지 알아본다.

여러 전문가들이 오랫동안 쌓아온 검증된 이론과 노하우에서 좋은 점철된 지식들을 얻게 된다. 그들의 경험에서 나오는 여러 공통점을 발견하며 그것들은 곧 삶에서 흔히 나타나는 의문점에 대한 답변들인 것이다. 분명한 삶의 지표를 얻는다. 책을 통하여 생각이 깊어지고 인생을 보는 시야와 지혜가 넓어진다.

나는 서점이나 도서관에 가서 새로 나온 인물전 혹은 자신의 성장에 관한 책들을 주로 보는데 이러한 서적들은 항상 삶에 새로운 도전과 힘과 삶의 방향을 제시하여 준다. 또한 책을 읽는 가운데 노트에 중요한 내용들을 주제별로 별도로 기록하고 있다. 나의 영혼과 마음을 깨우쳐주는 고귀한 자료들이다.

시간이 나는 대로 메모된 내용들을 다시 보고 있으면 새로 깨닫게 되고 에너지와 도전을 받는다. 나는 3개의 도서관 카드를 가지고 있다. 주위에 여러 지점의 도서관들이 있어 마음만 먹으면 관련된 새로운 신간 서적들을 찾아 필요한 정보나 지식을 습득할 수 있다. 삶에 명확한 목표가 있다면 우선 많은 책을 읽는 것은 필수 과정이다.

독서는 나의 극히 제한적인 의식과 상상력을 멀리 뛰어넘어 가며 꿈을 갖지 못한 사람들에게 가능성의 문을 활짝 열어 준다. 독서는 마음을 자극시켜서 영혼을 깨워 준다. 독서는 언어구사력을 다양하게 만들어 주고 창조력의 배양에 지대한 도움을 준다. 평균적으로 사람들은 일주일에 20시간 이상 텔레비전을 본다고 하며 2시간 이하의 책이나 신문 그 밖의 간행물을 읽는다고 한다.

70% 이상이 과거 5년 동안 도서관이나 서점에서 한 번도 책을 구해본 적이 없다고 한다. 시간이 없다는 핑계로 독서를 하지 않으면 결국은 자신으로부터 비난을 모면할 수 없을 것이다. 책을 읽을 시간은 하루 24시간 중에 아무리 바빠도 30분은 독서에 할애할 수 있다.

투자전문가인 워렌 버핏은 열여섯 살 때 이미 사업 관련 서적을 수백 권 독파한 지독한 독서광이다. 그의 하루 일과는 아침에 일어나 사무실에 나가면 먼저 책을 읽기 시작한다. 일과가 끝나면 읽을 거리를 집으로 가져와 또 책을 집어드는 것이다.

정보 싸움이 곧 투자의 성공인 주식시장에서 그가 마이더스의 손으로 불릴 수 있었던 것은 바로 그의 지독한 독서 습관을 지니고 있었기 때문이다. 수입의 1%를 책을 사는 데 투자를 하는 것이다.

옷이 해지거나 작아지면 입을 수 없게 되지만 책은 시간이 지날수록 진가를 발휘한다. 다른 사람들의 책을 읽음으로써 잠재하고 있는 나의 재능이 발견되고 업그레이드된다. 최근 교보문고에서의 도서 판매 자료를 분석한 결과 상위 10권 가운데 경제경영서와 자기계발에 관한 서적이 5권을 차지했다고 한다. 고무적인 현상이다.

철학자 소크라테스는 "지식은 선행이요 무지는 곧 악행이다."라고 했다. 책은 우리에게 좋은 스승이 되어 주고 책에 집중하면 저자가 살아서 나와 함께 호흡하며 즐거움을 느끼고 슬픔을 공유하는 것처럼 느껴진다.

# 2

## 지식은 반복 학습으로부터

　배움은 인간의 특권이다. 인간 이외에 지구상에 살아 있는 모든 존재들도 배우는 과정에 있다. 동물들과 식물 그 밖에 살아 있는 모든 것들은 생존 수단을 위한 배움이 되겠으나 인간은 태어날 때 받은 귀한 목적을 위하여 차원이 한 단계 높은 배우는 삶인 것이다.

　예를 들어 영어를 배우는 것은 글로벌 시대에 부응하는 필수적인 도구가 된다. 영어권의 나라에서 사는 이민자들은 생존의 방법이요 생활의 조건이다. 그 사회에 발을 들여 놓기 위해서는 끊임없이 그 나라의 언어를 공부하여야 한다. 그 나라의 언어가 나타내는 영향은 말 자체뿐만 아니라 전반적인 생활 습관과 풍습 그리고 그들의 사고방식까지도 배우게 하는 중요한 지름길이 된다. 이국생활이 힘들다거나 말이 소통이 어려워 다시 고국으로 돌아가야 한다는 생각을 하는 사람들이 있다. 그것은 이민자로서의 기본적인 자세가 무시된 행동이다.

　일단 실현 가능한 것부터 시작하라. 예를 들어 단어를 하루에 3개씩 외우는 것은 마음만 먹으면 쉽게 할 수 있다. 한달 후에는 90개의 새 단어를 알게 되고 6개월 후에는 540개, 1년 후에는 1,080개의 단어를 암기할 수 있다. 이 정도 실력이 되면 근본적인 대화는 어려움이 없이 해결되며 의사소통에 아무 지장이 없을 것이다. 그에 따라 나의 의식과 생각도 더 적극적으로 바뀌게 되는 것이다.

이러한 배움은 두려움, 소극적이며 제한된 마음을 없애주고 자신감을 주며 다른 도전을 할 수 있는 계기가 되며 그것은 곧 생활의 활력소이고 원동력이 된다. 마치 큰 날개를 얻은 것과 같은 힘이 되고 날개를 넓게 펴고 마음껏 그리고 힘껏 날아야 한다.

오래 전 외국선교사가 한국에 와서 첫째로 하는 사역은 연세대학교 부설 한국어 학당에 입학하는 것부터 시작한다. 왜냐하면 언어는 그 나라의 말은 물론 문화, 습관, 사고방식, 그 나라에 대한 전반적인 것을 배우는 첩경이 되기 때문이다.

낯선 땅에 정착하기 위한 수단을 얻는 첫 번째 과정이다. 한곳에 자신이 생기고 원하는 또 다른 곳에 하나 둘씩 실력을 쌓아 나간다면 나에게 있는 잠재 능력과 새로운 가능성을 발견하는 획기적인 전환점이 되며 결국은 새로운 인생의 또 다른 장을 여는 것이다.

지금 어려운 일에 봉착했더라도 자신감으로 새롭게 도전할 수 있는 방법을 동원하여 나의 운명을 스스로 개척해 나가야 한다. 나의 주도적인 삶을 원하면 계속하여 배워야 한다. 배우는 것이 정지되는 순간부터 나의 주도는 더 이상 이루어질 수 없게 된다.

'엑설런트', '탁월함'이란 말은 곧 나에게서부터 시작이 된다. 내가 바로 그 중심 인물이고 훌륭한 일을 하기 위하여 필요한 나만의 올바른 결정이 필요하다. 나에게는 고유한 능력과 은사가 있기 때문에 이미 준비된 상태에 있다. 미국의 저명한 교육자 쟌 듀이는 '교육은 삶의 준비가 아닌 삶 자체'라고 했다.

100%의 성공이나 실패는 전적으로 나에게 달렸다. 99%의 실패는 변명 가운데 나온다. 밖에서 해답을 찾기보다 내 속에서 해답을 찾는다. 남에게 추궁과 비난을 하지 말라. 형편을 비난하지 말라. 인생은 선택이다. 계획을 하고 그것에 상응하는 노력을 했으면 좋은 결과는 반드시 나온다. 이것이 삶의 방정식이다. 만족할 만한 결과가 나오지 않으면 계획을 원망하고 형편에 책임 전가를 할 것이다. 예를 든다면 경제, 날씨, 자금 부족, 교육 부재, 인종 차별, 정책 부재 등의 요인으로 돌리는 것이다.

플랜에 대응하는 올바른 방법을 좋은 결과가 나올 때까지 계속되는 개선이 필요하다. 생각과 대화 방법, 생각하는 그림, 그 밖의 태도 등을 바꿔 나간다. 나의 생각과 꿈과 이상 등을 내가 컨트롤한다. 성공한 사람들의 성공담과 그에 따르는 도전하는 마음, 부단한 노력, 근면성을 배운다. 그리고 그들의 의식구조를 연구하고 실천으로 옮겨라. 나도 할 수 있다는 마음을 항상 간직하며 계속하여 노력하는 과정에서 나만의 첨단무기 개발과 고도의 전술이 얻어진다. 목표의 달성은 하루아침에 이루어지는 것이 아니다.

오늘도 조금씩 마치 어린아이가 걸음을 연습하듯 인내와 꾸준한 노력과 실천으로 넘어져도 다시 걷는 것을 시도하는 것이다. 곧 그러한 과정들이 합하여 험준한 암벽도 타고 절벽도 오르며 나중에는 높은 정상까지 이른다. 연습의 과정은 나를 완전한 사람으로 만들지는 못한다. 다만 발전을 유도한다. 문제는 무엇을 연습하는가 그리고 어떻게 연습하는가 하는 것은 중요하다. 이러한 연습은 곧 나를 변화시키며 성장하게 하고 또한 강하게 만들어 주는 무기가 된다.

"내일 죽을 것처럼 살고 영원히 살 것처럼 배우라."

- 마하트마 간디 -

요즘은 좋아하는 것을 제대로 즐기기 위해서도 공부를 하는 시대이다. 글로벌 경쟁에서 살아남기 위해서 공부를 하는 시대이다. 지식을 즐기는 문화가 삶 가운데 만들어지고 있기 때문에 특정한 분야에 남다른 지식을 가지고 있어야 한다. 새로운 변화와 혁신과 이를 유발하는 아이디어가 경제성장의 원동력이 되는 시대이다.

한 국가의 성장론에 의하면 그 주역은 고등 지식이다. 새로운 변화와 그것을 이끄는 아이디어, 계속하여 발전해나가는 지식이 경이적인 경제성장의 원동력이 되었다. 각종 교육을 체계화한 미국은 컴퓨터 분야와 그 밖의 분야에서 주도권을 잡았고 과학을 중심으로 한 독일은 산업국가로 성공적인 탈바꿈을 하였고 특히 수학과 토목 계통이 발달한 프랑스는 산업혁명으로 인하여 지식 습득의 선구자가 되었고 현대 물리학을 주축으로 영국은 산업혁명을 주도했다.

# 3

# 지식은 사회와 국가의 힘

미국이 보유하고 있는 세계적인 대학들은 전 세계에 막강한 위력을 발휘하고 있다. 최고 최고의 대학을 찾으러 각국의 젊은이들이 미국으로 몰려오고 있다. 이들은 미국에 있는 대학들을 더 강인하게 만들 뿐만 아니라 위기에 접어든 경제에도 큰 보탬이 되고 있다. 미국이 오늘날 최 강대국이 되어진 요인도 우수한 대학의 경쟁력이다.

이렇듯 선진국가의 성장 과정은 확고한 교육과 기본 지식에 기반을 둔 국가 정책이었다. 사람들은 특정한 기술을 소유해야 능력이 발휘된다. 회사 역시 특별한 노하우가 있어야 성공 지점에 이른다.

필요한 기술과 지식이 부족하면 개인과 사업은 어려움에 직면한다. 기술을 연마하고 아이디어를 연구하고 이유와 변명을 적게 한다. 이러한 것들에 중점을 두고 마지막으로 총력을 다하여 해결점에 초점을 맞춘다.

이러한 기술들은 삶에서 용기와 확신감을 일으킨다. 나는 매일 영어 공부를 1-2시간 정도 여러 해 동안 계속하고 있다. 새로운 단어를 찾는 것에서부터 흔히 접하거나 멋있는 표현은 노트에 별도로 적어 놓고 기억하고 있다.

나이가 들면서 기억력이 점점 약해지는 것 같으나 일상의 계획으로 정하고 매일매일 연습하고 있다. 우리의 몸의 구조는 평소 불과 25%밖에 쓰지 않는다고 한다. 나이와 관계없이 쓰면 쓸수록 칼날처럼 예리하게 닦아지는 것이다. 그리고 귀한 지식들이 하나 둘씩 쌓여가는 것이다.

이러한 훈련 가운데 어느 때인가부터 영어에 대한 자신감이 강력하게 마음속에 자리 잡기 시작한 것이다. 나에게는 큰 지원군을 얻은 것처럼 힘이 솟아났다. 지금은 어느 누구와도 부담없이 대화하니 마음에 보이지 않는 장벽이 없어진 것이다. 누구든지 삶에서 큰 자신감을 갖기 원한다면 외국어를 배우는 일부터 지금 곧 시행하기를 적극 권하고 싶다.

우리의 배움은 여러 전문가들의 생각과 노하우에서 좋은 점철된 지식들을 얻게 된다. 생각이 깊어지고 인생을 보는 시야가 넓어진다. 이런 과정으로 말미암아 나의 목표의 달성이 점점 현실화되고 긍정적인 외적인 삶의 변화가 뒤따르며 자신감이 더하여진다.

배움으로 나의 부족함을 채우고 열정으로 꿈을 이루려고 노력할 때 자신감의 생성과 내 앞에 있는 운명과 행복을 얻기 위하여 새로운 계기가 되는 것이고 또한 확신의 감정으로 다가와 목적과 꿈을 성취한다.

매일 나의 발전을 위하여 읽어라. 매일 나의 기술을 높이기 위하여 들어라. 매일 내가 배운 것들을 실생활에 어떻게 사용할 것인지 생각하라. 매일 배운 것을 유지하기 위하여 머리에 파일을 해둔다. 마지막으로 이러한 지식들을 실제로 적용하여 행동으로 나선다.

"정상적인 교육으로는 먹고사는 데 도움이 되지만 부자가 되려면 스스로 일궈야 한다"

- 짐 론 -

쇠 한 자루의 가치는 $5.00 정도이다. 이것을 가지고 말굽을 만들어 내면 $10.50의 가치가 된다. 이 쇠로 의료용 바늘을 만들어 내면 $385.00의 가치가 된다. 이 쇠로 장식용 칼을 만들어 내면 $3,285.00이 된다. 다시 이 쇠로 섬세한 시계에 들어가는 부품(발란스 스프링)을 만들어 내면 $270,000.00의 가치를 만들어 낸다.

마찬가지의 원리로 우리가 가지고 있는 기술을 연마하여 같은 분량의 능력을 개발하면 엄청난 가치를 만들어 내는 것이다. 많은 프로 운동선수들이나 복권에 당첨된 사람들 혹은 부모로부터 큰 유산을 받은 사람들은 대부분 5년 내에 바닥으로 떨어지는 삶이 된다. 왜냐하면 이들은 운명론에 의한 삶을 살고 있는 것이다. 노력없이 얻은 불로소득에 의존하는 마음이다.

가지고 있는 에너지와 능력, 창의력을 가지고 온전히 재창조와 자기개발을 하지 않은 결과인 것이다. 좋은 포도주가 만들어지려면 아주 작은 소량의 수분과 강한 햇볕을 많이 받게 하여야 한다. 일부러 거의 죽게 되는 마지막 단계까지 가는 과정에서 끝까지 남아 있는 포도에서 최상급의 좋은 포도주가 나온다고 한다.

우리의 삶에서 쉬운 방법만 바라는 마음과 요행은 주어진 나의 능력을 묶어두는 것이다. 나의 인생에서 최상의 좋은 포도주가 만들어져야 한다. 아름답게 피어있는 꽃들을 쳐다보면 찬란히 빛나는 고유의 색깔을 띠고 그 자리에서 영롱하게 피어 있으며 자라거나 아니면 곧 시들어 땅에 파묻혀 죽고 만다.

성장하기 위하여서는 한 달에 한두 권의 책을 읽고 늘 자신에 힘을 얻을 수 있는사람들과 어울리며 그들에게서 배우고 자신에게 끊임없이 도전의 꽃을 피워야 한다. 성장하기 위한 배움의 투쟁은 곧 자신과의 싸움이다. 자신에게 이기는 자만이 세상의 세파를 이길 수 있다.

배움과 훈련은 나를 성장하는 데 꼭 필요한 햇빛과 영양분의 역할이다. 나는 배움에 어떠한 계획을 가지고 있는지? 다음 단계는 어느 곳을 배워야 하는지? 구체적인 마스터 플랜이 있어야 한다.

성공적인 아이디어 또한 실패에서 얻는다. 실패를 통한 배움은 대단한 가치가 있어 후에 똑같은 실패를 하지 않는다. 실패는 다음의 과정으로 가까이 가기 위한 도약의 주춧돌이 되는 것이다. 모든 실패는 성공의 어머니란 이야기는 성공에 대한 정확한 정의를 내려준다.

하바드대학교의 도서관에는 다음과 같은 교훈들이 적혀 있다.

지금 잠을 자면 꿈을 꾸지만 지금 공부하면 꿈을 이룬다.
내가 헛되이 보낸 오늘은 어제 죽은 이가 갈망하던 내일이다.
늦었다고 생각했을 때가 가장 빠른 때이다.
오늘 할 일을 내일로 미루지 말라.
공부할 때의 고통은 잠깐이지만 못배운 고통은 평생이다.
성공은 아무나 하는 것이 아니다 철저한 자기 관리와 노력에서 비롯된다.
노력의 대가는 이유 없이 사라지지 않는다.

# 아는 것이 힘, 아는 만큼 보인다

"지금의 나는 진정한 내가 아니다. 이것은 내가 원하는가. 아니다. 이것을 위하여 내가 태어난 것이 아니다. 나는 나 자신에 만족하지 않는다."

이러한 자신과의 진정한 대화는 대단히 중요한 것이며 나 자신이 무엇인가 잘못되어 가고 있다는 것을 깨닫는 순간이다. 이 순간부터 나를 발견하는 출발점에 와 있고 성숙되어 가는 과정의 시작이다. 자신에게 이러한 이야기를 할 수 있는 용기가 없으면 무엇인가 삶이 잘못된 방향으로 가는 것이다. 이러한 질문은 곧 나 자신을 바로 보는 순간, 나를 발견하는 순간, 잠에서 깨어나는 순간의 동기가 된다.

또 다른 나의 진정한 지식과 고쳐야 할 부분은 내면적인 인격에 관한 것이다. 은사와 다른 지식의 배움은 외적으로 나타나는 것이나 나의 내면에 잠재하고 있는 잘못된 인성은 인간 사회 전반에 영향을 주는 대단히 중요한 부분으로 끊임없이 개선되고 승화되어야 한다. 흔히 우리들은 사람들의 외적인 면에 치중을 하여 한 면만 보고 사람들을 평가한다.

즉, 외적으로 나타나는 지위나 돈과 명예가 한 사람의 전부를 나타내고 있다. 이러한 기준들은 한 사람에 대한 잘못된 평가의 도구가 된다. 얼마나 위험한 평가의 기준인가. 그러나 자신 스스로에게 질문을 하여 보라. 나는 나의 잘못된 인간성을 고치고 올바른 성품을 닮아보려고 노력한 적이 있는가? 앞에 보이는 작은 이익 때문에 남에게 혹은 주위에 얼마나 많은 어려움과 해를 끼쳤는가? 조금 더 소유했다고 남을 업신여기지는 않았는지? 우리는 나의 강한 점과 잘한 점, 은사에만 초점을 맞추고 중요시한다.

나의 근본적으로 결핍된 부분들은 무엇인가? 세상에서 무엇보다도 제일 중요한 것은 바로 내적인 올바른 인간성이다. 진정으로 사회를 아름답게 발전시키고 인간관계를 바로 세우고 나의 진정한 개혁을 원한다면 돈보다도 명성보다도 은사보다 더 중요하게 다뤄져야 할 부분은 올바른 인간성과 함께 인격의 올바른 구성 요소라고 할 수 있다.

올바른 인격의 형성은 무엇보다도 우선적으로 갖추어야 할 덕목이다. 이러한 인간 개발이 안 된 시점에서 돈과 명예와 권력 위주로 그리고 은사만 우선으로 중요시한다면 세상은 기계가 기름 없이 돌아가는 건조하고 황폐한 사막이 된다. 인간의 중요한 부분은 생각하지 않고 돈과 명예와 허황된 은사만 고집한다면 태풍이 몰아치면 모래 위에 집을 지은 것과 같은 불완전한 상태다. 그것들이 무너지게 되면 마치 나를 받쳐주는 기둥은 무너지고 곧바로 인생 바닥으로 떨어지는 상황이 된다.

나의 고집, 교만, 욕심, 우월성, 이기심, 분노 등의 해와 독이 있는 나만의 가득찬 자존심과 교만감, 부족한 인격은 사회의 암초 같은 존재로 세상을 어둡고 황폐하게 만드는 요인이 된다. 특히 성경에서 '교만은 패망의 선봉'이라고 말하고 있다. 교만은 결국 나를 처절하게 넘어뜨리는 제일가는 요인이다. 이것은 인간의 가장 취약한 부분으로 타협하기 쉽고 함정에 걸려 넘어지게 만든다.

반면에, 나의 내적인 약한 부분들을 점검하고 부족한 인격을 고쳐 나간다면 재능과 그 밖에 가지고 있는 여건들은 빛나는 값진 수단과 도구가 되며 결국 나는 사회에 꼭 필요한 영향력을 끼치는 존재가 되는 것이다.

우리는 밝은 사회를 만들어 후손에게 물려주어야 할 의무와 책임이 있다. 이러한 사회를 후손들에게 가르치고 물려주는 올바른 인도자 역할을 하여야 한다. 세상에는 배우는 사람이 있는 반면에 배우기를 원치 않는 사람들이 있다. 배우는 자들은 주위에 지대한 관심을 가지고 교훈의 이야기를 잘 듣는다. 쓴소리라도 인정하고 그것들을 나의 부족함으로 진정 받아들인다.

실수를 했을 때에는 다시 같은 것을 반복하지 않는다. 부족한 부분에서는 열심을 내어 잘하려고 노력한다. 문제는 얼마나 성공하였는가 혹은 실패하였는가에 초점이 맞춰지는 것보다 내가 배우는 사람인가 혹은 배우지 않는 사람인가에 초점이 맞추어진다. 배운다는 생각은 마음 가운데 겸손의 미덕이 자리 잡고 있다.

다시 전체적으로 생각해 보자. 나는 매일 매달 매년 더 나아지고 있는가? 스스로 질문을 하여 보자. 다음으로 연결되는 질문은 나는 어떠한 면에 더 개선할 필요가 있는가? 나는 어느 부분에 더 집중을 할 필요가 있나? 나를 능력 있는 존재로 만들어지는 것에 방해하는 행동과 원인들은 무엇들인가?

사소한 것들에 실망과 좌절을 쉽게 하는 마음에 용기와 격려가 필요하다. 나의 조그마한 삶의 발전을 축하하라. 실패를 자주 하는 부분에 대하여 자신을 비난하지 않는다. 나는 현재 발전하여 가는 진행형에 있기 때문이다. 어제보다는 오늘이 나아지고 내일은 더 성장한다.

나의 불완전 가운데서 완전함을 찾는 연습을 하는 것은 대단한 유익을 준다. 다시 설명한다면 다음과 같다. 지금의 '나'는 진정한 내가 아니다. 이것은 내가 진정 원하는 것이 아니다. 나는 이 목적을 위하여 태어나지 않았다. 현재의 나와 같은 존재가 되고 싶지 않다. 자신에 대하여 확신하는 마음과 믿음이 없다. 나는 누구이고 무엇 때문에 존재하나?

우주 만물은 에너지에 의하여 혹은 에너지로 이루어져 있다. 모든 생각은 한곳으로 흘러가는 방향이 있다. 에너지의 흐름은 나의 집중하는 곳으로 모이는 것이다. 마치 라디오의 주파수를 원하는 방송에 맞추는 데 있다. 진정 원하는 나의 생각은 어느 곳으로 맞추어져 있는가?

내가 원하는 주파수로 고정하고 그 분야에 훈련과 총매진을 하여야 한다. 우리 인간은 다른 동물들에 비하여 신체 구조적으로 매우 열악한 조건을 가지고 있다. 다른 동물과 달리 힘이 약하다. 빠른 속도를 낼 수 없다. 시력에 제한이 있다. 날카로운 치아가 없다. 육체적 그리고 정신적으로 용맹스럽지 않다.

# 5

# 올바른 지식으로 누리는 특권

그러나 하나님께서는 다른 동물에서 발견할 수 없는, 우주를 정복하고 다스릴 수 있는 위대한 지혜와 이성적인 판단에 의한 선택할 수 있는 뛰어난 두뇌와 권리를 인간에게 허락하셨다. 이 뜻은 우리에게는 이성적인 생각과 명석한 두뇌를 가지고 곧 끊임없는 발전과 연구와 개발을 통하여 온 우주를 정복하고 다스리라는 중대한 의무와 책임이 있다. 성장은 나의 내면에서부터 온다. 우주의 법칙은 계속하여 성장하고 변화한다.

내가 모르는 사이 우주는 성장, 쪼개짐 그리고 발전, 변화를 거듭하고 있다. 은하계의 팽창은 계속하여 이루어지고 있다. 디스커버리 채널을 보면 마치 온 지구 전체가 투쟁과 생존 경쟁의 치열한 전쟁터와 같다는 생각이 든다.

작은 곤충에서 큰 동물에 이르기까지 온통 영역의 확장을 위한 끊임없는 투쟁과 정복의 싸움이다. 그들은 마치 싸우기 위하여 태어난 것과 같은 착각마저 들게 만든다. 작은 미물들까지도 자신들의 번식과 생존을 위하여 안간힘을 쓰는 것을 보면 신비함까지 든다. 고대시대의 멸종된 동물들을 보라. 그들은 스스로 변화를 거부한 것이 주원인이고 그 결과 자연 환경에 순응하지 못한 나머지는 자연 멸종되고 만 것이다.

나는 어떠한가? 우주의 법칙은 인간은 발전하고 끊임없이 도전하고 성장하거나 제자리에서 정지한다면 앞날은 도태와 멸망만이 기다리고 있다. 온 우주는 항상 에너지에 의하여 항상 움직이고 있다. 지구가 자력으로 말미암아 돌고 있다. 공기, 구름, 바람, 물, 천둥, 번개 등에서 나오는 에너지가 원자폭탄의 위력보다도 더 엄청난 큰 능력을 가지고 있다. 나무와 꽃, 새 들이 생존하기 위하여 뻗어가며 쉬지 않고 움직인다.

외부에서 평화스럽고 조용한 것 같지만 안에서는 늘 에너지들이 항상 이곳저곳에서 생성되고 쉬지 않고 움직이는 것이다. 자세히 들여다 보면 우리가 사는 지구와 온 우주는 에너지의 총집합체라고 보아야 한다. 변화의 뜻은 곧 성장을 의미한다. 변화는 무기력한 삶에 도전하는 것이다. 인간들은 누군가 평균 이상으로 잘되면 끌어내리려는 습성이 있다.

그러나 성공의 길은 저 높은 언덕에 있으며 많은 사람들은 그 값을 치루고 그 자리를 구하지 않는다. 위대한 성공자, 혹은 존경하는 인물의 자서전을 읽어보자. 그들이 가지고 있는 에너지, 열정을 찾아보라. 그들에게서 발견할 수 있는 특징을 노트에 기록하자. 성취하는 자들은 무기력한 삶을 거부하고 능력의 삶으로 변화시키는 생동력을 가지고 있다. 성공하는 사람에게서 그들의 에너지와 영향력을 발견하고 나의 생활에 접목해야 한다.

나 자신을 신뢰하고 나의 능력이 할 수 있다는 확신이 들면 이것이 바로 도약을 위한 발상의 전환이요 내적인 에너지의 역사가 내면에서 시작이 된다. 삶에 생존하기 위하여 늘 변화하고 새로운 기술들과 지식들이 더 절실히 필요한 이 시점에 우리들은 살고 있다. 인간들의 발전과 변화와 성장 개발의 중단은 곧 언젠가 온 인류의 파멸이요 온 우주 존재마저 소멸될 수 있다.

나의 개발에 대한 무지함, 그리고 나태하고 안이한 생각은 곧 나의 멸망이요 내 삶의 장래는 없다. 나의 생각과 마음을 늘 다음의 사항들에 예민하여 수시로 점검하고 마음속에서 다짐과 확인을 하여야 한다.

나의 능력을 찾아라.
나의 재능을 더 연마하라.
나의 지경을 더 넓히라.
새로운 세계를 개척하라.
미지의 세계로 도전하라.
목표를 더 연구하고 노력하라.
가능성에 더욱 예민하라.
절대로 안주하지 말라.
계획들을 실행에 옮겨라.

독일의 유명한 철학자인 괴테는 "하루에 완벽한 예술품을 보고 위대한 음악을 듣고 걸작품의 책을 읽는 것에 소홀히 하지 말라."고 했다.

# 6

# 고정관념의 오류

　지구촌이 일일권 생활화인 동시에 전 세계의 모습을 동시에 볼 수 있는 현시내에서 우리들은 아직 불필요한 전통, 잘못된 관습에 사로잡혀 있다. 특히 오랜 전통에 사로잡혀 잘못된 구습을 그대로 사용한다면 인생의 지름길이 아니라 외곽으로 돌아가는 장거리 인생을 사는 것이다. 나의 잘못된 지식에서 발생한 편견은 삶에서 나를 붙잡고 있는 올가미가 된다.

　가지고 있는 잘못된 고정관념을 바꿔라. 쓸모없는 습관과 전통 밖으로 나올 필요가 있다. 나의 주위에 있는 개선해야 할 것들은 무엇인가? 과거의 고루하고 평범한 일반적인 생각에서 탈피하는 것이다. 새로운 방법을 시도하여야 한다. 변화는 또 다른 새로운 것으로 변화된다. 급변하는 현 생활 속에서 과거의 수동적인 삶의 패턴에서 적극적이고 실제적이며 창조적인 수용의 마인드를 개발하여야 한다.

　편협한 고집, 나만이 옳다는 이기심, 성장하면서 잘못 배운 고정관념, 부모나 혹은 환경에서 기인한 잘못된 선입관, 타협하지 않는 마음은 그안에 수많은 오류들이 존재하고 있어 삶의 진로를 방해하고 잘못된 방향으로 가기 때문에 빠른 시일 내에 우리 마음속에서 제거되어야 한다.

　더 넓은 시야와 큰 생각을 가지고 사람들과 교제하라. 변화는 새 것을 창조한다. 추구하는 목표는 늘 위치가 바뀌어질 수 있다 혹은 소멸될 수도 있다. 잘못된 고정관념의 대표적인 예를 보자.

　한 부인이 햄을 프라이팬에서 요리할 때 항상 끝을 잘라버리는 습성이 있어 하루는 남편이 당신은 왜 햄의 끝을 잘라 버리느냐고 물어보자 어머니가 그렇게 요리를 했다고 대답했다. 그 어머니한테 가서 물어 보자 그 어머니도 할머니가 그런 식으로 요리를 했다고 대답을 하였다. 근처에 사는 할머니한테도 물어 보았더니 할머니의 어머니가 그렇게 음식을 하였다고 답하였다. 그래서 근처에 사는 고종 할머니에게 물어보았더니 의외로 "프라이팬이 작아서 양끝을 잘라서 요리했지."라고 대답하였다. 우리들의 무지함에서 나오는 고정관념의 대표적인 예다.

　나의 삶 가운데 많은 부분에서 잘못되어 가고 있는 점을 발견한다면 그것은 나의 생각의 표준이 어디 있는지 알아 볼 필요가 있다. 흔히 우리는 세상을 바라볼 때 개인의 판단와 경험과 자신들의 잘못된 가치의 잣대에 의하여 사물을 해석을 하며 나름대로 그에 상응하는 반응과 결론을 내린다.

　이러한 개인의 생각과 판단의 잣대는 좋을 수도 혹은 나쁠 수도 있다. 그러나 이것이 나만의 고정관념이 된다. 이러한 개인의 선입관은 성격, 태도, 보고 들어왔던 관점, 우리의 삶의 스타일에 의하여 대단한 영향을 준다. 가능성 있는 곳에 나의 잘못된 선입관, 고정관념에 의하여 기회를 잃고 만다. 문제는 나의 선입감과 해석이 나의 삶에서 비롯된 잘못된 편견에 의하여 왜곡되지 말아야 된다.

　나의 판단하는 기준이 어떠한 환경에서 무엇을 배웠는가에 의하여 좌우된다. 예를 든다면 적개심과 증오가 많은 환경에서 자랐으면 모든 선입감과 해석들이 위협적인 결과로 나타난다. 반대로 성장 과정이 사랑과 화기애애한 건강한 분위기였다면 생각의 모든 표준은 건설적이고 긍정적이고 미래지향적으로 해석이 된다.

　나는 과거에 무엇을 보고 배웠는가, 삶의 환경이 무엇인가를 주시할 필요가 있다. 나의 관념은 자라온 환경 그리고 보고 배운 경험의 산물인 것이다. 나의 역사의 가치는 누군가 나의 눈과 마음에 어떠한 필터 장치를 놓았는가에 의하여 인생관이 결정된다. 우리가 인식하지 못하는 것은 변화될 수가 없다. 우리들은 우리 각자 안에 있는 굳어 있는 '그 무엇'인가를 알고 '그 무엇'에 의하여 나의 선입감, 경험, 생각 등이 나타난다. 이것이 나의 잘못된 고정관념인 것이다. 이러한 편협한 고정관념은 판단을 그릇된 방향으로 가도록 만든다.

　의식적으로 새로운 생각을 수용하는 것보다 고정적인 생각에 대한 여과장치가 마음 가운데 작동이 안 된다. 남의 말에 대한 가능성을 열어두는 것보다 나의 생각만이 오직 진실이고 사실이며 수용하고 변화하려는 태도를 갖지 않는다.

　새로운 정보를 얻는 좋은 기회를 놓치는 것뿐만 아니라 잘못된 것이라고 보고 간과하고 무시하는 것이다. 상대방의 귀한 지식을 배울 수 없다. 나의 새로운 도전을 기대할 수가 없다. 인간관계에서 따돌림 받는 존재가 된다. 이러한 제한된 나의 안목과 생각은 현실적으로 혹은 마음 가운데서 삶 가운데 치명적인 문제로 나타난다. 중요한 것은 눈과 마음을 먼저 정확히 알아야 한다. 지구상의 온전한 모든 변화는 우리가 가지고 있는 편협된 생각과 의식을 긍정적으로 바꾸는 것에서 시작된다.

특히 우리는 작은 땅 안에서 지방색에 대한 배타의식이 강하다. 같은 학교 출신만 호의적인 눈으로 바라본다. 그 밖에 나에게 사람의 외모와 말하는 특정 지역의 억양으로 한 사람의 모든 것을 판단한다. 심지어 더욱 위험스러운 것은 특정한 성을 가진 사람들에 대한 잘못된 편견을 가지고 있다. 예를 든다면 X성을 가진 사람은 고집이 세다, 혹은 X성을 가진 사람이 앉은 자리에는 풀도 나지 않는다, X성을 가진 사람은 여자는 드세고 남자는 약하다, 라는 코미디와 같은 이야기들이다.

이러한 잘못된 편견은 오랜 세대를 걸쳐 오염되어 다음 세대 그 후의 세대로 내려가 후손들에게 좋지 않은 영향을 준다. 문제는 바로 우리가 누구한테 무엇을 어떻게, 보고 배워 왔는지를 공평하게 올바른 판단이 앞서야 한다.

과거의 잘못된 생각과 습관은 나의 발전을 가로막고 있다. 뿐만 아니라, 세상을 극단적인 문제로 몰고 가 어둡게 만든다. 세계적인 전범인 히틀러를 보자. 그가 얼마나 유대인에 대한 나쁜 편견이 있었는가? 결국은 그 편견이 증오심으로 변하여 수백만을 방에 가두어 독가스로 살해하는 희대의 살인자로 낙인이 된 것이다.

범죄자들의 대부분은 동기가 삐뚤어진 마음, 성장에서 기인한 굴곡된 고정관념에서 원인을 찾을 수 있다. 나쁜 경험에 의하여 특정한 부분에서 나오는 고정관념에서 조금 이탈될 수도 있으나 정도가 심하면 상담을 받거나 정신적 치료까지도 필요하다. 이러한 원인은 내가 어려서부터 자라온 환경, 정립되지 않은 자아, 정서 불안 등에서 나온다.

# 7

# 변화를 수용함으로 더욱 폭넓은 삶을

나 자신을 생각하여 보자. 내가 가지고 있는 고정된 편견은 없는가? 특정한 부분에 부정적인 생각을 가지고 있지는 않는가? 이러한 것들은 나의 성장을 가로막고 있는 독소들이다. 빠른 시간에 내 마음에서 제거하여야 한다. 나 스스로 여러가지 해결하는 옵션들을 개발하는 것이다.

다양하게 변하는 지식, 트렌드, 기술, 대처 방법, 실제적 효과 등에 마음의 문을 활짝 열고 대응한다. 변화를 즐기고 고정관념에서 떠나, 사실을 수용하고 모험에 수반되는 위험을 두려워 말라. 자연적인 삶의 원칙을 반대로 전환하는 것은 아니다. 가치 있는 것을 얻기 위하여서는 필요한 대가를 치러야 한다.

이러한 고질적인 문제를 고치는 방법을 생각해 보자. 믿음은 사실성과 정확성에 기초를 둔다. 사실이 아닌 잘못된 안목과 생각은 부정적인 결과만 초래한다. 내가 가지고 있는 고정관념들에 대한 정의를 새로 정립하고 정밀조사를 하여야 한다.

나의 직업, 나의 친구, 나의 미래, 배우자와의 관계, 세계관, 전반적인 인간관계 등에 새로운 각도로 연구해 볼 필요가 있다. 과거의 경험과 추억에 고착되어 있는 제한된 선입관을 제거하고 현실성과 진실성에 기초를 두어야 한다. 위험스러운 것은 이러한 잘못된 생각을 오랫동안 간직하고 왔기 때문에 나 자신이 그 습관에 노예처럼 얽매여 있다는 사실조차 모르는 사실이다.

나쁜 영향이 서서히 조용하게 침투하여 우리들의 생각과 노력을 약화시키고 있다. 이러한 결과로 인한 판단의 결핍으로 외부로부터 침투하는 것에 전혀 방어를 하지 못하는 것이다. 이러한 나의 잘못된 고정관념은 어린 시절부터 성장해오는 과정에서 간직해온 삐뚤어진 신입관과 관념들로 인하여 현재의 편견의 마음, 잘못된 고정관념이 마음깊이 뿌리박혀졌다. 어떠한 환경에서 내가 자랐는가를 질문하는 것은 나의 내적인 잘못된 편견을 찾아내는 중요한 역할을 한다.

"모두들 세상을 바꾸려 들지만 스스로 바꾸려는 생각은 하지 않는다."
- 레오 톨스토이 -

문제를 정면 대응하는 것은 인생을 업그레이드시킬 수 있는 순간들이다. 변화하려는 의지와 노력이 절대적으로 필요하다. 미국의 아이비리그의 하나인 브라운대학교의 총장인 흑인 여성인 루스 브라운, 그녀는 목화 농장 소작농과 노예의 딸로 태어나 공부하기를 원했지만 그녀의 어머니는 백인과 똑같이 하려다간 벌 받는다며 공부를 못 하게 했으며 그녀 역시 학교에서 일등을 하지 않으려고 애를 썼다. 또한 여자가 나서면 안 된다고 주위 사람들로부터 핀잔을 들었다. 그러나 그녀는 남들이 생각하는 일반적인 관념과 주장에 굴하지 않았으며 견디기 힘든 역경에도 좌절하거나 낙심치 않고 꾸준히 주어진 여건에 최선을 다했다.

이러한 관례는 얼마 전까지도 남아 있었지만 당시 백인 위주의 사회에서 흑인들이 교육을 받아 신분이 상승되는 것은 용납되지 않았다. 이런 당시의 고정관념의 장벽을 용감하게 극복한 그녀는 결국 당당하게 명문 아이비리그 대학의 최초의 흑인 여자 총장이 된 것이다.

그녀는 인터뷰에서 "나는 어느 누구와도 평등할 수 있습니다."라고 했다. 그녀가 강조한 것은 잘못된 사회의 고정관념을 고치는 변화가 우선 나 자신의 삶 속에서부터 이루어져야 하는 필요성에 기인된 것이다. 백인 어머니와 흑인 아버지 사이에서 출생한 오바마 미국 대통령도 이와 같은 고정관념을 깨뜨린 대표적 예이다. 이러한 생각의 변화는 불변하는 우주의 법칙이요, 진리이다.

우리는 어떠한 조건과 환경에서든지 항상 가능성에 마음의 문을 열어야 한다. 가능성의 생각은 도전의 기회와 능력 있는 사람들을 만나게 한다. 상대방의 대화에 즉각적인 옳고 그른 반응을 보이지 않고 적극적인 마음을 가지고 옳은 점을 찾아 보려는 훈련은 편견을 없애는 바람직한 훈련이다. 이러한 가능성의 생각은 큰 꿈을 갖는 동기가 된다. 가능성의 생각은 영향력이 강하기 때문에 주위 사람들에게 에너지와 도전의 생각을 전파한다.

가능성의 생각은 평균의 목표 성취보다 더 높게 이루게 한다. 잘못된 것에서 변화하려는 생각은 포기로부터 막아준다. 혁신적인 생각은 마음으로부터 항상 나는 할 수 있고 나는 할 것이고 나는 하는 자, 라는 마음을 심어준다. 고정관념 속에 자리 잡고 있는 부정적인 생각을 마음속에서 지워야 한다.

내가 모르는 잘못된 고정관념은 나의 진정한 생각이 아니다. 잘못된 전통은 나로 하여금 밖으로 나가지 못하게 하며 좁은 공간에 가둬둔다. 잘못된 습관은 변화되기가 어렵다. 잘못된 선입견은 우리의 마음 가운데 일반적인 상식으로 고정화시킨다. 일반적인 상식은 곧 나로 하여금 안이한 꿈 속에 있게 한다. 또한 최상의 결과가 아닌 보통 수준의 결과를 초래한다.

일반직인 상식에 길들어지면 나의 생각이 고정화되고 스스로 변화될 수 있는 가능성을 막는다. 상식을 넘어서는 결과를 가져오려면 나의 매일의 삶 속에서 평범한 상식의 개념을 초월해야 한다.

우리가 가지고 있는 흔한 편견들의 대표적인 반응은 무엇들인가 좀 더 자세히 찾아보자.

1) 편견은 곧 선입감과 일치한다.
2) 선입감이 나쁘면 모든 것은 좋지 않게 반응한다.
3) 우리의 부분적으로 선택된 것만 우리 생각에 반영을 시킨다.
4) 나와 맞지 않는 생각은 생각조차 하지 않거나 무시해 버린다.
5) 가능성이 있는 길을 닫아 버린다.

# X

잘 듣는 것은
잘 **말하는** 것

# 1

# 잘 듣는 것은 잘 말하는 것

　2500 년 전 애굽의 시대에서부터 내려오는 이야기로 '인간이 내면으로부터 가장 길급해 하는 것은 자신들을 알아주는 것'이라고 했다. 공자가 24세기 전부터 가르쳐 왔던 원리다. 성경에 남에게 대접받기 원하는 것과 같이 네가 먼저 남에게 대접하라는 말씀이 있다. 즉, 대화에서 상대의 이야기를 잘 듣고 인정할 때에는 속에서 나오는 진심 어린 말로 하고 칭찬을 할 때에는 풍성하게 하라는 이야기다.

　우리는 대화하는 방법을 학교에서 혹은 가정에서 제대로 배우는 기회가 많지 않았다. 무엇보다도 상대의 말을 잘 들음으로써 상대방의 마음과 뜻을 정확히 알 수 있다. 잘 들어준다는 뜻은 상대방을 대단히 중요한 사람으로 인정하고 존경하는 의미이다. 또한 진지하게 들음으로 상대에게 예의를 표하는 방법이다. 상대의 말을 수긍함으로 오해와 분노를 제거하게 되며 결과적으로 긍정적인 대화가 이루어진다.

　불편한 상대와의 협상에서 우선 먼저 그의 옳은 점을 먼저 찾고 공감하는 바를 적극적으로 표시하는 것은 나와 상대와의 일치되는 공통점을 적극적으로 동의를 하는 것이다. 왜냐하면 한마음이 되고 자 하는 의도를 나타냄으로 상대로 하여금 방어하는 자세를 풀고 한 목적을 향하여 서로의 의견과 마음이 모아지기 때문이다.

또 다른 목적은 상대에게서 내가 알지 못하는 지식을 배우는 것이다. 왜냐하면 내가 알지 못하는 경험이나 지식, 특이한 다른 면들이 있다는 것을 가정하고 배우는 마음으로 대화에 임하는 태도다. 항상 우리는 동물이나 심지어 미물 같은 곤충으로부터 교훈을 얻는다. 나보다 어린 사람, 혹은 자녀들로부터 배울 수 있는 좋은 점은 수용하고 받아들이는 마음을 갖는 것이다.

조금 더 배웠다고, 사회적으로 더 높은 지위에 있다고 혹은 나이가 조금 많다고 모든 것을 다 아는 것처럼 우월한 감정을 버리는 것이다. 어떠한 분야든지 전문가가 있다. 그들의 의견은 그 분야에 관하여 전문적 지식이 있다. 직원들과의 회의에서 그들의 중요한 의견을 메모하며 새로운 정보와 사정을 파악하는 것이다. 그들은 현장에서 매일 새로운 일들을 경험하고 있기 때문이다.

이와 같이 사람마다 각각 그들이 중요하다고 여기는 것과 의견은 모두 다르다. 대화에서는 상대의 눈에 초점을 맞추고 그에게 최대한의 집중을 하라 그리고 열심히 들어주는 것이다. 이러한 습관은 상대방으로 하여금 호감을 사는 첫 번째 요인이 되는 것이다.

상대의 말이 맞는다거나 혹은 틀리다는 반응을 보이지 말라. 대화의 본질이 다른 곳으로 빠질 수 있다. 오해가 있을 때에는 일단은 상대방의 뜻을 수용하는 것이다. 인간은 누구나 일상에서 오는 스트레스, 자신의 과시, 불만족 등이 마음 깊은 곳에 있다.

그런 이유로 친구에게 하소연이라도 하고 진지하게 들어준다면 상대는 마음의 무거움을 벗어버리게 된다. 유능한 카운슬러가 갖추어야 할 첫째 조건은 상대방으로부터 대화를 하게 하고 그의 말을 경청하고 수긍하는 자세로 임하는 것이다. 사람들은 본능적으로 자신을 알아주고 인정하고 자신의 뜻을 수용하기를 바라는 마음들이 있다.

들는 능력이야말로 인내심과 상대를 배려하는 것을 배우는 계기가 되며 인간관계를 폭넓게 갖는 것이다. 잘 들음은 상대방으로 하여금 과거에는 적이 되었지만 오늘의 좋은 친구가 되는 것이다. 들는 자가 존경을 받는다. 주위에 어떠한 소음과 그 밖에 방해물이 있다 할지라도 그의 대화에 진지한 태도를 유지하고 경청하라. 집중하라. 이 방법은 상대를 내 편으로 이끄는 좋은 방법이다.

좋은 리더십 중의 하나는 상대방의 의사를 존중하고 끝까지 잘 들어주는 데 있다. 또한 상대방의 이야기를 들음으로 상대가 가지고 있는 장점들을 배우는 좋은 기회가 된다. 대화의 폭이 넓어지고 깊어지며 진지하게 된다. 침묵과 상대방으로부터 듣기를 거절하는 순간부터 나를 앞세우게 되고 남을 지배하려 하게 된다.

자기 칭찬과 과시는 친구를 멀리하게 하고 상대방의 칭찬과 과시를 들을 때 친구가 많아진다. 대화할 때에 좋은 아이디어가 상대방으로부터 나왔고 매우 중요한 것이다, 라고 인정하고 이것을 자신의 생각처럼 존중하며 받아들일 때 비지니스에서뿐만 아니라 가정생활, 대인 관계에서 성공할 확률이 많아진다.

비지니스에서 성공의 지름길은 직원과 고객과의 신뢰의 관계이다. 손님이 무엇을 원하는가를 들음으로 말미암아 정확히 파악하고 그것에 적절하게 대응하는 것은 사업을 성공시키는 지름길이다. 일상

생활의 대화에서도 마찬가지로 상대방의 입장에서 생각하고 이야기하는 방법은 인간관계를 성공적으로 이끌어 가는 지름길이다.

솔직하고 정확하게 상대방이 무엇을 원하는가를 파악하는 것은 상대로부터 동의를 얻어내는 첩경이 된다. 상대의 문제점에 같이 동의하고 이야기를 풀어나가면 쉽게 문제가 해결된다.

아브라함 링컨이 노예를 해방하느냐 혹은 그대로 두느냐의 심각한 기로에 섰을 때에 그가 진정 원한 것은 어떠한 조언을 듣는 것이 아니었다. 그는 자신의 심각한 스트레스를 없애기 위하여 자신의 말을 단지 진지한 동정으로 또한 진정한 친구처럼 들어줄 사람이 필요했다.

우리는 기억을 하여야 한다. 내가 이야기하는 많은 사람들은 나에게 관심 갖는 것보다 수백 배 이상 자신들에게 더 관심을 가지고 있는 것이다.

듣는 능력이야말로 정보를 수집하고 인간관계의 폭을 넓게 하며 상대의 불만까지도 활용할 수 있는 요인이 된다. 가장 많은 팁을 받는 웨이트레스는 손님으로 음식 주문을 받을 때 항상 메뉴를 따라서 말하며 주문을 받는다고 한다. 손님의 의사가 충분히 받아들여졌다는 표시이다.

또한 주문을 받을 때 식탁 옆에서 무릎을 꿇는 낮은 자세에서 손님과 눈길을 맞추고 주문을 받아야 많은 팁을 손님으로부터 받을 수 있다고 한다. 그와 같은 태도에서 웨이터의 진지한 서비스 정신을 발견할 수 있기 때문이다. 위의 방법의 두 가지는 손님을 최고의 정성으로 대접한다는 의미가 담겨 있기 때문에 손님으로부터 감사의 팁을 더 받을 수 있는 것이다. 상대방에 대한 특별한 배려의 결과이다. 손님이 원하는 것을 즉시 알아차려 그의 욕구를 만족시켜 줌으로써 손님으로부터 최대의 서비스를 받고 있다고 느끼게 하는 순간이기 때문이다.

인간은 자신을 인정해 주고 알아주기를 바라는 간절한 원함이 마음 깊은 곳에 존재하고 있다. 즉, 자신의 존재에 대한 중요함을 알아주기를 바라는 것이다. 그것은 곧 인간의 본능이라고 말할 수 있다. 상대로 하여금 자신이 인정과 주목을 받고 있다고 생각될 때에는 과거에 상대의 실수에 대한 어떠한 섭섭한 마음도 곧 사라지고 대신에 마음의 문을 크게 여는 것이다.

유능한 세일즈맨이 제일 먼저 하는 일은 손님의 이야기를 듣는 것부터 훈련을 받는다. 유명 백화점에서 수많은 비용을 들여 광고를 해도 판매가 부진한 주요 원인은 세일즈 직원들이 손님들의 말을 심각히 듣지 않는 이유에서 기인한다.

유명한 앵커 우먼과 사회자인 다이앤 소이어, 래리킹, 오프라 윈프리는 대화의 특징은 대화하는 순간순간마다 예를 갖추어 최대한으로 상대의 말에 집중을 하며 다음 대화의 초점을 맞추며 진행하는 것이라고 말한다. 그들은 초대석에 나온 손님으로부터 아주 사소한 일, 사건, 흥밋거리를 최대한 얻으려고 한다.

이러한 것은 들음으로 인하여 얻어진다. 대화 역시 초대 손님의 마음속에 있는 고귀한 자료들이 나올 수 있도록 최대한 도와주는 분위기를 만든다. 그러므로 그들의 프로그램은 내용이 진지하고 다양성이 있어 보는 사람으로 하여금 대단한 재미와 인기를 누리고 있다. 사회에서 마찬가지로 가정에서도 듣는 습관은 대단히 중요하다.

특히 자녀들의 반응은 대단히 예민하여 아이의 이야기 중간에 차단하지 말고 아이가 말을 마칠 때까지 끝까지 들어주고 표정을 충분히 밖으로 표하여 집중하여 들어주며 대화 중에 집중이 산만해지고 방해가 되는 텔레비전이나 라디오 그 밖에 분산되는 요인들을 없애고 그들의 의사를 최대한 인정을 해 주면 일단 부모와의 대화는 성공한다.

잘하고 잘못한 것을 떠나서 아이에게 잘한 점은 최대한 칭찬하고 인정하는 긍정적인 반응을 나타내어야 한다. 정치 지도자나 음악 연주에서의 지휘자는 듣는 귀가 예민하여야 한다. 우리의 귀가 둘이요 입이 하나밖에 없는 것은 우리에게 주는 의미가 크다. 두 귀는 열려 있고 우리 스스로 닫지는 못한다. 즉 주의해서 상대의 이야기를 많이 들어야 한다는 진리가 담겨 있다. 반면에 입은 열려 있지만 동시에 우리 스스로 닫을 수 있는 기능도 가지고 있다. 왜냐하면 입의 기능이 대단히 중요하기 때문이다.

# 2

# 언어는 표현된 마음

입술에서 나오는 말은 사람을 죽이고 살리는 위력을 가지고 있다. 중요한 이야기, 진실한 이야기, 상대를 세워주는 이야기를 함으로써 좋은 관계를 유지할 수 있다. 독설이 있는 대화는 엄청난 후유증이 있어 옛날부터 내려오는 흔히 듣는 어른들의 이야기는 입놀림을 잘 하라는 말이 있다. 입에서 잘못 나오는 말들이 인간관계를 어지럽히기 때문이다.

조용히 듣는다고 해서 대화가 일방적으로 이루어지는 것은 결코 아니다. 듣는 것에는 상대에게 무언의 강한 메시지를 전달하는 움직이는 큰 능력이 있다. 많은 지식과 경험이 있어도 주위의 소리를 듣지 못한다면 성공한 지도자나 지휘자는 되지 못한다. 그들의 공통점은 가르치고 요구하는 것이 아니라 듣는 것을 먼저 하여야 한다.

상대의 요구 사항을 먼저 아는 것이다. 한 나라의 지도자는 국민이 원하는 것이 무엇인가를 듣는 것에서 동기가 되어 나라의 문제들을 해결해야 한다. 오케스트라에서 지휘자의 첫 임무는 각 파트에서 어떠한 음이 나오고 어떻게 변화되어 가는지를 듣는 것이라고 한다. 탁월한 능력을 가진 지휘자는 곧 탁월한 듣는 귀를 가진 리더

십이 겸비된 지휘자다.

어느 남성 잡지 기자가 이름난 플레이보이와 인터뷰하는 이야기를 들어보자. 당신은 미남도 아니고 재력가도 아닌데 어떻게 수많은 미녀들의 마음을 사로잡는 비결이 무엇인가? 그의 대답은 의외로 "나는 여자들이 말할 때 열심히 들어준 것밖에는 아무것도 한 것이 없어요. 무조건 여자들로 하여금 말을 많이 하게 하고 장단도 가끔 맞춰주고 열심히 듣기만 한 것이지요."였다. 그러자 기자가 "듣기만 하면 지루했을 텐데 어떻게 시간을 보냈습니까?" 하고 다시 물었다. 그는 "지루하면 애국가를 속으로 일 절에서 삼 절까지 부르고 끝나면 다시 일 절부터 부르기 시작했습니다."라고 대답했다. 상대방에게 인간의 근본적인 욕구와 갈증을 채워준 것이다. 즉 상대방을 인정하고 들어줌으로 상대를 쉽게 나의 편으로 만드는 것이다. 잘 듣는 사람이 되자. 그리고 그들 자신에 관한 것들을 더 이야기하도록 장려하는 것이다.

나는 평소 어떠한 말, 단어들을 구사하는가? 나의 사용하는 말에 반드시 긍정적인 단어들을 구사하라. 긍정의 말, 칭찬의 말, 감사의 말, 이러한 세워주는 말에는 대단한 능력이 있다. 말을 전하는 사람에게도 좋은 영향을 줄 뿐만 아니라 상대방에게 대단한 영향을 미친다. 불행하게도 우리의 일상용어는 약 80%가 부정적인 대화들이다. 이러한 좋지 않은 일상의 대화가 우리도 모르는 사이에 일상적인 대화 혹은 현실적인 대화로 변질되었으며 또한 이러한 방식의 대화로 인하여 마음속에서 대단한 보상 심리를 얻게 되는 의식구조가 되어버렸다.

이러한 좋지 않은 대화가 꼭 포함 되어야 하고 없으면 대화의 핵심이 없는 생각으로 변했다. 이렇게 변질된 생각은 우리의 의식구조에서 '안 된다., 힘들다'라는 생각으로 유도되어 변화, 발전하고자 하는 동기를 막는다. 이렇듯 우리의 일상 대화의 내용은 부정적이고 남을 비하하고 끌어내리는 언사가 대부분이다. 오히려 비건전한 소재들의 대화가 중요하고 정상적인 대화인 것처럼 더 진지한 대화로 이어진다.

그러나 반대로 건설적인 대화에 대한 효과는 상당한 긍정적인 위력이 있다. 몇 가지 예를 든다면 어느 백화점에서 세일즈 우먼이 남자 고객에게 "선생님이 매신 넥타이와 옷이 멋지게 잘 어울려요."라고 직업상 나오는 평범한 이야기를 했는데 그 남자는 그 말이 머리에 메아리를 쳐 하루에도 열 번 이상 거울을 보는 습관을 갖게 되었고 일주일 내내 똑같은 넥타이만 맸다는 이야기다.

직장에서 상사가 "철수 씨는 이 프로젝트를 성공적으로 해낼 거야. 나는 자네의 능력을 믿네. 이것은 자네가 적격이야." 이러한 격려의 말로 인하여 철수에게 오는 마음의 반응은 '반드시 하고 만다. 반드시 할 수 있다'라는 큰 결단의 마음을 갖게 만든다.

오늘부터 대화 중에서 하루에 세 마디 이상 긍정적인 말을 가까운 식구나 직장 동료에게 사용하여 보라. 그리고 내가 느끼는 심리적인 반응과 상대의 반응을 관찰해 본다. 서로 보이지 않는 심리적인 교감이 상호 작용하여 전보다 더 좋은 관계로 발전한다. 그뿐 아니라 삶에 능력을 더하여 준다. 이러한 작은 한마디에서 나오는 엄청난 힘은 우리의 삶에서 긍정적인 동기부여를 준다. 삶에 에너지가 생기고 인간관계의 개선으로 인하여 결국은 행복감을 맛보는 것이다. 불평만 가득한 한 이발사와 손님과의 대화의 한 토막을 소개하고자 한다.

손님: 이번에 이태리 로마로 여행하려고 합니다.

이발사: 왜 그곳을 가십니까? 손님 지금 그곳은 여행 시즌이 아닌데요. 비행기는 어느 비행기를 타고 가십니까?

손님: 비행기는 xxx 비행기를 타고 가려고 합니다.

이발사: 그 비행기는 서비스가 나쁘기로 유명한데 하필이면 그 비행기 입니까? 호텔은 어디서 유숙하실 겁니까?

손님: 호텔은 xxx 호텔로 정했습니다.

이발사: 그 호텔은 도시와 멀리 있기 때문에 불편하실 겁니다. 그곳에서 무엇을 하실겁니까?

손님: 로마 교황을 만나려 합니다.

이발사: 안 됩니다. 로마 교황을 만나려면 오직 선택받은 자만 만날 수 있는데요?

몇 달 후 여행을 마치고 돌아온 이발사가 손님에게 물어보길 로마 여행은 좋았습니까? 라고 물어보자 손님은 참 좋았습니다, 라고 답하였다. 그리고 날씨도 좋고 비행기 안내원의 서비스와 호텔의 설비와 서비스도 훌륭했고 모든 것이 다 좋았습니다. 조금 쉬었다가 그는 다시 말하길 로마 교황도 만나 보았습니다. 그리고 그의 손에 낀 반지에 입도 맞추었습니다, 라고 말했다. 그러자 이발사가 놀란 표정으로 "그러면 교황이 무엇이라고 말씀하던가요?" 하고 묻자 손님은 "내 아들아, 너의 그 형편없는 머리는 누가 깎았느냐? 라고 물어보시더군요."라고 답했다.

이렇듯, 사소한 이야기도 대화의 나쁜 각도에서 보는 사람들이 주위에는 많다. 마음의 동기가 자란 환경에서 아니면 태어날 때부터 삐뚤어진 마음에 기인했던 간에 그들의 내적인 마음은 늘 불만이 가득하여 자신의 행복한 삶을 갖지 못할 뿐만 아니라 남의 생활까지도 기쁨을 빼앗는 영향을 준다.

특히 메스컴에서 나오는 뉴스와 방송을 접하여 보면 대부분 부정과 부패 그리고 좋지 안은 화제가 대부분을 차지한다. 우리는 그러한 환경이 당연한 사실로 되어 있어 자연스럽게 받아들여져 이미 마음이 오염된 상태다.

주위의 환경을 살펴 보면 흔히 우리의 일상 대화의 빈번한 소재는 연예인들의 값싼 스캔들이나 이웃, 친구들의 사소한 문제들에 관한 가십거리다. 당연히 제한적이고 비평이 담겨있는 내용이 들어간 소재의 화두는 우리들의 힘을 무기력하게 그리고 피곤하게 만든다. 이러한 부정적인 대화의 화살이 나에게도 영향을 미치기 때문이다.

끌어내리는 언사, 농담, 그리고 자식들에 대한 사랑스러운 동기에서 혹은 고치라는 말로 보이는 부모나 어른들의 잘못된 한마디는 지울 수 없는 상처를 남기고 자신에 대해 평생 동안 동기 의식 결여, 열정 부족, 무능력, 완전한 패배자, 낙오자의 삶을 갖게 한다.

반대로 좋은 칭찬은 대단한 능력이 있어 무의식이나 의식적이거나 뇌에 전달되어 치료하는 호르몬을 분비시켜 사고방식과 의식구조가 긍정적으로 바뀌어 결국은 사람을 적극적, 동기부여, 능력 있는 사람으로 삶의 성공자로 변화시키는 위대한 능력이 있다.

흔히 말로 사람을 죽이기도 살리기도 한다는 이야기는 정확한 뜻이 있다. 격려와 칭찬의 말은 몸에 좋은 호르몬이 뇌에서 생성되며 부정적인 언사는 자신감 부족, 두려움, 원망, 증오, 근심, 걱정, 불안 등을 유발하는 호르몬이 분비되는 것이다.

칭찬의 말은 대단한 위력이 있다. 내가 칭찬의 말을 들었을 때에는 얼굴이 환하게 웃음이 피고 무엇인가 기분이 좋아지고 힘이 솟는 것을 체험을 한다. 이렇듯 매일 칭찬하는 습관을 갖는 것은 중요하다. 장례식에서 느끼는 사실은 항상 이미 세상을 떠난 사람의 좋은 이야기로 장례식의 끝을 맺는다.

왜 본인이 세상을 하직한 후에 가서야 그에 대한 좋은 이야기를 하여야만 하는가? 그가 생존해 있을 때 그에게 얼마나 많은 좋은 말을 전했나? 후회한들 아무런 소용이 없다. 극작가인 월도 에머슨은 인간은 누구든지 잘한 일들에 칭찬을 들을 가치가 있다고 하였다. 인간의 본성에는 남으로부터 칭찬 듣기와 그것을 통하여 격려 받기를 갈망하는 본능적인 욕구가 있다.

# 3

# 칭찬과 격려로부터 얻는 보너스

천재적인 극작가인 찰스 디킨스의 이야기를 해 보자. 그의 학력은 고작 초등학교 4학년 공부가 전부이다. 그러나 그는 늘 작가가 되고 싶었다. 그러나 그의 말에 많은 사람들은 코웃음을 쳤다. 그의 아버지는 감옥에 있고 그의 직업은 다 쓰러져가는 공장에서 상표를 붙이는 일을 하고 공장에서 기거하고 있었다. 평소 그는 글을 쓰는 욕망이 상당히 높았다.

저녁 늦게까지 그는 열심히 글을 쓰고 또 썼다. 그의 원고를 여러 출판사에 보냈는데 수십 번 거절당하곤 했다. 겨우 어느 날 한 출판사에서 받아주겠다는 연락이 왔는데 물론 원고료는 없는 조건이었다. 그러나 출판사의 편집자가 그의 작품성에 대하여 칭찬을 하며 그가 가진 작가의 재질을 인정해 준 것이다.

그는 너무 흥분되어 감격한 나머지 밖으로 뛰어나가 한없이 걸었다. 그의 두 눈에는 감격의 눈물이 흐르고 있었다. 칭찬의 이야기로 세기의 한 유명한 작가의 탄생이 이루어진 것이다. 이렇듯 칭찬의 말, 인정하는 말이 그의 인생을 완전히 바꾸어 놓은 계기가 된 것이다.

그를 인정하지 않았더라면 그는 평생 공장에서 막노동이나 할 수

밖에 없었던 인생인 것이다. 칭찬 한마디가 당대의 세계적으로 유명한 극작가가 탄생하게 만든 것이다. 진심 어린 좋은 말과 칭찬은 에너지가 발산되어 대단한 위력으로 나에게 다가와 엄청난 에너지를 부어준다.

나의 어렸을 적 기억은 부모나 혹은 형제들에게로부터 받은 칭찬은 전혀 기억이 나질 않는다. 물론 어렸기 때문에 잘하는 것보다 못한 것이 더 많았던 것은 사실이다. 막내로 자라는 가운데 특히 나는 더 열등의식이 많았다. 이렇듯 칭찬의 말에 대단히 인색했던 사회 환경에서 자랐던 관계로 사소한 것이라도 잘했다는 칭찬을 들으면 오랫동안 마음 깊이 남는다. 이것이 바로 삶의 에너지 생성, 자신감을 유발하는 동기부여에 없어서는 안 될 절대적 요소가 된다.

이렇듯 칭찬을 듣고 성장한 사람일수록 남에게 칭찬을 잘하게 된다. 특히 성장하는 어린아이들이 잘한 것에 대한 칭찬은 대단히 인색하고 사소한 잘못을 했으면 크게 야단치고 심지어는 음식까지 못 먹게 하고 심한 체벌을 가하는 예를 볼 수 있는데 이러한 행동은 자라나는 어린아이에게 심각한 정서 불안과 자신감 상실 또한 불같은 폭력적인 성격이 되어가는 성인으로 성장한다.

잘한 것은 아무런 칭찬의 말도 없이 잘못한 것, 실수한 것에만 온 신경을 세워 야단으로 몰아붙이는 것이다. 야단맞을까 하는 것이 그들에게는 가장 초점으로 부각된다. 잘못되고 실패한 것에만 후한 동정의 점수를 주고 잘한 것에 대하여는 질투의 눈으로 바라보는 멘탈리티가 있다.

선진국의 아동들이 성인이 된 후에 더 큰 인물이 되고 그들이 세계적인 모든 분야에서 두각을 나타낼 수밖에 없는 중요한 요인은 어릴 때부터 격려의 이야기를 늘 듣고 자라는 그들의 생활 풍습이요 습관이다. 어른들도 어린 아이들에게 늘 고맙다는 표현을 하는 것과 그리고 조금 잘못하더라도 격려하는 그들의 언어 습관과 사고방식, 이러한 것이 중요한 역할을 하는 것이다.

이 점은 학교에서 가정, 나아가 전 사회에 퍼져 우리 마음에 확고하게 자리 잡아야 한다. 목소리를 높여 칭찬을 해 주자. 조금 잘못하더라도 후한 칭찬의 말을 하는 연습, 훈련이 필요하다. 성인들도 마찬가지로 상대방에 대하여 그리고 나 자신에 대하여 진정한 긍정적인 믿음의 눈으로 바라보라.

운동경기 후에 패배한 팀의 코치는 기자와의 인터뷰에서 상대방의 잘한 점과 훌륭한 팀이라는 것을 이야기하고 자기 팀의 보완이 필요한 약한 점을 이야기하며 다음 경기에는 반드시 최선을 다하겠다는 이야기를 한다. 게임 후에 게임에 진 코치는 이긴 팀의 코치와 악수하고 좋은 경기였다, 너희 팀이 훌륭하게 잘했다는 말과 악수를 교환하는 진정 아름다운 스포츠맨십의 모습을 보여준다.

우리의 반응은 어떠한가? 정반대의 모습이다. 이긴 팀을 무슨 원수라도 된 것처럼 미워하는 것이다. 비난 가운데 자라난 아이들이 통계적으로 문제아가 된다는 사실은 우리 모두 알고 있는 명확한 진실이다. 상대방과 나에게 향한 장점을 먼저 찾는 습관을 가져야 한다. 큰일, 잘한 일을 성취한 후에만 하는 것이 칭찬이 주는 진정한 의미는 아닌 것이며 작은 사소한 일에도 심지어는 잘못한 일에까지도 조건 없는 칭찬의 이야기는 그 효과가 더 크다.

실수를 했으면 당사자는 상대방이 가지고 있는 것보다 더 큰 죄책감을 가지고 있는데 심하게 야단을 친다면 반발의 감정이 나타나 역효과를 만드는 계기가 된다. 좋은 이야기를 전하는 사람의 마음도 내적인 상호 반응 작용에 의하여 마음속의 기쁨을 백 배나 얻는다. 어떠한 상황에서도 극단적인 나쁜 표현은 피하라.

어떠한 상황에서든지 먼저 상대를 세워주는 단어들을 습관적, 의식적으로 사용하라. 그것으로 통하여 우리의 눈에는 상대방의 좋은 것만 보는 습관과 성격으로 바뀌어진다. 중요한 핵심은 상대방을 마음으로 포용하는 훈련이다.

상대가 가지고 있는 단점이나 혹 나와 다른 관점을 가지고 있을 때 그들을 진실로 과감히 포용하는 마음은 우리의 삶에서 갖추어야 할 태도가 이다. 다른 사람이 내가 가지지 못한 더 좋은 장점이 있다는 생각을 가지고 보아야 한다. 그들에게서 좋은 배울 점들을 찾아야 한다.

누구를 만나든지 그들의 장점을 먼저 찾는 습관이 필요다. 이러한 습관들이 모아져 칭찬과 격려의 말을 낳고 곧 기적의 사건을 이루는 힘과 문제와 환경을 좋게 바뀌는 역사가 이루어진다

작년 말 자동차를 수리하기 위하여 딜러에서 여직원은 연말인지라 책상 위에 산더미같이 처리할 서류와 피곤한 얼굴을 가지고 시간에 맞추기 위하여 씨름하고 있었다. 나는 그 여직원에게 다가가서 '당신을 도와 줄 사람이 필요할 텐데 도와주는 사람이 필요한 것 같다. 보스가 당신의 사정을 아는가?'라고 진정 어린 말로 물어보자 그녀는 갑자기 환한 얼굴로 문제 없이 처리가 될 것이다. 그리고 이

번 주면 다 처리된다고 했다. 나중에 알고 보니 그녀는 나에게 렌트 자동차를 고칠 때까지 무료로 대여해 주었다.

이렇듯 좋은 말의 사용은 상대방의 마음에 있는 스트레스, 피곤함을 없애주고 대신 신선한 에너지와 참 기쁨을 준다. 또한 말에는 치료의 효과가 탁월하여 쌓였던 마음의 병까지도 치료하는 능력이 있다. 우선 상대가 잘못한 것보다 우선 잘한 것을 지적하여 칭찬을 함은 상대방에게 다이나마이트와 같은 폭발하는 능력의 효과를 얻게 된다.

사람을 막연히 칭찬하는 것보다 잘한 일들의 예를 하나하나 들어가며 그때의 상황을 자세히 이야기하는 것은 큰 효과가 있다. 이러한 대화 방법은 직장에서 상사가 부하 직원에게 잘못된 일을 고치기 위하여 사용하여야 하는 탁월한 방법이다.

부하 직원의 잘못을 마음의 분을 품고 지적하기 전에 잘한 부분에 대하여 우선 구체적인 칭찬과 진정한 고마움을 표시하고 분의 감정을 떠나 솔직하게 그리고 명료하게 잘못된 부분에 대하여 언급을 하는 것이다. 그 다음 첨가해서 다음에는 나는 너를 믿는다, 혹은 잘할 수 있다는 강한 신뢰감을 심어주면 일등의 상사 존경 받는 상사가 되고 불화가 없는 화기애애한 직장 내 분위기와 최대의 업무의 능력이 나타난다.

그리고 사람 관계에서 끊어졌던 회복의 기쁨을 몇 배 더 체험하게 된다. 이러한 칭찬의 말은 진정으로 기적의 능력이 있다.

# 4

# 말이 가진 에너지

미국 어느 중부지방에서 일어난 일이다.

엄마가 여자아이를 임신했는데 언니는 늘 엄마의 배에 들어 있는 동생을 보고 'You are my sunshine' 노래를 불렀다. 처음 임신했을 때부터 세상에 나올 때까지 그는 부르고 부르고 또 불렀다.

"You are my My only sun shine. You make me happy when skies are grey. you never know dear, how much I love you. Please don't take my sunshine away."

"너는 나의 태양이야. 너는 나의 유일한 태양. 너는 하늘에 구름이 가려져도 나를 행복하게 하여 주지. 내가 너를 얼마나 사랑하는지 너는 몰라. 제발 나의 태양을 빼앗아가지 말아줘."

그러나 동생은 미숙아로 태어나 온 식구가 염려와 상심으로 슬픔에 빠져 있었다. 오후 늦게 의사한테서 전화가 왔는데 아이의 체온이 올라가고 맥박과 숨소리가 규칙적이지 않은 좋지 않은 상황이기 때문에 오늘 저녁을 넘기기가 어렵다고 했다.

온 식구는 병원으로 달려가 의사의 자세한 이야기를 듣기 원했고 마지막 작별 인사를 하려고 아이를 보길 원했다. 의사의 이야기는 부정적인 답변이었다. 거의 불가능하다는 이야기였다. 온 식구는 마지막으로 아이를 보기 원했으나 감염이 될 우려가 있다고 해서 거절당했다.

그러나 어린 언니는 동생을 만나서 마지막 꼭 할 이야기가 있다고 간청을 하여 겨우 짧은 시간에 어린 동생을 만나 볼 수 있었다. 언니는 그 자리에서 평소 동생이 엄마 배 속에 있을 때에 자주 불렀던 '유 아 마이 선샤인' 노래를 동생에게 마지막으로 부르고 작별 인사를 하고 괴롭고 슬픈 마음을 가지고 집으로 돌아왔다.

그런데 몇 시간 후 저녁 늦게 의사로부터 급하게 연락이 왔다. 열도 정상으로 돌아왔고 숨과 맥박도 정상을 회복했다는 반가운 소식이었다. 온 가족은 모두가 감사하다, 기적이다, 라고 외쳤다. 그 후 아이는 인큐베이터 안에서 몇 개월 지난 후에 건강한 몸으로 퇴원하여 지금은 지극히 정상적인 생활을 하고 있다.

이 얼마나 드라마 같은 기적의 실화인가? 그 말 속에는 우리가 알 수 없는 큰 능력이 있는 것이다. 말속에 능력이 있다는 이야기가 바로 이것이다. 언니의 희망의 노래, 칭찬과 격려의 노래가 어린 동생을 살린 것이다. 이렇듯 대단한 능력이 우리의 대화, 평소의 말에서 나온다.

우리는 이웃에게 '고맙다는 말, 잘한다, 좋은 점이 있다'는 말들을 얼마나 사용하는가? 절대로 작은 일에도 감사하다는 이야기에 인색하지 말자. 우리 고유의 습관 특별히 표현 부족에서 오는 오해가 삶 가운데 비일비재한 것을 볼 수 있다. 우리는 흔히 말이 없는 것을 겸손과 동양의 한 미덕이라는 아름다운 관념으로 치장하려 한다.

그러나 이것은 표현의 부족이며 오해를 만드는 이유가 되며 아무리 귀한 풍습이더라도 잘못된 생각에서 오는 습관은 과감히 버려야 한다. 속으로 생각하면 되었지, 라고 생각할 수 있으나 겉으로 드러나지 않은 속에 있는 감정은 아무런 효과를 가져다주지 못한다.

좋은 말은 밖으로 자주 표현을 하여야 언제든지 자연스럽게 나오고 누구한테 혹은 언제든지 나온다. 침묵은 상대방의 의중을 알 수 없게 한다. 옛말에 침묵은 금이다, 라는 격언과 노래가 있다. 그것은 특수한 상황에서 필요한 것이다.

특히 좋은 말은 표현하면 할수록 그 여파가 수백 배의 효과가 있어 나에게 전달된다. 듣는 자나 말하는 사람 똑같이 기쁨을 얻게 해 준다. 인간은 모두 자신들을 세워주는 것, 인정해 주는 마음에 굶주려 있다. 이러한 대화의 방식이 모아져 훈훈하고 아름다운 세상으로 변한다.

# 적절한 때의 적절한 말

진정한 뜻이 없는 입으로만 하는 형식적인 이야기는 하지 않는다. 왜냐하면 사람은 영적인 존재이기에 상대의 말이 진심이 아니라는 것을 곧 알기 때문이다. 작은 내용이라도 진심 어린 말은 상대방을 감동시킨다. 진심이 결여된 형식적인 인사치레는 말이 생명력을 잃고 상대방으로부터 불신감만 얻게 된다. 특히 일부 정치를 하는 사람들의 상대에 대한 중상모략이나 진정성이 없는 헛된 공약이나 유세는 사람들에게 불신을 조장하는 사회를 만든다.

미국 사회에서 동양권 학생들이 사회에 진출 후에 미주류사회에서 인정을 받지 못하는 주요 원인의 하나는 그들의 표현 방식의 오류이다. 유교적인 사상이 지배적인 동양사회의 대화법은 상하 명령식인 일방적 표현 방식이며 회의 석상에서는 주로 높은 위치에 있는 사람의 의견이 전부 옳은 것으로 받아들여져야 하는 관습이 있다. 서로 주고받으며 오고 가는 상대방의 말을 긍정적으로 받아들이는 대화법을 배우거나 익히지 않았기에 그와 같은 방법에 적응하는 데 문화적 어려움이 있다. 영어의 어휘가 부족해서가 아니라 생활 습관에서 오는 즉 정확히 마음 가운데 있는 아이디어나 그 밖에 건설적인 내용을 상사나 동료에게 정확히 그리고 바르게 전달하지 못하는 이유이다.

즉 마음 가운데 상대를 인정하고 포용하며 서로 주고받는 대화하는 훈련은 특히 다양한 의식구조의 사회에서는 필수적인 요건이 된다. 나의 좁은 내적인 세계에서 벗어나 다양한 상대를 인정하고 받아들이는 넓은 안목의 훈련이 절실히 필요하다. 어느 사회에서 살든지 정확히 나 자신을 상대방에 알리는 과정은 대단히 중요하다.

고립적인 나만의 세계에서 주장이나 이야기는 우물 안의 개구리 소리에 불과하다. 상대방의 좋은 이야기, 칭찬은 크게 주위에서 다 들릴 정도로 크게 소리내서 이야기하고 책망할 일은 작은 목소리로 하여야 한다.

자동차 딜러에서 같은 문제로 세 번씩이나 수리를 부탁한 손님이 하루는 화가 나서 항의를 하려고 사장을 만났다. 그 자리에서 고객은 화풀이의 말을 늘어 놓기 전에 사장에게 먼저 세일즈맨의 친절함과 좋은 서비스에 감동을 받았고 좋은 가격으로 구입하게 해서 '고맙다'는 감사 표시를 먼저 했다. 그리고 자신이 최근에 구입한 차에 대한 심각한 문제들을 이야기했다. 사장은 손님이 처한 문제에도 불구하고 그 칭찬함에 감명을 받아 자신이 수리하는 곳으로 직접 손님을 데리고 가서 담당 직원들에게 손수 지시하고 또한 자동차를 고치는 동안 자신이 매일 타고 다니는 차를 고객의 차가 다 고쳐질 때까지 무료로 제공했다.

이러한 상황에서 손님은 제일 먼저 사장에게 심한 분노를 먼저 표현했을 텐데 고객으로부터 고맙다, 감사하다는 이야기가 먼저 나오니 사장의 마음에 대단한 감동을 주었을 뿐 아니라 그로 하여금 미안한 마음이 들게 한 것이다. 먼저 상대에 대한 고마움을 이야기하는 것은 대화의 적대감을 해소시키고 나의 문제에 대하여 해결 받을 수 있는 지혜로운 방법이다. 인간의 마음의 벽을 없게 하여 주고 서로 잘 화합시키는 탁월한 대화법이다.

어떤 문제들을 막론하고 문제들을 이야기하기 전에 해결하여 '고맙다, 잘했다', 혹은 '이 점은 당신이 옳다'라는 상대에 감사하고 인정하는 대화 방식을 택하라. 말 한마디에 천 냥 빚을 갚는다는 옛말이 있지 않은가? 상대방을 설득하는 강력한 대화 방법 중의 하나이다. 특히 직장에서 부하 직원의 실책을 추궁할 때에는 반드시 그가 잘했던 일들에 대하여 칭찬을 먼저하고 그 후에 책임 추궁을 하여야 한다. 그 후 마무리 작업으로 당신은 우리 회사의 중요한 인물이다, 라는 진심어린 말로 표현을 하는 것이다. 직장인들에게 가장 싫어하는 상사의 대표적인 언사는 자네가 하는 것은 문제만 만든다, 혹은 자네가 하는 일은 그것밖에 안 되는가? 라는 말이다.

반면에 가장 존경 받고 인기 있는 상사는 자네 잘했어, 다음에는 더 잘 할 수 있지, 혹은 자네는 그 일을 충분히 해낼 거야, 자네를 믿는다, 라는 말을 하는 상사라고 한다. 잘못했는데도 의외로 칭찬과 염려의 말을 한다면 그에게는 다음에는 실수하지 않고 잘할 수 있다는 결연한 의지를 마음 가운데 다짐할 것이다. 호기심이 많은 사람들을 보면 눈빛이 빛난다.

누가 무슨 이야기를 해도 새로운 것에는 열심히 듣는 태도를 보인다. 이런 부류의 사람들에게는 플러스의 에너지를 발산하는 힘이 있는 사람들이다. 만난 적이 없는 사람도 그를 한 번 보고 '그 사람 참 끌린다'고 한다. 다른 사람에게 에너지를 전달하니 주변에 사람들이 모인다. 그러나 매사에 냉소적이고 남의 이야기에 좋지 않은 끝말을 다는 것에 체질화된 사람들은 새로운 사실에 호기심을 갖기보다는 그에게서 마이너스의 에너지가 나온다.

이러한 음의 에너지를 발산하는 사람들은 다른 사람에게서 에너지를 빼앗아 간다. 음의 에너지를 뿜는 것이 습관화되어 있다면 뇌를 충족시킬 수 없는 것은 당연하다. 즉 뇌가 침체되면 인생의 풍요로움도 발전도 멈추는 것이다.

인간에게는 강한 자아의식이 있다. 자신이 잘못한 것을 알고 있더라도 남이 강하게 질책을 하면 반발심이 생긴다. 칭찬보다 비난이 앞서는 대화는 직원들을 경직하게 만들고 그 다음은 내 차례라는 두려운 생각을 갖게 한다.

회사에서 직원들에게 자주 고맙다는 말을 쓰기 시작하였는데, 그것에 대한 반응은 즉시 나타났다. 고집이 세고 자기주장이 강한 피터가 공손해지고 협조적인 태도로 변한 것이고 그다음에는 매사에 자기방어적이고 싸우기 좋아하는 죠에게 나타난 것이다. 이러한 진심 어린 긍정의 대화는 상대방으로 하여금 분노 대신 감사한 마음을 만들어 내며 자신들의 잘못된 것을 고치려는 노력을 하는 효과를 보인 것이다. 그 밖의 다른 직원들 간에도 비난보다는 서로 협조하는 분위기를 보이기 시작하였다.

결국은 훈련을 통하여 직원들끼리 또 하나의 좋은 습관이 만들어져 회사 내의 좋은 분위기와 동료 간의 결집된 동기를 가져온다. 이러한 대화 방법은 남과의 관계에서 최대의 효과를 가져다주고 상대로부터 호감을 주는 탁월한 심리의 효과가 있다. 집안 식구들과의 화목과 직장에서 팀워크 개발, 그 밖에 이웃 관계에서 빼놓을 수 없는 필요한 대화법이다.

JP Morgan 총 책임자는 부하 직원을 독려할 때에 샌드위치 방법을 사용한다고 한다. 즉 책망할 부분이 있다면 부하 직원이 잘한 일을 먼저 구체적으로 언급하고 그 후에 잘못된 것을 지적하고 다시 칭찬의 말로 끝맺는다고 한다. 그런데 그것의 효력은 대단해서 가장 존경 받는 상사로 알려저 있다.

물론 잘못된 것은 간단하게 그리고 명확하고 단호하게 지적되고 전달 되어야 한다. 그러나 상대방의 말에 잘못된 점이 있어도 즉각적인 부정하는 반응은 결과적으로 역효과를 나타난다. 상대로 하여금 즉각적인 방어의 자세를 취하게 한다. 분노심을 유발하게 하고 결국은 대화에서 문제와 언쟁을 유발한다. 이의를 제기하려면 우선 상대방의 말에 내포된 긍정적인 면에 인정과 동의를 먼저하고 자신의 견해를 조심스럽게 이야기한다.

이 대화 방법의 효과는 상대방이 자신의 잘못된 의견을 스스로 깨닫게 하고 양보할 수 있는 기회를 준다. 진심이 포함된 좋은 말과 칭찬의 말에는 에너지가 발산되고 사람 관계에서 윤활유의 역할을 한다. 오늘도 나 자신에게 축복의 말을 잊지 말라. 그리고 이웃에게도 축복의 말을 하는 것이다. 진실한 말에는 힘이 있어 마치 발이 달려가서 일을 평탄케 하여 주는 능력이 있다.

길에서 구걸하는 걸인이 있었다. 그 옆에는 "I'm blind, please

help me."라는 글을 써 붙였다. 그러나 별로 도와주는 행인들이 없었다. 그러자 그곳을 지나던 한 젊은 여인이 쓰여진 글을 보더니 다음과 같이 고쳐 썼다. "It's a beautiful day, but I can't see it." 그러자 글을 본 수많은 사람들이 측은한 감동이 전달되어 그에게 더 많은 자선을 베풀었다.

이처럼 어려운 환경 가운데서 나오는 긍정적인 이야기는 사람들에게 감동적인 감정을 갖게 한다. 나의 장래는 곧 나의 언어에서 나온다고 해도 과언이 아니다. 평소에 내가 쓰는 말은 곧 나의 인격을 나타내는 말이다.

말에는 운동력이 있어 부메랑의 효과로 다시 나에게 돌아온다. 나는 매일 어떠한 메시지를 자신과 남에게 보내고 있는가? '나는 성공할 것이다' 혹은 '목표가 달성될 것이다'라는 말은 실제로 모두에게 힘을 실어주는 말로 증명이 된 표현이다. 이와 같이 나 자신은 물론 남에게도 긍정적인 대화의 훈련과 습관은 인생을 성공으로 인도한다.

우리들의 대화법에 대하여 생각해 보자.

대화란 나의 마음을 언어라는 수단을 통하여 상대방에게 전달하는 방법이다. 상대에게 설득력이 있고 효과적인 방법으로 대화의 기술을 펼칠 때 전하고자 하는 메시지는 물론 서로의 관계도 한층 높은 수준으로 만들어 준다. 구체적인 대화법에 대하여 이야기하기 전에 인간의 기본 마음과 근본 습성을 알아보는 것이 좋겠다.

인간은 남녀노소 모두가 자신을 인정해 주기를 바라는 강한 본성이 있다. 배운 사람 혹은 못 배운 사람 혹은 지위 고하를 막론하고 인정받고 싶어 하는 마음은 인간 모두의 공통 관심사이다. 우선 상대방을 인정하고 수용할 때에 두 사람은 계속하여 긴밀한 관계를 유지할 수 있다. 그중에서 가장 효과 있는 방법은 상대방의 이야기를 잘 듣는 습관이다.

사업상 고객과의 관계에서도 마찬가지로 불만족의 제일 효과적인 해결 방법은 고객의 편에서 그 이유를 듣는 것이다. 그의 이야기를 전부 수용한 후에 그것에 대한 진실한 사과가 선행되어야 한다.

진실한 사과나 용서를 구하는 것은 손님으로 하여금 닫혔던 마음의 문을 여는 역할을 해 주고 그리고 분노를 삭여주는 탁월한 효과가 있다. 그 후에 오해가 된 부분에 대하여 자기방어적인 설명보다는 손님의 입장에서 설명을 하고 설득력 있는 보완책을 확신시키는 것이다.

직장에서 부하 직원을 다루는 방법을 이야기해 보자. 대화는 그 내용이 정확하게 전달되어야 하고 좋은 결과를 얻는 데 목적이 있다. 부하 직원에 대하여 책망할 사안이 있다면 분노의 감정이나 개인 감정은 배제하고 먼저 모든 일이 잘 진행되는지 이것저것 물어본다. 그리고 그 직원의 잘하고 있는 면을 구체적으로 거론하고 그의 장점에 대하여 칭찬을 한다. 그리고 잘하는 부분에 대하여 훌륭하다고 인정을 하는 것이다.

그 다음에는 잘못된 사항을 하나씩 자세하게 지적한다. 그의 의견을 묻는다. 어떻게 하여야 할 것인가에 대한 답변을 직원의 입으로 스스로 말하게 하는 것이다. 이러한 방법의 효과는 즉석에서 나온다. 직원으로 하여금 다음에는 잘해야겠다는 생각이 들게 된다.

만약 자신을 억제할 수 없는 분노의 감정으로 큰 소리로 호통과 야단을 친다면 그 반대의 결과를 가져올 것이다. 왜냐하면 사람은 비난을 들으면 본능적으로 이유와 변명을 통한 자기방어의 공격적 태도를 취하기 때문이다.

　자녀들과의 대화도 마찬가지 방법이다. 아이들은 자신들이 이미 잘못한 것을 알고 있는데 책망을 한다면 그들의 마음속에는 고치는 마음보다는 분노와 아픔만 남게 된다. 대신 그 아이의 잘한 것을 구체적으로 칭찬을 하여 주고 그 후 잘못을 이야기하면 다음에는 잘할 수 있다는 용기를 갖게 해 주는 것이다. 상황에 따라서 아이들에게는 배우는 과정이기 때문에 어느 정도의 강제성이 내포된 일방적인 대화 방법도 필요하다.

　동양의 전통적인 의식구조는 상하의 위치가 너무 명확하게 구분되어 있어 가정에서 혹은 직장에서 위엄과 군림하는 계급 문화가 형성되어 있다. 물론 어느 문화권에서 자랐는가 혹은 어느 환경에서 교육받았는가에 의하여 좌우되지만 중요한 사실은 인간의 근본적인 공통된 심성이 있기 때문이다. 흔히 '좋은 말로는 안 돼!', 혹은 '저 친구는 혼 좀 나봐야 돼!'라는 극단적인 감정의 말은 오히려 부작용만 가져다주는 결과가 된다.

　일방적인 감정에의한 대화보다 상대의 입장에서 진정한 칭찬의 말이나 격려의 말을 서두로 시작하는 이야기는 마음과 마음의 보이지 않는 벽을 허물고 공간을 메워주며 마음의 상처까지 치료하는 효과가 있다.

　이렇듯 상대를 배려하는 칭찬의 말은 대단한 효과가 있다. 누구와의 대화이든, 어떤 종류의 대화이든 오해를 풀 수 있는 대화는 먼저 상대방의 잘한 것에 대한 칭찬과 감사를 표하는 것이다. 상대에 대한 감사의 표현은 오해와 분노를 없애게 하여 주는 가장 효과적인 방법이다. 가정에서 혹은 직장에서 사람들에게 잘못을 추궁하기 전에 그들의 장점, 업적들을 구체적으로 칭찬하고 잘못을 지적한다면 훨씬 좋은 결과를 가져온다. 상대방이 예상했던 생각과는 반대의 좋은 반응이 나왔기 때문이다. 듣는 사람으로 하여금 미안한 생각을 갖게 하고 그에 따르는 행동이 나온다. 또 다른 방법은 상대방을 인정하고 그의 이야기를 진심으로 들어주는 것이다.

유명한 의사를 만드는 것은 환자의 몫이다. 유명한 의사를 만드는 것은 의사의 듣는 습관에 의하여 차이가 난다. 환자는 모든 증상을 의사에게 상세히 전하려 한다. 의사는 환자의 모든 이야기를 듣고 증상에 맞는 치료를 해야 한다. 이렇듯 어느 환경에서, 누구든지 잘 듣는 연습은 대단히 중요한 인간관계의 요소이다.

특히 상대의 눈에 초점을 맞추고 이야기하는 대화는 상대로 하여금 신뢰, 확신감을 주고 열정감과 인간의 진정함을 낀다. 반면에 눈의 초점을 피하는 대화는 상대로 하여금 불확실함, 교만한 감정, 불안함 그리고 무관심의 감정을 준다.

예를 들어 거지들이 돈을 구걸할 때에는 사람들의 눈을 쳐다보면서 동냥을 구하여야 한다. 왜냐하면 사람들로부터 많은 진정한 동정심을 얻을 수 있기 때문이다. 처음 데이트하는 남녀 사이에서도 상대의 눈을 주시하고 이야기하는 방법은 성공으로 갈 확률이 높아진다. 왜냐하면 이성 간에 주고 받는 눈길의 효과는 다른 곳에 시선을 두고 이야기하는 것보다 자신을 귀중히 여기는 감정과 진실한 감정을 심어주고 그 밖에 친근한 호기심의 마음이 생겨나기 때문이다.

유명한 Talk Show를 진행하는 사람들을 보면 상대방으로 하여금 최대한의 좋은 대화를 만들어 내는 기술이 있다. 그 속에는 진실성과 상대를 인정하고 또한 전달하는 확신성이 내포되어 있기 때문이다. 효과적인 대화의 훈련과 연마는 즉 나만의 스타일, 선명성, 상대를 감동시키는 대화를 연습할 필요가 있다. 중요한 대화법은 다음과 같은 중요한 뜻이 내포되어야 한다.

간단하고 쉬운 법을 적어 본다.

1) 상대로 하여금 이야기하도록 한다.
2) 상대의 대화를 관심을 가지고 집중하여 들을 것.
3) 상대의 긍정적인 면을 발견할 것

상대방이 나를 조롱하며 멸시하게 하는 확실한 방법

1) 남의 말을 오랫동안 듣지 않는다.
2) 나에 대하여만 쉬지 않고 이야기한다.
3) 상대방이 이야기하는 도중에 가로채고 나의 뜻만 이야기한다.
4) 남의 나쁜 점만 이야기한다.

상대방의 이야기를 무시하고 큰 소리로 나의 이야기만 습관적으로 하는 사람들은 인격이 제대로 형성되지 않은 사람들 혹은 자신에 대한 콤플렉스가 많은 사람들의 특징이다.

이러한 잘못된 점을 고치기 위하여서는 많은 훈련이 필요하다. 필수적으로 좋은 대화가 진행되기 위하여서는 우선 상대방의 이야기를 잘 듣는 훈련이 필요하다. 인간의 본성은 사람들로부터 자신들을 충분히 인정해주고 중요하게 알아주기를 바라는 강한 욕구가 마음 저변에 존재하고 있기 때문이다. 상대방에게 많은 관심을 가지고 또한 관심을 표시한다.

주위에 방해되는 소란한 분위기라도 상대에게 시선을 고정시키고 최대로 집중한다. 적당한 질문을 하며 상대로 하여금 그들 자신에 관하여 혹은 그들이 성취한 모든 것, 혹은 자랑하고 싶은 모든 것들을 이야기하도록 유도한다. 이렇게 함으로 상대방으로 하여금 내가 나 자신에게 관심이 있는 것보다 상대에게 더 관심을 많이 가지고 있다는 메시지를 전달하는 것이다.

# XI

# 나는 누구의 친구인가?

# 1

## 나는 누구의 친구인가?

우리 주위에는 세 가지 부류의 사람들이 있다. 첫째, 사람을 세워주는 사람, 둘째, 상대방에 말에 아무 감정 없이 그저 수긍하는 사람, 세째는 상대방을 깎아내리는 사람이다. 내 주위에는 어떤 부류의 사람들이 있는가 살펴보라. 긍정적인 사람과 대화한 후 마음의 변화와 부정적인 사람과의 대화한 후 마음의 변화를 살펴보았을 때 현저한 차이가 있음을 발견할 수 있다.

비판적인 사람들과는 자주 만나 가깝게 지내게 되면 매사에 부정적이며 그 불평불만의 소리를 듣게 되며 그의 영향을 전혀 받지 않을 수는 없을 것이다.

그 반대의 사람으로부터 격려와 칭찬, 긍정과 확신의 말 등을 듣게된다면 그것은 나에게 힘과 기쁨과 에너지를 가져다준다. 높은 인격과 덕망이 있는 성격의 소유자는 늘 행복한 영향력을 주는 사람이다. 이러한 사람과 함께했을 때에는 늘 기쁨이 따라 다닌다. 주위 사람들을 기쁘게 해주고 격려하며 용기를 북돋아주는 사람들이다.

옛 중국 명언에 다음과 같은 명구가 있다.

"네가 좋은 사람을 만나거든 그를 닮으려고 하라. 네가 악한 사람을 만나거든 너의 마음을 조심하라."

어떤 사람이 자살하려고 하는 사람에게 다가가 그를 구하여 주려고 "당신은 자살하는 이유가 무엇이오?"라고 물으며 그 사람의 사정 이야기를 한동안 들어주며 이야기하다가 결국에는 둘 다 같이 물에 뛰어들어 자살하였다고 한다.

이렇듯 비관적인 사람, 비판적이고 부정적인 사람들의 전염성이 대단히 강하여 우리의 마음을 혼돈시키고 약하게 만들고 결국은 그들과 같이 동조하게 만든다. 좋은 이웃에게 조언을 구하고 받아들이는 것은 나에 대한 책임감과 신뢰심의 훈련을 쌓는 과정이다.

주위에서 보면 대부분 비대한 사람들은 비대한 사람과 어울리기를 좋아하고, 낙천적인 사람들은 같은 낙천적인 사람을 친구로 원한다. 낙천적인 생각을 하는 것이기 때문에 불평과 비난을 하는 사람들과는 친구가 될 수 없다. 마음속에 거부감이 일어나기 때문이다. 또한 지혜가 있는 사람들은 특별한 경우를 제외하고는 어리석은 사람들과 어울리지 않는다. 친절하고 사려 깊은 생각을 갖고 싶으면 어떠한 친구들을 사귀어야 할지 우리는 알 수 있다.

매사에 역동적이고 진취적인 성격이 되고 싶으면 그러한 성격의 소유자들과 좋은 친구가 되어 그들과 교제하고 배우고 닮게 되면 그러한 성격의 소유자로 된다. 내 주위의 친구들을 다시 한 번 보라. 내가 많은 시간을 챔피언의 의식을 가진 자들과 함께 하길 원하면 나의 삶은 챔피언이 된다.

나보다 나은 여건에 있는 사람들과 교제하는 것은 나 자신의 반경을 넓히고 발전에 지대한 영향과 이익을 준다. 자신에게 다음의 질문들을 하라. 많은 사람들은 새로운 방법을 찾는 것보다 같은 문제를 가지고 반복하는 경향이 있다. 살아 있는 동안 평생에 걸쳐 배우고 성장하기를 원하는가?

나는 어떤 사람들과 교제하는가? 나는 누구에게 어드바이스를 듣기를 원하고, 누구와 친구가 되길 원하며, 어떤 사람을 나의 인생의 반려자로 맞이하길 바라는가? 누구한테 영향 받기를 원하는가?


다음과 같은 사람들과 사귀라.


진취적이고 긍정적인 사람.
나보다 나은 사람.
끊임없이 배우려는 사람
변화하려고 노력하는 사람.
자기 자신을 위하여 노력하는 사람.
남을 돕는 마음을 가진 사람.
목적과 목표가 뚜렷한 사람.
늘 배우는 자세를 가진 사람.
열정이 있는 사람.
겸손한 사람.


"당신의 친구가 누구인지 말해보라. 그러면 당신이 어떤 사람인지 말해줄 수 있다."

- 미겔 세르반테스 - 동키호테 의 저자


**침략하라 그 마음을**

# 자신을 자유롭게

용서는 나에게로부터 시작된다. 나 자신의 어떠한 잘못과 실수에 관대하라. 자기 자신을 보는 눈은 정확하여야 하며 또한 객관적이어야 한다. 개선되기 위하여 일정의 과정과 시간이 필요하다. 실수는 책임이 따르고 그것을 통하여 발전하고 성숙된다. 용서에는 참 기쁨이 따라온다.

자신을 미워하는 생각은 자신감이 없어지고 삶의 동기와 목적이 사라지며 자기를 부정하는 하찮은 존재로 쓸모없는 사람으로 만든다. 육신과 정신세계를 무력하게 만든다. 마음속에 과거의 뼈아픔과 상처가 과거의 죄나 실수를 실뭉치를 풀어내듯 하나 둘씩 생각하며 마음속 깊이 자리 잡은 분노와 실수를 포용하라. 그것은 비관과 폐쇄적인 디프레스의 현상을 유발하며 더 나아가 자살까지 유도하는 결과를 만든다.

용서하는 마음을 갖게 되면 과거의 실수로부터 자신을 풀어 놓음으로 두려워하는 마음에 그와 같은 실수를 반복하는 회수가 줄어든다. 용서는 마음의 큰 짐을 내려 놓음으로 해방감을 느끼고 자유로워지며 곧 새로운 계획을 실행할 수 있는 용기를 갖게 해준다.

과감한 용서는 마음속의 분노, 아픔과 쓴 뿌리를 제거한다. 용서는 인생의 어려운 고비들을 극복케 하는 힘이 있다. 이것은 원한, 분노, 고통과 같은 감정의 노예가 되어 몸과 마음을 쇠사슬로 움직이지 못하게 묶어 둔 것을 끊어 버리기 때문에 역동적인 삶의 시작이 된다. 그 문제로부터 자유로와지는 것이다. 용서하는 사람의 마음은 그렇지 않은 사람보다 더 행복감을 느낀다.

증오의 마음을 품게 됨으로써 나에게 오는 악영향은 실제로 삶에 있어서 항상 부정적인 생각의 테두리에 머물게 한다. 어하튼 마음의 독소는 속히 밖으로 배출하여야 한다. 나의 마음에 분노를 심어주고 방해하는 요인들은 무엇인지 시간을 내어 종이에 적어 보는 것은 적극적인 해결 방법 중의 하나이다.

용서는 자신감을 갖게 하며 나를 성숙한 인간 존경 받는 인물로 키워준다. 상처뿐이고 실수덩어리인 나 자신 그 자체를 받아주는 것이다. 나아가 이웃의 결점도 받아주며 용서할 수 있다.

# XII 내면의 성숙

# 내면의 성숙

인간들은 흔히 사람의 성공의 척도를 외적으로 나타나는 권력, 금전, 사회적인 지위에 연관시켜 판단한다. 그러나 밖으로 보여지는 사회적인 지위와 금전적인 성공보다는 먼저 사람의 내면 속에 자리 잡고 있는 덕망 있는 인격은 무엇보다도 인생의 성공자로서 갖추어야할 중요한 덕목이 된다. 외적인 성취에 의한 존경과 선망, 금전적인 풍요함, 또한 자신의 목표들은 무엇보다도 온전한 인격의 바탕 위에 하나 둘씩 오랜 기간을 통하여 쌓아져야 한다. 자신의 바른 인격을 삶에 대한 가치 있는 우선순위로 두어야 한다.

바른 인격을 제일 우선시하는 것은 우리의 생각과 결정과 행동을 인격이라는 이름 아래 있게 함으로 계속하여 자신의 인격이 지속적으로 성장되고 형성되어 결국 사회의 모범이 되는 본을 남겨야 하기 때문이다.

올바른 인격은 우리가 철저한 노력과 훈련이 필요한 제일 중요한 부분이다. 왜냐하면 이것은 곧 인간 사회의 기본이 되기 때문이다. 온전히 준비된 바탕 위에 발전, 성공, 변화가 이루어져야만이 가정과 사회가 어울러 안전한 조화를 이루기 때문이다.

이러한 인격의 성숙에 대한 투자에는 나 자신과의 싸움이요, 지속적인 배움과 훈련, 또한 인내와 희생을 필요로 한다. 소위 출세한 유명 인사들 중에는 이런 인격의 중요한 요소들이 결여되어 있어 마치 자신들이 가장 올바른 지도자인 것처럼 사회를 어지럽히고 혼란스럽게 만든다. 조금 더 남보다 가졌다는 우월감, 조금 더 배웠다는 우월감, 남보다 조금 더 높은 위치에 있다는 잘못된 영웅심이 세상을 멍들게 하는 요인들이다.

우리들은 소비만연의 사회에 살고 있다. 불필요한 과소비는 곧 자신의 교만과 과시를 나타내고 검소한 절약은 인격을 배양시킨다. 이 같은 사치 풍조는 진정한 인격의 성장이 아니고 이것으로 인하여 나의 이기심과 과시욕만 성장하는 비정상적인 인격과 불건전한 사회 풍토가 형성된다.

올바른 인격이 결여된 외적인 성장은 인간에게는 치명적인 독소가 되어 자신들은 물론 사회 전반으로 악영향을 끼친다. 개인마다 차이는 있지만 대부분의 사람들은 매년 자신들의 연 수입의 약15% 미만을 저축한다. 그러나 더 심각한 것은 많은 사람들이 자신들의 수입 이상으로 더 많은 지출을 하며 과소비를 하는 것이다. 몇 년 전부터 이러한 과소비로 인한 후유증으로 세계 각국의 경제가 심각한 어려움을 당하고 있다.

과소비는 인간의 욕심, 나만을 생각하는 이기심과 자신의 과시, 감사할 줄 모르는 교만함, 인내심 부족 등의 소산이라고 볼 수 있다. 근본적으로 인격의 미완성에서 나타나는 불안함에서 기인한 것이다. 자신의 부족함에서 오는 불안감은 외부로 헛된 과시의 형태로 나타난다.

자신의 열등의식에서 비롯되는 외면의 과대 포장이라고 볼 수 있다. 삶의 형편이 조금씩 여유가 생기면 나도 모르게 교만의 생각이 싹트게 되어 모든 것을 물질 만능으로 보는 시각이 마음에 자리 잡고 있다. 우리나라의 소비 만연의 패턴은 아마도 세계 제일1위가 아닌가 생각한다.

외국의 수입품은 아무리 제품이 우수해도 우선 비싸야 잘 팔린다고 한다. 성능과 품질에 대한 검증이 되고 실용적인 것보다도 우선 고급 제품이어야 한다. 그래서 외국 회사에서는 한국 국민의 잘못된 소비 풍토를 알고 다른 나라보다도 더 마진을 부쳐 수출한다고 한다. 아이러니한 현상이 아닐 수 없다. 이 같은 극도의 사치를 과시하는 사고방식은 이웃과 사회를 병들게 하는 것이다. 사회 전반의 부패로 이어질 수 있다.

가진 자들은 못 가진 자들을 무시하게 되고 사회적으로 극도로 이기심이 만연되어 나를 중심으로 편 가르기와 중상모략이 난무하게 되는 사회로 변질된다. 또 한편으로는 상대가 내 편이 되어 주지 않거나 혹은 나의 의견이 제대로 반영되지 않으면 뒤에서 나쁜 이야기를 만들어 내는 것이다.

미식축구에서 전설적인 인물인 빈스 롬발디라는 코치가 있다. 근 1958년 만년 꼴찌 팀인 그린베이 팩커스 팀을 그 다음 해에 우승 팀으로 만든 코치다. 그 후에 2년 연속 우승으로 이끌은 미식 축구계에서 명장 중의 명장이다. 그래서 수퍼볼 우승 트로피를 빈스 롬발디 트로피라고 부른다. 그가 선수들에게 강조한 철학은 열정, 희생,

카리스마, 믿음도 중요하나 무엇보다 제일 중요한 것은 인간의 기본이 되는 즉 인격이라고 말했다.

직장에서 중요한 것은 동료들과의 탄탄한 팀워크다. 특히 광고회사나 특별한 아이디어의 창조력이 요구되는 분야는 한 프로젝트를 가지고 여러 사람이 각각 다른 아이디어를 제의한다. 회의를 통하여 여러 가지 다양한 아이디어들중에서 한 두개의 아이디어가 뽑힌다. 그러나 최종적으로 한 가지 아이디어를 선택하여 최종의 영상화하는 과정은 상당히 치열한 과정이다. 그런데 그중 한 개인의 의견에 대한 확신이 지나쳐 다른 사람의 의견을 반박하고 무시하고 자기의 아이디어가 최상의 것으로 주장한다.

만약에 작품이 훌륭하여 고객으로부터 좋은 결과를 얻었다면 다행이나 그렇지 못한 경우에는 팀워크에 상당한 상처를 준다. 한 개인의 독보적인 예술성이 뛰어난 사람이라면 모르나 그렇지 못할 경우에는 주위 동료들도 능력을 인정받고 싶기에 동료들 간에 심각한 갈등이 나타난다. 또한 혹이나 그 프로젝트가 성공했다는 이유로 한 개인의 잘못된 고집이 신념이라는 말로 포장되었다면 동료들 간의 화합이 이루어지기 힘들 것이다.

누구나 세상은 혼자서 살아갈 수 없다. 나의 생각은 남의 생각들과 함께 어우러져 더 이상적인 작품이 나온다. 자신의 과장된 신념이 현실을 왜곡하는 것은 아닌지, 사실은 신념이 아니라 과장된 고집은 아닌지 경계해야 한다. 인간의 최대의 적은 이기심 그리고 오만함이다. 우리들에게는 진실된 면과 거짓된 면이 있다. 인간의 삶은 막연한 행복과 같이 오직 나만이 즐겁게 사는 것에만 주된 관심사가 되었다.

이기심의 발상으로 인한 무조건 내 중심의 행복한 삶과 나만의 인생의 희락은 주위에서 지탄의 대상이 되고 이웃으로부터 외면당하고 고립되는 삶이 된다. 이웃과는 절대로 등지지 않는다. 이웃은 나의 모습을 비추어 보는 거울의 역할을 한다. 이웃이 나와 마주칠 때 외면하거나 미소를 보내지 않으면 자신을 곰곰이 생각해 보아야 한다.

웃음은 만병의 예방약이고 치료약이며 노인을 젊게 만들고 젊은 이들을 소년으로 만든다. 입과 머리로만 하는 배려와 사랑에는 향기가 나지 않는다. 진정한 사랑은 이해, 관용, 포용, 동화, 겸손의 마음을 가지고 행해져야 한다.

김수환 추기경의 말씀에 사랑이 머리에서 가슴으로 내려오는 데 칠십 년이 걸렸다고 했다. 학교에서 혹은 가정과 사회에서 진정한 가치의 행복의 정의는 무엇인지 혹은 진정으로 영위하는 인생이 무엇인지 등의 진정한 의미에서 핵심이 되는 것들은 소홀히 지적되어 왔다.

인간 사회는 수천 년 전부터 같은 질문을 받아왔다. 우리의 환경과 기술은 획기적인 발전을 이루었으나 인간들의 필수로 갖추어야 할 인격과 덕목이라는 핵심의 문제는 더 퇴보되었거나 과거와 변한 것이 없다. 오래 전부터 고대의 철학자들인 아리스토텔레스나 소크라테스도 이 같은 인간이 가지고 있는 근본적인 인격의 문제에 관한 염려와 교훈을 일깨워 주었다. 우리는 전체적으로 한 번뿐인 인생을 잘 사는 것, 멋있게 사는 것을 주장한다.

## 2

# 내 인생, 나의 소나타

잘 산다는 말의 정의는 무엇인가? 어떤 사람에게는 내가 얼마나 많은 재산을 소유했는가에 중요성을 둔다. 어떤 이는 얼마나 사회에 공헌을 했는가, 혹은 얼마나 법을 어기지 않고 도덕적으로 충실했는가? 어떤 이에는 나만의 인생을 맘껏 즐기고 건강하게 산다는 것을 의미한다.

그러면 진실로 나에게 잘 산다는 정의는 무엇인가? 나의 삶이 개선되기를 원한다면 무슨 조건들이 갖추어져야 하는지 알아 볼 필요가 있다. 본인의 경험으로는 돈과 그 밖에 좋은 기회들은 분명히 우리의 삶을 윤택하고 즐겁게 해 준다. 문제는 그것들에 대한 중요성만이 크게 강조되어 왔다. 그러나 그들에게는 확실한 제한성이 내포되고 있다. 나의 삶의 질을 바꾼다는 것은 곧 먼저 나의 인격이 개발되고 겸비된 수양이 필요한 것이다.

그러나 대부분의 사람들은 유명 인사나 연예인 혹은 운동선수들 그리고 또 다른 부분은 인간의 개인기와 재주에만 관심을 가지고 있다. 우리가 흔히 접하는 롤모델 혹은, 영웅으로 칭송받는 사람들은 그들의 탁월한 재주와 유명인들이라는 점이다.

유명 인사들 가운데서 모범적으로 닮을 만한 점이 발견되어서 사람들에게 우상이 되고 인기인으로 뽑히는 기준이 되는 것은 아니다. 어떤 면에서는 괴팍한 성격과 돈키호테 같은 기질이 있는 유명 인사들이 더 인기가 높을 수 있다. 왜냐하면 사람들로부터 인기를 얻고 주목을 받기 때문이다.

주위에 있는 수많은 평범한 사람들은 그들보다 충분히 롤모델과 영웅으로 칭송받을 수 있는 자격과 조건이 충분하다. 그럼에도 우리는 유명 인사, 연예인 혹은 운동선수들의 연봉, 인기도에만 초점을 맞추는 것이다.

이렇듯 우리는 눈에 보이는 자질, 재능에만 관심을 두고 내적으로 자신들의 삶에 열심을 다하는 사람들에게 대하여는 별로 포커스하지 않는다. 자질과 재능은 태어나면서부터 얻는다. 그러한 재능은 철저한 훈련과 끊임없는 연습을 통하여 열매를 맺는다. 역시 그들 또한 나름대로 열심으로 훈련을 쌓고 끊임없는 노력으로 인하여 영웅 대접을 받기에 충분한 조건이 있다.

재능이 특출한 사람들은 보통 사람들보다 그 방면에 특별한 자질을 가지고 태어났을 뿐 아니라 끊임없는 노력과 훈련을 하는 사람들이다. 그 분야가 남들을 즐겁게 하여 주고 조금은 튀어야 인기를 얻는 특수한 분야임에 틀림없다. 그러나 우리가 흔히 생각하는 일부 인기인들 가운데는 불안스런 인격, 기본적인 인격이 제대로 형성되지 못하고 단순히 잘생긴 외모와 기이한 행동의 돌출 또한 자신의 경력을 과대 포장하여 주위의 눈살을 찌푸리게 하는 예는 얼마든지 볼 수 있다.

자신을 빛추어 보면 중요한 것은 나에 대하여 우선적으로 건전한 투자가 필요하다. 나를 밖으로 내어 놓고 솔직하고 진실하고 편견 없는 위치에서 바라보는 것이다. 최근의 세계 각 나라마다 경제적인 공황으로 인하여 파탄이 속출하고 어려움으로 이어가는 상황에서 나타나는 교훈은 인간들의 잘못된 극도의 욕심과 명예 그리고 이기심과 교만한 마음을 그대로 반영되어 파생된 결과인 것을 우리는 잘 알고 있다.

　미국 스텐포드대학에서 실험한 마시멜로 이야기다. 아이들에게 마시멜로를 하나씩 주고 몇 분간 참으라고 했다. 그리고 잘 참는 아이들에게는 하나씩 더 주겠다고 하였다. 몇 년이 지난 후에 끝까지 참아낸 아이들을 조사해 보니 그들은 학교 성적도 우수하고 친구들과의 관계도 좋고 자신들의 스트레스도 잘 관리하고 있다는 결과가 나온 것이다.

　나의 내적인 약한 부분들을 점검하고 부족한 인격을 고쳐 나간다면 은사와 그 밖에 가지고 있는 여건들은 빛나는 값진 존재들이고 결국 나는 사회의 존경받는 인물이 된다. 밝은 사회를 만들어 후손에게 물려주어야 할 의무와 책임이 있다. 그러한 사회를 후손들에게 가르치고 물려주는 올바른 인도자 역할을 하여야 한다.

# 3

# 성숙한 인격으로

　세상에는 배우는 사람이 있는 반면에 배우기를 원치 않는 사람들이 있다. 배우는 사람들은 주위에 지대한 관심을 가지고 교훈의 이야기를 잘 듣는다. 쓴소리일지라도 들으려 하며 그것들을 나의 부족함으로 인정하고 받아들인다. 실수를 했을 때에는 다시 같은 것을 반복하지 않는다. 부족한 부분에서는 열심을 내어 잘하려고 노력한다. 얼마나 사회에서 성공하였는가 혹은 실패하였는가에 초점이 맞춰지는 것보다 내가 배우는 사람인가 혹은 배우지 않는 사람인가에 초점이 맞추어진다. 인생 어느 지점에 있든지 '훈련이라는 단어는 곧 나를 세워주고 사람되게 성공자로 만드는 값진 나의 스승인 것이다.

　다시 전체적으로 생각해 보자. 나는 매일, 매달, 매년 더 나아지고 있는가? 스스로 질문을 하여 보자. 다음으로 연결되는 질문은 나는 어떠한 면에 더 개선할 필요가 있는가? 나는 어느 부분에 더 집중을 할 필요가 있나? 나를 능력 있는 존재로 만들어지는 것에 방해하는 행동과 원인들은 무엇인가?

　사소한 것들에 실망과 좌절을 쉽게 하는 마음에 용기와 격려가 필요하다. 나의 조그마한 삶의 진보를 축하하라. 실패를 자주 하는 부분에 대하여 자신을 비난하지 않는다. 나는 현재 발전하여 가는 진행형에 있기 때문이다. 어제보다는 오늘이 나아지고 내일은 더 성장한다. 나의 불완전한 가운데서 완전함을 찾는 연습을 하는 것은 대단한 유익을 준다. 다시 설명한다면 다음과 같다.

지금의 '나'는 진정한 내가 아니다. 이것은 내가 진정 원하는 것이 아니다. 나는 이 목적을 위하여 태어나지 않았다. 현재의 나와 같은 존재가 되고 싶지 않다. 자신에 대하여 확신하는 마음과 믿음이 없다. 이러한 자신과의 진정한 대화는 대단히 중요한 것이며 나 자신이 무엇인가 잘못되어 가고 있다는 것을 깨닫는 순간이다. 이 순간부터 올바른 나를 발견하는 출발점에 와 있고 성숙되어 가는 과정의 시작이다. 자신에게 이와 같은 솔직한 이야기를 할 수 있는 용기가 없으면 무엇인가 삶이 잘못된 방향으로 가는 것이다.

이와 같은 질문은 나 자신을 정확히 보는 순간, 나를 발견하는 순간, 깨어나는 순간의 동기가 된다. 나의 진정한 배움과 고쳐야 할 부분은 내면적인 즉 인간성에 관한 것이다. 은사와 다른 지식의 배움은 외적으로 나타나는 것이나 나의 내면에 잠재하고 있는 잘못된 인성은 인간 사회 전반에 영향을 주는 대단히 중요한 부분으로 끊임없이 개선되고 성숙되어야 한다.

흔히 우리들은 사람들의 외적인 면에 치중하여 일부분만 보고 사람들을 평가한다. 즉, 겉으로 나타나는 지위나 돈과 명예로 그 사람의 전부를 나타내는 기준을 삼고 있다. 이러한 기준으로 사람에 대하여 평가한다면 얼마나 비합리적인 평가의 기준인가. 그렇다면 자신 스스로에게 질문을 하여 보라.

　나는 나의 잘못된 인간성을 고치고 고상한 성품을 닮아 보려고 노력한 경험이 있는가? 앞에 보이는 작은 이익 때문에 남에게 혹은 주위에 얼마나 많은 어려움과 해를 끼쳤는가? 조금 더 소유했다고 남을 업신여기지는 않았는지? 우리는 대개 강점과 장점, 재능에만 초점을 맞추고 중요시한다. 나의 근본적으로 부족한 부분들은 무엇인가?

　무엇보다도 제일 중요한 것은 바로 내적인 올바른 인간상이다. 진정으로 사회를 아름답게 발전시키고 인관관계를 올바로 세우고 나의 진징한 개선을 원한다면 돈보다도 명성보다도 은사보다 더 중요하게 다뤄져야 할 부분은 올바른 인간성과 함께 인격의 구성 요소라고 할 수 있다.

　올바른 인격의 갖춤은 무엇보다도 근본으로 갖추어야 할 덕목이다. 이러한 인간 개발이 결핍된 상태에서 돈과 명예와 권력 위주로 그리고 재능만 우선으로 중시한다면 세상은 기계가 기름 없이 돌아갈 때 들리는 소음과도 같으며, 돌만 무성하고 황폐한 사막이 된다. 이기적이요 다툼과 시기만이 난무하는 사회로 변할 것이다.

　인간의 중요한 부분은 생각하지 않고 돈과 명예와 허황된 재능만 고집한다면 태풍이 몰아칠 때 모래 위에 집을 지은 것과 같은 언제 넘어질지 모르는 불완전한 상태다. 그것들이 한번 무너지면 마치 나를 받쳐주는 기둥은 무너지고 곧바로 인생 바닥으로 떨어지는 상황이 된다.

　나의 인격의 성장을 위한 실제적이고 상세한 계획표를 만들어 보자. 높은 인격의 요소들을 자신에게 적용시키고 훈련을 하여야 한다. 그리고 그것들이 어떻게 나의 내면에서 얼마나 성장하는지 보아야 한다. 외적으로 보이는 돈의 축척과 소유물은 상당한 위력과 또한 매력을 가져다준다. 또한 빠른 속도로 성공하고 성장 가도로 달리는 나의 사업과 승승장구하는 보장된 직업은 나의 내면의 아집과 교만을 키워주는 독소와 같은 역할을 한다. 자기만의 도취감과 그것에서 파생되는 희열은 상당히 매력적이요 위력적이요 또한 반대로 대단한 파괴력이 있다.

그러나 올바른 인격은 우리 삶의 근본 바탕이 되며 기쁠 때와 혹은 힘든 시기에 대처하는 방법에서 두 가지 모습으로 뚜렷한 양상을 보인다. 온전한 인격의 소유자는 일이 잘될 때에는 겸손하게 남의 공로로 돌리고 일이 잘 풀리지 않을 때에는 나의 부족이라는 생각으로 깨닫는다. 우리는 흔히 일이 잘못될 때에는 남의 책임으로 돌리고 일이 잘되면 내가 완벽해서 된 것처럼 이기적인 생각을 한다.

인간이 가장 유혹에 빠지기 쉬운 것은 교만한 마음이다. 특히 교만은 실패의 원인이 되고 무서운 파괴력이 있다. 이와 같이 우리 주위에 인격이 결여된 국가 지도자, 회사의 보스, 사회의 지도자들을 찾을 수 있다. 그들의 공통점은 주위와 이웃보다는 자가당착에 빠진 생각, 자기주장, 자기 이익, 자기통제가 결여된 자신만을 생각하는 것이 전부다.

앞에서도 이야기했지만 나는 영어 웅변대회에서 받은 상들 그리고 그 의 경력으로 인하여 그 당시 새로운 직장을 아주 수월하게 잡을 수 있었다. 그러나 그것을 통하여 나의 마음에 교만이 찾아 들기 시작하여 이 회사 저 회사를 밥먹듯 쉽게 옮겨 다니다 결국 힘들었던 시절을 보내야만 하던 시간이 있었다.

　이 같은 생각은 모든 일을 망치게 만드는 주 원인이다. 그것에 대한 결과는 상당히 파괴적이기 때문에 국가는 물론이고 사업과 직장 주위의 친구 심지어는 가족 사이를 갈라놓고 결국은 파산의 지경에 이르며 자신의 생명까지도 저버리는 극단적인 결과를 초래한다. 이것은 곧 인생의 밑바닥으로 떨어지는 지름길이다. 자신을 통제한다는 것은 매우 어렵다. 그러나 성공의 대표적인 요소의 하나는 자기 절제를 할 줄 아는 사람이 곧 사회에서도 성공하는 사람이다.

# 고차원의 품격

　절제와 겸손은 인간만이 가질 수 는 특권이요, 선물이요 모두가 갖추어야 할 필수적인 덕목이다. 모든 관계는 겸손이라는 이름 아래에 바탕을 두어야 한다. 모든 인간이 일에 대한 진정한 목적은 무엇인가? 우선순위는 단지 돈과 명예, 권력을 추구하는 것이 제일의 목적은 아니다. 그것은 자연스럽게 수반되며 겸허한 마음 위에 목표를 향한 끊임없는 훈련, 인내 그리고 쏟은 노력의 대가이다.

　일의 우선 목적과 그 진정한 가치는 목적을 향하여 최선을 다하는 것 그리고 내적인 면에 치중하며 인내와 노력과 고도의 훈련 과정을 통하여 나타나는 올바른 인격의 추구다. 최대한의 진정함과 부단한 노력으로 대할 때 나의 고유의 진가가 발휘되며 이것을 통하여 나의 속에서 인내심과 남을 위한 희생, 책임감, 정직함 그리고 근면함이 충실히 개발된다. 이 과정들을 통과함으로 인하여 참된 인격의 훈련 장소가 된다.

　남들과 같이 일하는 과정에서 나오는 여러 문제들을 진정한 눈으로 보고 부족함을 깨닫고 개선하려는 노력의 과정이 필수적으로 수반되어야 한다. 주위에서 유난히 옳고 그름을 가리기 전에 무조건 자신의 주장을 관철하려고 하는 사람들이 있다.

상대의 이야기를 전혀 들을 마음이 없거나 아니면 일시적 듣는 시늉만 하다가 결국은 자기 원하는 방향으로 대화를 이끌어 가는 사람들이다. 상대방의 입장에서 이해를 한다는 것은 전혀 고려 대상이 아니다. 한번 상대방이 의견을 제시하면 마치 자신을 적대시라도 하는 것처럼 흥분과 싸우는듯이 격한 감정을 표출한다.

흔히 목소리가 큰 사람이 대화에서 선제권을 잡는다는 이야기가 있다. 학교에서 남에게 예의를 갖추고 상대의 의견을 인정하는 토론에 대한 기본적인 상식, 방법을 배우지 못했던 이유도 그중에 하나이다. 결국 그 사람의 이야기가 다 옳은 것처럼 매도되는 것이다. 그러나 그들의 삶은 외톨이로 살 수밖에 없는 결과가 된다. 남을 판단하기 전에 상대의 입장에서 다시 생각하는 훈련을 쌓아야 한다.

남을 배려하는 마음이 우리 삶터의 여러 곳에 배어 있어야 한다. 바로 양보하는 마음 상대방을 인정하는 마음이다. 남의 상처가 곧 나의 상처가 될 수 있는 겸손한 마음이 필요하다. 이런 사회의 분위기는 서로 믿음과 신뢰라는 단어가 마음 가운데 자리 잡는 것이다. 훌륭한 인격으로 갖추어지기 위한 과정이요 노력으로 열심히 준비하는 과정이다.

어떠한 수단과 방법을 가리지 않고 원하는 목적을 쟁취하는 것보다는 마치 운동선수들이 한 팀이 되어 본 경기에 우승하기 위하여 자신을 희생하고 남을 세워주고 밀어주는 공동의 팀플레이다. 혼자서는 살 수 없는 존재이기에 남과 더불어 협조하고 양보하는 공동의 작품인 것이다. 수없는 시행착오와 훈련을 통하여 자신을 인내하고 끊임없이 개선해 나가는 과정에서 있다 보면 훌륭한 인격체로 자연스럽게 만들어진다.

이렇듯 맡겨진 하루하루의 과제를 온전히 수행하는 데 있어 최대한의 성실한 노력을 통하여 매일매일의 일의 성취는 바른 인격의 형성에서 대단히 중요한 포인트다.

변화와 성장이라는 화두는 대단히 중요한 부분이다. 아무리 인간적으로 능력이 탁월하여 큰 공헌을 한다고 해도 근본적인 인격이 형성되지 않은 바탕에 의한 목표지향주의와 무조건의 성장 위주만을 지향한다면 한탕주의라는 위험한 결과를 불러온다.

인간의 마음 가운데 최대의 '적'은 나의 잘못된 '자존심'이다. 우리 마음에는 인격이라는 진리와 자만감이라는 욕심, 두 가지 면이 자리 잡고 있다. 인격은 마음속에서 승화된 면에 가교 역할을 하며 잘못 형성된 자만심은 인간의 추한 모습을 보여준다. 우리 마음속에 이 두 가지는 항상 투쟁하고 서로 고지를 점령하려고 한다. 결과적으로 승리한 편의 결과가 곧 바깥으로 표출된다. 그러나 허황된 부분에 굴복하면 할수록 그것은 마음속에서 더 많은 것을 요구한다. 그것들은 곧 탐욕에 따른 불안, 초조, 낙심되는 마음이다.

인내심을 가지고 참는 사람들은 더 높은 인격의 소유자로 된다. 온전한 인내를 실천했다면 거기에는 나의 온유함과 친절함이 배어 나온다. 왜냐하면 이들은 상호 도와주는 긴밀한 관계가 있기 때문이다. 풍랑에 대처하는 또 다른 방법은 자신 속에 인성과 덕을 쌓는 것이다.

우리는 내적인 평안함이 필요하다. 평상시에 조용하고 말이 없고 잘 수줍어하고 사회적인 환경에 조금 미숙한 사람들은 문제를 만났을 때에 의외로 의연하게 잘 대처한다. 많은 시간을 두고 자신을 잘 컨트롤하며 내적인 평온을 갖는 인내심을 통하여 많이 훈련된 것이다. 내적인 성숙함을 갖춘 것이다. 외적인 동요가 내적으로 쌓여진 인격과 그것에 따르는 안정감에 큰 영향을 주지 못한다. 내적인 원숙함과 평온함은 외적으로 같은 반응의 행동이 수반된다.

다른 나라에서는 거의 찾아 볼 수 없는 우리나라의 독특한 DNA의 국민성을 언급하고 싶다. 우리는 과거 IMF라는 매서운 경제 공황을 성공적으로 통과했다. 평소에는 분쟁과 다툼이 있다가 공통의 목표만 있으면 모두가 무섭게 응집이 되는 저력을 지닌 나라이다. 국가나 회사 가정의 위기가 찾아오면 죽음도 마다하고 자신들의 이익을 포기하고 한 마음 한목소리를 내어 끝까지 사수하는 공동 목표 의식이 강한 민족이기에 과거의 유례없는 단기간 내의 압축 성장을 이루어 낸 것이다.

올바른 인격은 과정마다 잘 견디고 인내하고 축하를 하며 나가는 반면 잘못된 인격은 모든 일과 사람으로부터 조명받기를 원한다. 방법과 수단을 가리지 않고 높아지려는 오만스러움과 갑작스러운 출세 만능주의와 극도의 이기주의가 팽배한 현대의 사회에서 유일하게 빛과 소금의 역할을 할 수 있는 것은 바탕이 건실한 온전한 인격의 토양에서 배양된다.

# 5

# 감사는 곧 인격

감사란 인생에 대하여 근본적으로 경의를 표하는 마음이다. 이미 내가 가지고 있는 것들에 대하여 그리고 현재의 나의 존재에 대하여 감사하라. 감사하는 것이다. 진정한 감사는 외부에서 비롯되어지는 것이 아닌 아주 사소한 것들로부터 시작된다. 의식적으로 정기적인 감사의 조건들을 생각하고 진정한 감사의 마음과 느낌을 갖는 훈련은 중요하다. 내 안에 있는 모든 감사의 조건들이 마음에 느껴지고 입을 통하여 밖으로 표현되어야 한다

감사하는 마음은 조건과 상황에 관계없이 기뻐하고 고마움을 표현하고 쉽게 만드는 분화구와 같다. 그것은 또한 온 우주에서 인간만이 할 수 있고 누릴 수 있는 축복의 문을 여는 열쇠이며 또한 증오, 질투, 마음의 상처, 걱정, 염려 등을 중화시킨다. 감사하는 마음의 연습은 오늘, 현재, 지금의 상태와 여건에 감사하는 데 초점을 맞춘다. 항상 감사하는 마음을 가진 사람들에게는 뇌에서 양질의 호르몬이 분비되기 때문에 에너지가 샘솟는다. 그들은 마음이 이미 부자가 된 것이다.

감사를 표하는 사람들은 희망과 발전이 기다리고 있다. 진정한 행

복한 삶을 누리며 또한 매사에 긍정적인 자세를 가지고, 열정적으로 살아가며 영적인 사람들이다. 항상 겸손하려고 노력하고 마음을 여유롭게 만드는 탁월한 훈련이다. 물질적인 면에 많은 중요성을 두지 않는다.

또한 그들은 현대의 만연하는 마음의 병들 즉 우울증, 디프레스, 외로움, 분노, 두려움 등에 빠질 확률이 극히 적다. 하루의 일을 마치고 잠자리에서 오늘의 일어난 모든 일들에 의식적으로 감사하는 마음을 갖는 것은 앞으로 삶에서 닥쳐올 알지 못하는 역경들을 이기는 데 중요한 역할을 한다.

일주일에 한 번씩이라도 감사할 제목들을 적어 보라. 나의 마음에 큰 기쁨을 체험할 것이다. 개인의 기쁨통장을 만들라. 수시로 들어가 무엇이 감사할 내용인지 적어서 확인하며 한 가지도 놓치지 .않는다.

감사하는 쉬운 방법은 하루의 바쁜 손길을 잠시 멈추고 최소한 몇 분간 사소한 것들을 머리에 떠올리고 감사할 수 있는 일, 사람, 이벤트, 그 밖에 감사할 여러 여건들을 적으면서 마음에 떠올리고 깊은 감사의 생각들을 적을 것. 낙천적인 마음, 소망적이요 긍정의 확신하는 마음을 개발하는 것이다.

물질과 소유에 대하여 생각하여 보자. 인간의 물질에 대한 잘못된 소유와 명예욕은 끝이 없다. 인간의 이러한 욕구는 절대로 채워지지 않는다. 특히 물질에 대한 소유 욕구는 영원히 채워지지 않는 인간의 욕망 중에 대표적이다.

마치 시시때때로 찾아오는 배고픔과 갈증의 상태와 같다. 조금이라도 배가 고프고 갈증이 나면 원망의 소리가 나온다. 조금 더 많은 물질을 소유하려는 마음에 시간을 빼앗기기 때문에 감사하는 마음보다 나 자신의 욕심을 채우는 것밖에 다른 것은 생각할 수 없다.

외적인 소유가 진정한 감사의 여건이 된다면 항상 소유가 불어나야만 감사의 조건이 된다. 이렇듯 외부에서의 변화에 의한 감사는 진정한 의미의 감사의 조건이 아니고 순간적이고 항상 변화할 수 있는 불완전한 감사이다. 물질과 외부의 여건은 감사의 일부는 될 수 있으나 내적으로 가지고 있는 여건들에 대하여 초점을 맞추어야 한다.

내가 이미 가지고 있는 형편과 환경에서 나오는 소박한 일이 진정한 감사의 요건이 된다. 외부에서 들어오는 것에 감사의 초점이 맞추어지는 것이 아니라 이미 가지고 있는 여러 여건들에서 감사의 초점이 모아져 밖으로 표현되어야 한다. 감사하는 마음은 내가 잘되는 일에만 갖는 일시적인 감정이 아니다.

어려운 시기에도 나오는 감사는 대단히 숭고한 경지의 진정한 감사이다. 어려운 시련을 통하여 얻는 감사는 삶의 지혜와 강인함을 더하여 준다. 현재 처한 세계적인 경제 공황 상태를 경험하면서 과거의 극도의 소비경제에서 온 나라와 개인들의 살림에서 모두가 긴축경제로 전환하고 있다. 좀 더 많은 것을 소유하고 싶은 충동적인 마음 보는 대로 충동적으로 사들였던 과거의 삶의 패턴에서 절약과 저축과 절제의 생활이 되어가고 있다.

잠시 하던 일을 멈추고 현재의 나의 상황과 모습에 대한 감사하는 시간을 갖자. 나에게 좋은 영향을 준 사람이나 심지어 나를 힘들게 한 사람들과 어려운 사건에서 오는 시련과 환경 등 무엇이든 간에 그것들을 통하여 성숙하게 만들어 준 사건 등에 감사한다. 우리가 마치 산의 정상에 오르는 것과 같이 그 과정에서 힘든 코스를 통과한 후 정상에 도달하여 정상에서 내려다보는 그 기쁨은 무엇과도 비교할 수 없다.

　잠시의 의식적인 생각을 통하여 감사하는 시간을 정기적으로 가지고 기록하는 습관은 대단히 유익하다. 상대가 사람일 경우 지금 이 시간에 감사의 말을 전하자. 부모님들에게 감사와 효도를 하는 것은 이 세상에서 잘되고 장수하며 축복받는 삶이라는 것을 다시 확인한다. 그 밖에 남편 아내 그리고 자녀들, 친구, 이웃, 동료, 스승 그 밖에 우리 주위에 감사할 대상이 무수히 많이 있다.

　감사할 수 있는 사람들에게 전화를 하여 전하는 방법은 나의 삶을 윤택하게 하여 준다. 바쁘다는 핑계로 한동안 잊어버린 사람들, 지난날들을 기억하면서 내가 감사의 뜻을 전할 사람들을 기억하자. 감사에는 진정한 기쁨이 있다. 감사를 할수록 마음이 부자가 된다. 감사하라. 그러면 마음이 풍성해진다.

　몇 년 전 미국 버지니아 주 한인회 모임에서 그 지역에 살고 있는 평화봉사단원을 전부 초청하여 음식을 나누고 감사의 선물을 전해 주었다. 거의 100여 개 국에 파견되어 각 분야에서 봉사하고 있지만 감사의 마음을 표하는 국가는 오직 한국밖에 없다고 한다. 텍사스 주 달라스 시에서는 한국전 참전 용사회의 모임에서 한 참전 용사는 미국은 2차 세계대전 당시 노르망디 상륙 작전을 통하여 구해 준 프랑스로부터는 고맙다는 이야기를 들어본 적이 없으나 유일하게 한국만이 진정한 고마움을 표시하는 국민이라고 했다.

　미국의 교민 사회는 중요한 행사가 있을 때마다 참전 용사와 평화봉사단원들을 위한 보은의 활동을 하고 있다. 특히 삼성과 LG가 2006년도부터 주미대사관을 통해 6·25 참전 용사들에게 배포한 2,000대의 휴대전화기는 큰 화제가 되었다.

정부는 6·25 전쟁 60주년을 맞아 한국으로 초청하는 참전 용사를 1,000명 이상으로 대폭 늘렸다. 이제는 한국도 경제협력개발기구(OECD)의 회원으로 가입됨에 따라 원조를 받던 나라에서 처음으로 원조를 주는 나라로 바뀐 것이다. 내가 받은 많은 축복의 감사의 마음은 남들과 같이 공유하는 데 더 풍성함이 있다.

왜 나는 감사하여야 하나?

1) 감사하는 마음은 긍정적인 마음을 가져다준다.

2) 열악한 상황에서도 의식 전환을 하여 감사의 여건으로 받아들인다.

3) 행복의 조건 가운데 제일 우선순위가 된다.

4) 감사의 표함은 자신의 존재와 가치성에 대하여 긍정적 감정을 유발시킨다. 많은 사람들의 도움을 받은 것과 준 것을 생각하는 것은 자신감의 생성에 큰 도움이 된다.

5) 감사하는 사람은 스트레스와 어떠한 환경 가운데서도 잘 적응한다. 특히 어려웠던 시기에 감사하는 사람들은 인내심이 강하고 앞에 놓인 문제를 도전하며 쉽게 문제들을 뛰어넘는다.

6) 감사하는 사람들은 인간관계를 더욱 돈독하게 하며 강화시킨다. 긍정적인 마음이 더욱 강하여지고 이러한 사고방식으로 인하여 타인들에게

호감을 주며 주위에는 많은 친구들이 생긴다.

7) 겸손의 마음을 갖게 하며 심오한 영적인 생활을 할 수 있다.


현대에 만연하는 우울증에 대한 제일의 효과적인 대처 방법이다. 감사를 하는 사람들은 단순한 긍정적인 생각, 행복감에 사로잡히는 것이 아니고 행동 가운데 열정이 나타나며 적극적인 사고방식에 의한 행동이 수반되는 것이다. 매일매일의 감사는 만족할 줄 모르는 물질적인 욕심을 이길 수 있게 도와준다.

# 6

## 나의 진짜 경쟁자

흔히 우리가 주위 사람과 친구들, 동료들 간의 비교 의식은 자연스럽게 생긴다. 이들이 성공하고 잘되는 것은 온전히 그들의 타고난 고유한 장점과 은사를 살려 열심과 훈련을 꾸준히 노력한 결과다. 모든 운동선수들은 자신의 역량과 기술을 향상시키기 위하여 항상 본인보다 나은 선수와 경기를 하기 원한다.

그러나 우리들은 나보다 나은 사람, 재주가 많은 사람, 지식이 많은 사람, 재물이 많은 사람과 의식하고 비교하면서 나의 삶을 견주어 본다면 곧 대단한 실망을 하게 된다. 왜냐하면 다른 면에서 나보다 나은 사람들은 현재 그리고 앞으로 항상 많이 있기 때문이다.

혹 내가 주위 사람보다 좀 낫다고 생각해 보자. 그 다음에 나보다 더 강한 적수가 나타날 것이고 또 다음에 더 강하고 나은 사람이 나타나기 때문에 주위 사람과 이기는 것, 막연히 선망하는 것 자체가 목적이 될 수 없다. 그것은 단지 마음 한구석에서 생기는 질투와 욕심에서 나오는 것으로 순수한 동기가 아니다. 무조건 남의 것이 선망의 대상이 되어서는 안 된다. 주위의 시선에 예민할수록 나의 중요한 고유성을 잃어버린 사람들이다. 자신에 대한 신뢰도가 영점에 가깝다는 증거다.

비교와 모방은 처음 시작하는 단계에서 어느 정도의 유익은 줄 수 있다. 비교하며 경쟁하는 것은 나를 발전시켜주는 동기를 유발하는 요인은 될 수 있지만 무슨 일이든지 상대의 좋아 보이는 것 혹은 진보된 방법을 모방하는 것은 즉각적이며 자연스러운 현상일 것이다.

그러나 우리의 삶의 목적은 태어나면서 받은 고유한 것을 최대한으로 살려 개발하고 삶의 발전과 성장을 이루는 것에 있는 것이지 남의 것을 비교하고 그대로 닮아가려고 하는 것이 아니다. 이러한 동기는 경쟁을 유발시키는 마음을 갖게 하며, 무조건 상대를 이기려는 빗나간 동기는 나의 진정한 삶의 목적과는 전혀 무관한 것이기 때문이다

그것은 나의 삶이 아닌 곧 남의 삶을 살고 있기 때문에 삶에 안정이 없는 불안함, 확신 부재 그리고 어려움이 따른다. 장대 넘기 선수들은 장대를 점점 높게 잡으며 훈련을 한다. 이것은 곧 자신과의 투쟁이고 자신에 대한 도전이다. 우리들은 누구나 지금 인생의 경기중에 있다. 인생은 대상이 곧 자신에게 온전히 초점이 맞추어져야한다. 자신에 대하여 초점을 맞춘다는 의미는 자신을 올바른 시각으로 보고 옳은 방향으로 컨트롤하며 성장한다는 의미이다. 나 자신 속에 가장 가치 있고 아름다운 보석이 있기 때문이다. 우리는 먼저 이러한 자신과의 싸움에서 이겨야 한다. 우리의 생각은 우리가 아는 것보다 훨씬 건강하고 안정되어 있다. 왜냐하면 우리는 자신의 귀한 자산을 이용하여 삶의 경쟁과 도전의 깊은 진리를 알기 때문인 것이다.

우리는 간혹 멀리 보이는 산등성이가 더 멋지고 아름답게 생각할 수 있다. 평화로운 한 폭의 그림과 같은 장면, 동경하는 마음에서 나오는 그 경치는 대단히 경이롭고 아름다운 것이다. 그러나 막상 그곳에 가까이 가 보면 푹 패인 곳도 있고 돌들이 이곳저곳에 아무렇게나 박혀 있고 죽은 나뭇가지들도 수없이 많다. 멀리 보이는 산등성이를 감상하는 그런 멋은 없지만 오히려 소박하나 장미꽃, 철쭉꽃, 파랭이꽃 등 은은한 멋을 내는 각종 꽃들이 피어 있는 화초들과 그리고 과일나무에서 먹음직한 과일들이 달려있고 아기자기하게 조화를 이룬 나의 뒷 정원도 다른 곳에서는 찾아볼 수 없는 특별한 개성이 있어 아름다운 것이다.

나에게는 태어날 때부터 가진 특별한 재능이 있다. 다른 사람은 또 다른 나에게 없는 소중하고 독특한 다른 능력이 있다. 반면에 나에게는 남이 없는 나만의 고유하고 고귀한 자산이 있다. 진실로 자신의 정체성에 소중함을 깨닫고 담대하게 자신의 목적을 향하여 나가는 사람들은 다른 사람들의 성공담에 깊은 관심을 가지고 찬사를 보낸다. 왜냐하면 내가 가진 귀한 것을 깨달았기에 남들의 귀한 모습들에서 또 다른 도전을 받고 그것을 통하여 자신의 것으로 삶 가운데 적용하며 성장하는 태도를 갖는다.

반면에 나의 유일함을 발견하지 못함은 곧 그들을 질투와 욕심의 시선으로 보는 것이다. 이러한 것들이 나의 고귀한 자산과 접목이 되어 또 다른 훌륭한 기술을 만들어 낸다. 이러한 배움의 자료는 도서관이나 서점에서, 인터넷에서 새롭고 유익한 자료와 정보들이 끊임없이 나오고 있다. 그들의 노력, 노하우, 장애물에 대한 도전, 끊임없는 훈련과 개발 등 성공한 인생의 선배들의 노력은 큰 존경을 받고 후손들이 반드시 배워야 할 소중한 지식들이다. 내가 가지고 있지 않은 상대방의 장점, 귀한 업적, 노력 등에 진심으로 인정하고 배우려는 마음의 자세를 가지고 또한 더욱 중요한 것은 내 것으로 만들어야 한다.

예를 들어 나는 태어날 때부터 하나님이 주신 나만의 소중하고 특별한 자산이 있다. 다른 사람이 가지지 못한 유일한 재능과 장점이 있다. 조용히 나만의 시간을 내어 내가 무엇을 가지고 있는지 구체적으로 찾아보자.

나만의 타고난 고유의 능력을 찾아 개발하고 발전시켜야 한다. 우리 모두는 한배에 타고 인생의 긴 여정을 살아가는 여행의 동반자들이다. 목적을 향하여 열심히 노력하고 자기개발을 위하여 최선을 다하는 사람들에게는 격려하고 좋은 친구가 되는 것이다. 우리의 궁극적인 삶의 목표는 인류의 이익과 안녕을 위하여 한 목적을 가지고 사용되어야 한다.

이러한 태도는 결국 근본적인 나의 삶 목적에 도전의 마음으로 다가와 큰 능력을 갖게 하는 원동력이 되며 역동적 삶의 근본이 된다. 좋지 않은 경쟁의식과 질투심 그리고 무모한 그 결과는 나에게는 더욱 자신감을 상실하는 독소의 존재가 된다.

내가 할 수 있는 것은 남이 잘할 수 없는 반면에 남이 잘하는 부분은 내가 하기에는 부족하다. 내가 할 수 없는 것을 남의 것을 그대로 모방할 수는 없고 없는 자질을 원망하며 자신의 삶을 비관해서는 안 된다.

경주용 자동차는 대단한 속력과 큰 굉음을 내고 질주한다. 소리가 우렁차 주위의 차들로부터 선망의 대상이 된다. 다른 차를 쉽게 추월하는 능력이 있고 특수한 모터가 장착되어 순식간에 목적하는 곳에 도달할 수 있다. 그러나 만약에 경기용 스포츠카를 타고 매일 출퇴근을 한다고 생각을 해 보자. 처음에는 멋져 보일 수 있으나 얼마 후 불편한 점이 한두 가지가 아닌 것을 알게 된다. 왜냐하면 그차의 용도는 처음부터 경기용 차로 만들어졌고 특정한 장소와 도로에서만 사용할 수 있다.

다시 말하면 특수한 목적만을 위하여 만들어졌기 때문이다. 우리가 매일 사용하는 자동차는 평범한 승용차나 밴이 적합한 것이다. 그 용도 외 다니는 길이 일반 자동차를 위하여 만들어졌다. 마찬가지로 우리들도 우리의 태어난 근본 목적에 적합하게 만들어졌다.

최근 우리는 남의 나라의 모든 것 즉 문화, 풍습, 습관 등을 그대로 모방하려는 경향을 자주 접한다. 마치 그들이 전부 멋져 보이고 옳은 것처럼 보여 무조건 도입하는 것이다. 외국의 문화와 풍습까지도 우리의 삶에 여과없이 도입을 시키면 조상으로부터 내려오는 고유한 전통적인 풍습은 곧 사라진다. 대단히 서글픈 일이 아닐 수 없다.

전 세계의 모든 것들을 쉽게 접할 수 있는 글로벌 시대에 있다 하더라도 우리는 고유의 문화와 풍습을 지키고 전하여 자녀들에게 계승시켜야 할 의무와 책임이 있다. 남의 것에 대한 맹목적인 도입이 아니고 우리가 지닌 유일한 것에 대한 재평가를 하여 우리의 고유성을 보호하고 간직하여 후손에게 계승해야 한다.

우리나라에서 세계의 공용어인 영어를 배우는 열풍은 가히 상상을 초월한다. 특히 많은 수의 외국인들과 영어권에서 교육을 받은 젊은 청년들이 영어 교사로 활동하고 있다. 조심해야 할 대목은 외국의 문화는 반드시 언어라는 매개체를 통하여 점점 우리 가운데 자연스럽게 자리 잡는다. 그들의 문화가 주인이 되고 우리의 전통적 풍습과 문화는 옆으로 밀려가 남의 나라의 것처럼 낯설게 되고 결국은 사라져버리는 위험스러운 결과가 된다.

우리의 고유한 말을 보호하고 지키지 못하면 선진국의 문화 노예로 떨어지고 만다. 언어의 특징은 그 나라의 풍습, 사고방식, 행동까지도 변화시키는 강력한 힘이 있다. 주위에 이러한 영향을 받은 국가들을 쉽게 찾아 볼 수 있다. 그들도 모르게 그들의 문화속국으로 변모되고 있어 마치 그 나라의 일부분인 것처럼 착각이 든다.

이처럼 외국의 문화가 홍수처럼 밀려올 때 우리의 고유의 것에 대한 홍보와 지키는 노력을 제도적으로 강하게 만들어야 한다. 남의 것을 맹목적으로 따르는 것은 삶에서 주인의식이 결여된 삶이다. 남을 의식하는 마음, 질투심, 남의 것이 더 좋아보이는 생각 그리고 똑같이 모방하는 생각은 나의 존재의 중요성에 대한 근본 목적에 맞지 않는다.

이러한 분위기는 우리 것, 혹은 나의 것은 늘 열등하다는 의식으로 변해가는 위험한 사실이다. 이 마음 가운데 깊숙이 자리 잡은 결과다. 진정한 인생의 가치와 목적에 상반되어 삶의 목표 달성에 큰 장애물이 되어 결국 실패의 삶이 된다.

인생의 큰 그림을 그리는 사람들, 목적의식이 뚜렷한 사람들, 자신의 가치를 인정하는 사람들은 그대로 자신의 가치를 발견하고 감사하게 받아들이고 남의 것을 맹목적으로 모두 받아들이는 것보다 그들의 배울 점을 찾고 나름대로 노력하는 사람들이다.

내가 하고 싶은 목표를 향하여 쉬지 말고 꾸준히 걸어가라.

인생은 상대방을 무분별 없이 모방하고, 시기 질투하면서 보내기에는 너무 짧지 아니한가. 인간사회는 경쟁사회이다. 사회의 여러 부분에서 이기고 지는 상황들이 많이 일어난다. 그러나 이웃과 경쟁하여 이긴다는 생각에 초점을 맞추지 말고 나만의 뚜렷한 목표의 고지를 향하여 꾸준히 능력을 연마하고 성장하는 과정에 초점을 맞추는 것이 무엇보다도 중요하다. 그리하면 원하는 목표와 꿈의 성취가 따라온다. 나의 장점과 은사를 더 개발하고 노력하여 고유한 삶의 목적대로 주어진 시간에 최선을 다한다. 두려움 없이 도전하고 노력하는 자만이 인생의 힘든 항해에서 목적지에 도달하게 되는 것이다.

# 나는 어떻게 감정을 표현하는가?

　나를 다스림은 곧 세상을 다스림과 동일하다.

　사람은 감정의 동물이다. 대표적인 다섯 가지의 감각에 의하여 행동으로 이어진다. 잘 훈련된 이성이 따르지 않는 감정에 의한 행동은 수많은 삶의 실패를 경험하게 된다. 사람의 감정은 환경과 그 당시 마음의 상태에 의하여 동기는 같으나 결과는 판이하게 상이한 것을 볼 수 있다. 즉 그 순간에 가지고 있는 나의 환경과 심리 상태에 의하여 행동은 완전히 달라진다.

　예를 들어 연인에게 버림받은 사람의 행동은 다른 이성 상대를 만났을 때 관심이 없다든지, 책임이 결여된 행동을 순간적으로 한다든지 혹은 분노의 대상으로 생각할 수 있다. 순간적이고 즉흥적인 감정에 의한 행동들의 원인은 마음의 불안함, 나의 약한 부분, 자신감 결핍 등에서 기인한다.

　이러한 문제들은 누구에게나 연관되는 부분이다. 내가 그 당시 왜 그러한 생각과 행동을 했는지 의아할 때가 많다. 과연 그 문제에 대하여 그러한 화를 낼 만한 것인가 혹은 잘못된 순간의 감정의 물결을 타고 나의 행동은 절제가 방향 없이 감정에 따라가야만 하는가?

우리는 이러한 순간의 감정에 정지 신호를 보내야 한다. 쉽고 간단한 방법을 실행하여 보자.

우선 우리의 호흡으로 감정을 조절하는 방법이다. 감정이 격해졌을 때 우선 눈을 감고 숨을 7초 동안 들이마시고 7초 동안 조용히 멈추었다가 다시 7초간 숨을 밖으로 내쉬는 것이다. 이 방법은 상담 심리의 임상실험에서 자주 사용하는 방법으로 흥분된 마음을 일시적으로 가라앉히고 그다음의 이성적인 생각을 연결시키는 상당히 효과적인 방법이다.

감옥에 갇혀 있는 수감자들의 80%는 그들 자신의 치우친 충동적인 행동과 이성적이지 못한 생각, 인내 부족에서 오는 악순환의 연속의 결과인 순간적인 감정에 의하여 행동을 절제하지 못한 결과 초래된 불행이다. 물론 우리에게는 감정적인 요소가 많이 차지하고 있다.

특히 예술 분야에서 감정의 표현이 없는 작품은 별 가치가 없다. 모든 음악과 미술, 문학 그 밖의 예술 분야는 풍성한 감정의 표현 없이는 가치를 발견하지 못한다. 예술작품의 감상은 아름다운 감정, 주어진 상황에서 작가가 의도하는 뜻을 최대한 감정을 살려 표현되어야 한다. 그들의 예술적인 감정과 탁월한 창의성은 좋은 작품을 만들어 내는 없어서는 안 될 중요한 요소이다.

우리는 탁월한 예술가들의 생활을 보면 그들 나름의 독특한 삶을 볼 수 있다. 위대한 창의성과 감성이 합해진 만들어 낸 걸작품을 보고 그들은 환희에 잠긴다. 그들에게는 나름의 심오한 예술 세계가 따로 존재하기 때문에 우리와는 별도의 분야로 생각되어야 한다. 그러나 우리의 일상적 삶에서 옳은 감정과 그릇된 감정을 분별하고 그에 대한 결과를 생각하고 예기치 못한 상황에 적절하게 대비하는 필터의 과정이 필요하다.

다양하게 빠르게 변화하는 현대사회에서 우리에게는 삶에서 좀 더 함축된 생각에서 나오는 이성적인 행동이 절대적으로 필요하다. 이러한 습관은 곧 나의 생활에 좀 더 나은 방향으로 이끌기 위한 고려해야 할 매우 중요한 부분이다. 즉흥적인 것, 순간적인 것이 아닌 미래지향적, 이성적으로 최대한의 효과를 거두는 결과에 초점을 맞추는 생각과 그것에 따르는 행동의 훈련이 절실히 필요하다.

소비 문화에 젖어온 우리의 삶은 절제할 줄 모르는 습관에 젖어 있다. 순간적인 충동구매가 바로 그것이다. 특히 비쌀수록 더 잘 팔리는 현상은 세계 어느 곳에서도 찾을 수 없는 특이한 현상이다. 한 개인의 신용카드의 빚이 상상을 초월하는 경지에 이른 것이다. 쓰고 보자는 식의 생활 패턴은 분명히 무분별한 감정에서 나오는 결과다. 필요하지 않는 물건을 절제 없이 구입하면 결국은 주위에 쓸모없는 물건이 넘쳐 스트레스만 쌓인다. 어떤 사람은 구두가 50켤레가 넘는다고 한다. 시간이 날 때마다 쇼핑몰에 가서 다른 새로운 모델의 신발을 사는 것이다. 주말에는 특히 쇼핑을 하지 않으면 무엇인가 불안하고 마음의 안정을 찾을 수 없다고 한다.

도박에 붙잡힌 사람들의 이야기는 더 심각하다. 돈이 없더라도 그 장소에 있기만 해도 마음이 편하고 스트레스가 풀린다고 한다. 그 장소의 분위기, 특유한 냄새, 여러가지 사람들의 소음들이 마치 집에 있는 것과 같이 포근한 느낌을 가져다준다고 한다. 물론 병적인 심리에서 극단적으로 치우친 감정의 예라고 할 수 있으나 사소한 감정들이 누적되어 잘못 지배될 때 그에 따른 결과는 상당히 파괴적이 된다.

많은 사람들은 나름대로 스트레스를 해소하는 방법이라고 주장을 한다. 우리나라의 음주 문화는 가히 세계적인 수준이라고 할 수 있다. 그로 인한 사회적인 피해는 금전적으로 계산할 수 없을 만큼 천문학적인 숫자이다. 건강은 물론 사회적으로도 얼마나 많은 해를 가져다주는 많은 실증들이 있다.

선조들의 음주 습관이 오랜 세대를 통하여 내려온 산물이라고 본다. 우리나라 국민의 정서인 이것 역시 감정 처리의 부재에서 나오는 것이다. 왜 나의 생활이 이토록 피곤할까? 답은 무절제한 생각과 감정과 충동의 결과 행동으로 이어지는 생활 패턴이다. 무슨 행동을 하기 전 올바른 것인가 심사숙고하는 마음과 성찰은 나의 삶을 정리하고 간결하게 만들고 올바른 방향으로 향하게 한다.

나의 생활에서 실패와 힘들었던 순간들은 대부분 나의 잘못된 감정의 결과라고 보는 것이 옳은 것이다. 이성적인 생각, 결과를 지향하는 생각은 훈련과 인내가 필요하다. 미시간대학의 심리학과 앵거스 캠블 교수는 자신들의 감정을 적절히 컨트롤하는 사람들은 자신들의 삶에 더욱 자신감을 가지고 더 적극적으로 삶을 영위하고 있다고 한다.

옛날 이솝 동화 중에서 바람과 해가 서로 누가 강한가 내기를 하였다. 바람은 바람대로 해는 해대로 서로 자기가 이긴다고 주장하였다. 바람이 말하길 누가 저 아래 두꺼운 외투를 입고 걸어가는 노인의 옷을 벗길 수 있나 시합하자고 했다. 바람은 자기가 충분히 빠르게 외투를 벗길 수 있다고 호언장담을 하였다. 바람은 태풍에 가까운 강력한 바람으로 외투가 날아갈 정도의 강력한 바람을 불었다. 그러나 바람이 거세면 거셀수록 노인은 더 입고 있는 외투를 더 움켜잡고 있는 것이 아닌가. 결국엔 바람이 진정을 하고 시합을 포기하였다.

그러자 구름 속에 숨어 있던 해가 밖으로 나와 노인에게 친절한 미소를 지면서 인자하게 노인에게로 다가갔다. 얼마 후 노인은 이마에 흐르는 땀을 닦으며 더운 나머지 입고 있던 외투를 벗는 것이 아닌가. 결국 해가 이긴 것이다. 해는 바람에게 조용히 말하길 자네 친절함과 온유함은 자네의 힘과 성내는 것보다 강한 것이네, 라고 이야기했다.

이렇듯 감정의 올바른 조절은 모든 일의 결과를 올바르게 하는 능력이 있다. 습관적으로 길들여진 감정을 조절하고 다음과 같은 생활의 나쁜 습관들과 방해 요소를 미리 알아내고 방지함으로 다음의 몇 가지 습관을 개발하고 훈련을 하여야 한다.

### 1) 충분한 수면과 음식의 조절, 운동이 필요하다.

건강한 신체에 건강한 마음이 찾아온다. 신체의 불균형으로 인하여 정신적으로 미치는 영향은 상당히 크다. 쉽게 피곤을 느낀다든가 몸에 이상이 오면 모든 생각과 행동을 즉흥적이며 돌출적으로 하게 된다. 특히 체중이 무거울 때에는 생산적인 생각, 효과적인 생각, 이성적인 생각이 제대로 활동을 할 수 없게 된다. 모든 에너지가 체내에서 제대로 구실을 못하게 되며 결국은 순간순간의 불안한 감정에 의하여 처리된다.

## 2) 메모하는 습관을 갖는다.

### 3) 일상생활의 중요성과 하루의 여러 일들을 통하여 새로운 지식을 배우는 마음이다.
계획과 정보를 잃어버리지 않는다. 깨닫고 분석하는 능력, 인내의 마음을 준다. 계획과 목적에 대한 마음의 선명한 콘셉트를 준다.

## 4) 하루의 우선순위는 무엇인가?
하루의 계획표를 세워라. 중요한 문제부터 차근히 해결한다.

## 5) 독선적인 마음을 버릴 것
나의 의견만을 주장하는것, 나의 목소리를 크게 높여가며 자신의 의견만이 옳다는 생각은 해결의 실마리는 보이지 않고 대화의 평행선을 긋는 부적절한 아집이요, 나의 고집불통이 어느 누구와도 대화를 거부하는 심각한 상황이 된다. 상대가 자신의 의견을 이야기 하려면 화를 먼저 내고 망쳐버리는 대화법을 우리 주위에 심심치 않게 볼 수 있다.

상대방의 의견을 인내를 통하여 잘 듣고 옳은 것은 인정하는 마음은 여유가 생기고 조급함을 없애주는 것이다. 서로 합의할 수 있는 공통점을 먼저 찾고 그 음의 토론으로 이어가는 효과적인 대화법을 개발하여야 한다. 대화를 통하여 동감하는 부분을 먼저 찾고 서로의 장점은 인정하는 것이다.

### 6) 계획의 분석

나를 발전시키는 행동들은 무엇인가에 늘 초점이 맞추어져 있어야 한다. 이러한 연습과 습관은 충동적인 감정을 배제하고 이성적으로 대치하는 마음을 갖게 한다.

저명한 심리학자인 스티븐 코비 박사의 세상에서 제일 조심해야 할 상대는 바로 남이 아닌 '나'라고 정의내린다.

그의 지서에서 90:10의 원리를 보면 90%는 내가 컨트롤할 수 있는 상황들이고 10%는 부득이한 상황인 것이다. 나의 감정을 잘 제어하는 사람들은 일단 인생을 정복한 사람들이다. 문제는 분노나 여러 모양의 잘못된 감정을 컨트롤하지 못한 후에 나오는 행동들은 반드시 나쁜 결과를 초래한다.

쉬운 예를 들어 보자. 프리웨이에서 갑자기 옆에 있는 차가 신호도 없이 끼어들어 왔을 때 두가지 반응이 나온다. 첫 번째는 상대방 운전자에게 욕설을 하고 뒤따라가 한바탕 주먹을 날리는 것, 두 번째는 미숙한 운전자가 운전한다는 생각을 해 보며 나도 과거 운전 경험이 없었을 때 남에게 이러한 결례를 행하지 않았던가? 이해하는 방향으로 생각을 전환하는 방법인데 전자의 방향으로 했다면 예기치 않은 나쁜 결과가 나왔을 것이다. 물론 후자의 결정은 이성적인 생각으로 제일 적합한 판단이다. 감정이 수반되는 상황에서 나의 행동은 어떠한 결과를 가져오나? 라는 질문을 스스로 해보는 습관을 갖는 것이다.

# 8

# 절제가 주는 유익

　감수성과 감정이 풍부한 나라의 국민성은 상당히 다혈질인 것을 알 수 있다. 순간적인 감정에 의하여 이성적인 생각과 또한 원인을 분석하기 전에 사건 자체만 보고 행동이 나오기 때문이다. 집단행동은 판단을 흐리게 만든다. 집단적인 감정은 상당한 위력이 있어 잘못된 편파적인 결과를 초래한다.

　이러한 순간의 감정에 도취되는 행동에는 실수를 범할 기회가 많은 반면 이성적이고 합리적인 생각에 습관된 사람들은 상당히 논리적이며 좋은 결과를 가져온다. 이들은 대단히 합리적이고 미래지향적이기 때문에 협상 테이블에서도 주도권을 차지한다.

　프러시아대국의 왕인 프레드릭이 어느 날 베를린의 길을 걷고 있었는데 앞에서 오는 활발하게 그리고 위풍당당하게 마주오는 어느 노인과 마주쳤다. 프레드릭 왕이 당신은 누구요? 라고 묻자 나는 왕이요, 라고 그 노인은 당당하게 말하였다. 어느 나라 왕을 다스리는 왕이요? 라고 묻자 그는 자신만만하게 나는 나 자신을 다스리는 왕이요, 라고 대답하였다. 이렇듯 늘 나 자신을 다스리고 감정을 자제하고 침착하게 적절하게 대처하는 습관은 우리의 삶의 질을 윤택하게 하여 준다.

순간적인 선택 후의 그로 인한 결과는 우리요, 그것에 대한 마음의 올바른 전환인 것이다. 내가 전적으로 책임을 져야 하는 결과다. 작은 일이라도 이성적인 판단으로 결정하는 일들은 훈련이 필요하다. 이러한 훈련을 통하여 여러 상황에서 예기치 않게 나오는 마음의 통제가 자연스럽게 자리 잡는다.

분노나 여러 모양의 잘못된 감정을 컨트롤하지 못한 후에 나오는 행동들은 반드시 나쁜 결과를 초래한다. 특히 우리의 약한 점인 욱하는 충동의 마음으로 인한 그 결과를 대비 못하는 행동으로 연결되어 낭패를 보는 경우가 허다하다.

특히 외국과의 협상에서는 상대에게 정당하게 요구할 중요한 사항도 헛되게 놓쳐버리는 결과를 가져오는데 이러한 돌발적인 충동의 마음은 전혀 대책이 서지 않는 무방비에서 온다. 평소에 좀 더 관찰과 준비와 철저한 훈련이 필요하다.

이러한 예는 남의 나라와 큰 이권이 오고 가는 국제 통상회의에도 약한 고지에 있게 만들어 우리의 약점을 스스로 쉽게 노출하는 실수를 범한다. 결국은 큰 고기들은 놓치고 작은 송사리들 떼들만 얻는 불리한 협상으로 이어진다. 이 모든 것이 침착하고 냉정한 마음의 결여와 지식에 대한 준비 부족과 상대방의 어떠한 이야기나 행동에도 감정을 철저히 배제한 이성을 유지하는 습관이 절대적으로 필요하다.

준비되지 않은 채 이웃 나라와의 협상에서 귀한 것들을 허무하게 내어준 선례들을 우리는 기억하고 있다. 결과에 책임지고 한 개인의 사퇴로 끝나는 무책임한 행동이 아니라 우리 국가 전체의 막대한 손실을 가져온 감정이 앞서간 중요한 국제회의에서 참패를 당한 대표적인 예다.

외교술이 월등한 나라들은 국가 간의 큰 협상에서 좋은 고지를 확립하기 위하여 상대방 국민의 사고 방식, 습관과 역사까지도 연구한다고 한다. 이러한 인내의 부족 현상은 평소에 남과의 대화 훈련 부족에서 기인한다. 인내가 절대적으로 필요한 습관이 필요하다. 빠른 결과를 얻어내려 하는 조급함이다. 이러한 결점을 잘 아는 상대방은 그것을 잘 이용하여 쉽게 승리로 이끌어내는 것이다.

평소 개인과의 대화에서도 언성이 높아지고 감정에 의한 행동으로 이어지는 것은 결과가 자기 뜻대로 이루어졌다 할지라도 결과는 내가 패배한 것이요 실패한 것이다. 특히 분노의 유전인자가 많은 사람들은 평생을 통하여 후회와 통탄의 삶을 살 수 있다.

자기 자신을 성찰하고 약한 부분에 대한 의식적인 습관이 필요하다. 감정 컨트롤은 꾸준한 훈련으로 통하여 유전적으로 인한 위험스러운 습관도 바꿀 수 있다. 자살하고 싶은 충동의 유전인자 또한 디프레스로 인한 자포자기의 생각도 적합한 훈련과 연습과 자신을 똑바로 보는 마음을 통하여 긍정적으로 바꿀 수 있다.

대문호인 헤밍웨이의 가문은 자살하는 어두운 그림자가 있는 가계의 내력이 있다. 그러나 모델이며 유명 배우인 어네스트의 손녀인 뮤리엘은 자신과의 훈련을 통하여 집안 대대로 내려오는 자살이라는 가계의 저주를 끊어 버렸다. 이전에 자살하려는 충동을 수없이 느껴온 그의 가계에 내려오는 역사는 할아버지와 다른 식구들의 뒤를 이어 역시 배우인 언니 마고 헤밍웨이도 자살로 생을 마감했다. 그는 기자와의 대담에서 현재 그녀는 최대의 삶의 행복을 느끼고 있으며 자살이라는 올무에 걸리지 않기 위하여 늘 자신과의 훈련을 하고 있고 지금은 그 함정에서 완전히 벗어났다고 한다.

이러한 충동적인 극한 행동은 자기 신뢰의 결핍에서 기인하는 대표적인 행동이다. 나의 심각한 감정을 다스리는 문제는 여러 심리적인 문제 혹은 각자의 유전적인 요인과 관계가 있는 복잡성 때문에 전문가에게 상담을 받아야 한다.

"네 자신을 알라. 네 자신을 컨트롤하라. 네 자신에게 주어라."

- 희랍의 삶의 철학 -

# 9

# 영적 성숙(Spritual mind)

　영적인 생활은 높은 능력의 존재를 믿고 맡기는 것으로 인간 자신이 완전한 존재가 아니고 완전한 존재를 닮아가려고 노력하는 생각을 갖는 것을 말한다. 영적인 생활은 지혜를 추구하고 개인의 성장을 위하여 최대의 노력을 하고 이웃과의 깊은 교제를 가지고 하나님께서 창조하신 원리와 그에 따르는 인생의 참뜻을 깨닫는 것이다.

　동시에 겸손의 마음과 자신의 부족함을 깨닫는 것이다. 믿음의 생활을 통하여 남을 용서하며 사회의 악, 굶주림과의 투쟁, 지구의 환경 보호, 그 밖의 다른 문제들과 싸우며 하나님이 세상을 만드실 때 그 목적을 위하여 우리들은 그에 합당하게 순종하며 지은바대로 쓰임 받는 삶을 사는 것이라고 이야기할 수 있다.

　믿음의 가정들은 더 건강한 삶의 패턴이 있다. 세상의 다양화에 의한 여러 문제들 즉 마약과 그 밖의 범죄들과 멀어지고, 가정생활의 조화로 인하여 가족 구성원 간의 사이가 화목하고 그 밖에 또한 사회의 구성원들 간에도 연관성이 더 활발하게 이루어진다.

　기도 생활을 통하여 어렵고 힘든 상황에서 이기며 나가는 큰 능력과 힘을 얻으며 믿음 생활을 통하여 위안을 받으며 남을 사랑하고 자신을 귀하게 여기는 긍정적인 삶의 패턴을 만들어 준다. 특히 기도와 명상은 우리의 육신적과 심리적인 건강에 대단한 행복감과 힘을 준다.

교제와 기도, 명상의 생활을 통하여 하여 삶의 목적이 비신앙인들 보다 더욱 강하게 정립된다. 하나님과의 정기적인 깊은 기도의 생활 은 삶에 대단한 위안이요 삶의 활력소가 되는 것이다. 나의 몸과 생 각을 위대한 능력 있는 신에게 맡기는 믿음의 훈련은 대단히 좋은 영향을 준다. 교회에 정기적으로 참여하는 사람들은 비신자보다도 삶의 행복감을 47% 이상 더 느낀다고 한다.

하루 일과 중에, 조용히 눈을 감고 호흡을 조정하며 생각에 잠기 는 시간을 가져 보라. 나의 마음의 상태를 점검하라. 이러한 운동들 은 현재의 일에 통찰력을 갖게 하며 나의 자화상, 나아가서 나의 정 체성 형성에 긍정적으로 지대한 도움을 준다. 우리는 바쁜 삶 가운 데서 영적으로 깊게 채워주는 방법을 선택하는 것이 아니고 쉽고 즉흥적이며 순간적인 감정적인 면에 타협하려는 경향이 있다.

이러한 우리의 아집과 짧은 지식으로 인하여 진정 마음 깊은 곳 에서 들리는 조용한 하나님의 음성을 듣지 못한다. 해결 방법은 하 나님을 의지하고 하나님의 영을 나의 영혼의 세계와 접목을 시키는 습관을 가져보자. 나의 영을 나보다도 크고 위대한 에너지에 연결시 켜라. 깨끗한 마음과 순수한 마음 상태에서 깊숙히 내적인 관계에 서 자신을 새롭게 발견하고 가질수록 마음의 풍성함과 기쁨을 맛볼 수 있는 것이다.

영적인 생활을 개발시키는 간단한 일들을 찾아보자.

1) 나의 마음속에는 높은 능력의 하나님이 있다는 믿음의 생각을 갖는다.

2) 매일 시간을 정기적으로 정해놓고 기도와 명상으로 조용한 시간을 갖는다

3) 크고 넓은 우주 안에 나의 작은 위치를 겸손하게 받아들인다.

4) 어려운 시기에 상대방의 좋은 점을 찾는 것을 연습한다.

5) 매일매일 올바른 생각과 우리 삶에서 역사되는 큰 능력에 대하여 깊이
   생각한다.

6) 정기적으로 남을 위하여 선행을 베푼다.

7) 사람들에게 그들의 노력과 투쟁 그리고 승리한 것들에 대하여 물어본
   다. 삶의 올바른 투자와 주위의 안녕을 위하여 노력한다.

8) 과거의 실패와 두려움에서 의하여 마음속에 남아 있는 불평과 분노를
   없앤다.

9) 나의 삶의 주위에 고쳐야 될 습관들을 생각해 본다.

10) 사람들을 입으로 혹은 생각으로만 사랑하는 것보다 행동을 통하여 사
    랑한다.

# 10

# 나의 형편은 나의 자원

지금의 내가 처한 현실은 나의 생각과 행동의 결과라고 볼 수 있다. 또한 나의 처한 현실은 나를 나타내는 바로미터가 되는 대단히 중요한 메시지를 전하여 준다. 앞으로의 계획 수립, 방향 설정, 목적 수립 등은 지금의 현실에서 그 정답을 찾아낼 수 있다. 또한 문제의 해결 방법 역시 현실에서 찾을 수 있다.

현실은 여러 가지 기회들을 제공하는 삶의 도움이 되는 수많은 역할을 한다. 수많은 가능성들이 현실 도처에서 사용되어지기를 기다리고 있다. 문제에 대한 정확한 해답들이 나의 주위에 있다.

다윗과 골리앗의 싸움에서 다윗은 가지고 있는 하찮은 물맷돌로 힘센 무적의 장군인 골리앗을 넘어뜨리지 않았는가? 최신의 첨단무기로 적장을 넘어뜨린 것이 아니다. 어리고 약한 다윗이 가진 정점은 믿음 그리고 신념이었다. 그리고 그는 가축들을 맹수들로부터 보호하기 위한 수단인 보잘것없는 물맷돌밖에 없었다. 누구든지 작은 돌하나로 어떻게 힘이 센 적장을 물리칠 수 있는지 아무도 예상할 수 없다. 그러나 그는 작은 물맷돌을 사용하여 가축을 맹수의 위험으로부터 보호하기 위하여 수많은 훈련과 연습을 한 것을 볼 수 있다.

모세의 생애를 보면 속박 받는 이스라엘 민족을 구출하기 위하여 지팡이 하나를 가지고 애굽 왕인 바로를 만나게 된다. 그는 아무 쓸 모없어 보이는 지팡이를 사용함으로 그것이 뱀으로 변하고, 수많은 개구리 떼들이 나타나고 물이 피로 변하는 등 그 밖의 수많은 기적들을 보여주게 된 것이다. 결국은 이스라엘 민족들을 애굽의 속박에서 구원한 성경의 역사적인 대사건이다.

주위의 하찮은 존재처럼 보이지만 바로 그것을 온전히 사용하면 나의 인생의 운명을 옮기는 획기적이며 세워주는 돌기둥의 역사가 된다. 내가 이미 가지고 있는 중요하게 보이지 않는 하찮은 것들과 삶에서 할 수 있는 작은 시도와 노력은 삶에 대단히 중요한 역할을 한다.

나는 십여 년 동안 쉬지 않고 운동을 했다. 단지 걷는 운동으로 시작하였다. 대단한 첨단 운동기구를 갖다 놓은 것도 아니고 그저 평범하고 단순한 방법, 현실 가운데 어디서나 누구나 하기 쉬운 걷기 운동이다.

그러나 나는 단지 걷는 것으로 인하여 고귀한 나의 정체성을 발견하였고 삶의 변화를 가져왔다. 현실 속에 존재하고 있는 형편과 환경에는 내가 얻을 수 있는 소중한 해답과 방법들이 있다. 현실을 인정하고 그곳에서 명쾌한 대답을 찾는 것이다. 저 산 너머 있는 보장되지 않은 허상보다는 바로 내 속에 있는 잠재력과 주위에 있는 수많은 여건들을 주시하여야 한다.

어렸을 적 읽었던 멀리 산 너머 행복을 찾으려고 그곳을 찾았지만 결국 행복은 얻지 못하고 실망만 가지고 돌아온 시의 구절이 생각난다. 내 주위에 있는 사소한 여건들에 초점을 맞춰 그것들이 만들어 내는 실제적인 효율성을 분석하고 찾는 것이다.

성취하기 위하여 다음 행동의 단계로 옮기는 행동은 현실을 망각하고 막연한 이상만을 가지고 있는 사람보다 더 실제적이요 효과적이고 미래지향적인 삶이다. 사람들은 자신이 처한 부족한 여건, 이루지 못한 원인 등만을 탓하고 그것이 스스로 쉽게 달성되기만을 기다리고 있다.

지금이 전쟁 중이기 때문에 혹은 요즘의 경제 상태가 안 좋으니 조금이라도 나아진 이후에 등등 외부의 사정만을 탓하며 행동화하지 못하는 데 대한 이유를 찾는다. 그러나 가장 빠르고 효과적인 방법은 현실을 통하여 내적인 과제와 문제들을 해결하는 정확한 해답을 찾는 것이다. 당장 현실에서 실현 불가능할 경우에 다음 단계로 가는 방향을 찾는다.

현실도피는 곧 패배의 삶으로 향하는 지름길이 된다. 허황된 생각으로 이어져 실패와 불안한 삶으로 몰아간다. 즉, 현실에 충실한 방법에서 떠난 안이한 한탕주의에 빠져 결국 인생의 부정적인 면만 찾는 것이고 한탄만 하는 삶으로 변조된다. 실현성이 없는 현실도피와 쉬운 방법의 한탕주의는 나를 실패자로 몰아가는 것뿐만 아니라 나가서 사회 전체를 황폐하게 만든다.

현실 탓, 부족한 탓, 조상 탓만 하고 허송세월을 보낼 것이 아니고 지금 하는 일에 더 초점을 맞추고 열심히 한다면 나는 많은 변화와 성장을 이루게 된다. 많은 것을 보게 된다. 더 많은 것을 행하게 된다. 나 자신에 대하여 부족한 면들을 많이 보게 되며 약한 곳을 보강하고 효과적으로 많은 것을 성취하게 된다. 현실의 여건들에 나의 감정을 더 집중하고 충실하게 관찰한다면 다음 단계의 방법들을 깨닫고 발견하게 된다. 이러한 과정들은 나 자신에 대하여 강한 도전의 감정을 느끼게 한다. 현실적으로 불가능한 것에 대한 정복력이 생긴다. 이러한 과정에서 올바른 자아의식의 변화와 성장으로 인도된다.

어떤 사람들은 자신의 이상에만 초점을 맞추고 이야기하고 그것이 마치 실현된 것처럼 착각하고 자기만족을 하는 사람들이다. 필자의 친구 중에 한국에서 유수한 공과대학을 졸업하고 오래 전 미국으로 이민을 왔다. 그 친구의 한국에서의 생활은 대단히 촉망받는 청년이었다. 상당히 다재다능한 능력이 있으며 이상도 높고 추진력도 있고 모든 사람으로부터 인정을 받는 사람이다

자주 만나서 친하게 지내고 있지만 만나면 현실과 동떨어진 너무나 큰 이상만을 이야기하는 것이다. 친구는 건축설계사무소를 운영하며 그런대로 열심히 사업을 잘하고 있다. 그런데 특이한 것은 만날 때마다 이상과 꿈이 바뀌는 것이다.

그것도 현실에서 멀리 떨어진 허무한 환상들이다. 그 이상과 꿈은 수십여 년이 지난 지금에도 전혀 이루어진 것 없이 똑같은 허황된 이야기만 계속하여 늘어놓는 것이다. 처음에는 부러운 마음으로 그의 멋진 꿈과 이상으로 도전 받고 동경을 했으나 차츰 갈수록 그의 현실 세계는 변화가 없는 헛된 망상 속에만 머물러 있는 것을 알게 되었다.

그리고 그는 자신의 장황한 헛된 이야기를 통하여 그 꿈이 이미 다 이루어진 것처럼 흥분하고 곧 자기만족에 도취되어 이야기를 끝

맺는 것이다. 뜬구름 잡는 대화이고 행동이 없는 과대망상에서 헤
어나오지 못하는 실제적 행동이 따르지 않는 헛된 상상의 꿈의 세
계에서 이미 자기만족으로 끝나버린 것이다. 현실을 망각하고 초점
이 빗나간 예다.

이상은 높고 현실은 그것에 따라주지 않는다. 이상에 맞는 현실에
대한 실제적인 대책과 실행이 전혀 이루어지지 않는 것이다. 우리
주위에는 세워주는 기회, 여건, 동력 등 최고의 여건들이 많이 산재
하여있다. 그것들은 우리 삶에서 좋은 부분과 안 좋은 부분에서 다
발견할 수 있다.

현실의 도처에 숨어 있는 여건들은 나를 높은 단계로 뛰어볼 수
있는 스프링 보드의 역할을 한다. 높이 뛰어서 시야를 넓고 높게 보
며 주위 이곳 저곳에 있는 것들을 찾아내는 것이다. 좀 더 적극적으
로 주위에 산재하여 있는 여러 기회와 여건을 자세히 눈을 크게 뜨
고 보는 관찰력과 통찰력이 필요하다.

우리는 끊임없이 미래의 보장도 되지 않는 먼 계획들을 가지고 시
간을 허비하고 수고한다. 사업체에서 혹은 개인의 삶에서 우린 사업
계획표 혹은 개인이 원하고 성취하는 플랜을 미리 설정해 놓는다.

당연히 목적에 필요한 성장 차트는 모든 분야에서 반드시 필요하
고 그것에 의하여 계획과 정책이 수립된다. 그런데 대부분의 플랜은
성장하는 외적인 부분에만 집중이 되어 있다. 즉 결과에만 초점이
맞추어진 것이다. 만약 조금이라도 성장이 되지 않으면 곧 실망하고
계획에 문제가 있다고 단정한다. 현실에 놓여 있는 전반적인 문제에
대한 해결점을 모색하고 수정하는 것보다 문제의 심각성 그 자체를

부각하고 거기에 초점을 맞춘다.

그러나 인생은 성장할 때도 있고 혹은 일시적인 정지 상태와 퇴보라는 과정도 거친다. 이러한 현상은 당연한 삶의 일시적인 과정이라고 보는 것이다. 인간사회에서 반드시 매년마다 발전과 성장의 곡선을 그린다는 것은 그리 쉬운 일이 아니다. 아니면 그러한 경우는 거의 불가능하다고 보아야 할 것이다.

이보다 중요한 것은 우리의 내적인 변화와 성장이다. 내적인 변화와 성장이 있으면 자연스럽게 외적으로 좋은 결과가 나타난다. 예를 든다면 개인 사업에서 새로운 어카운트가 20개 성장을 올해의 목표로 삼았다고 가정하면 모든 방법을 동원하여 목표한 손님들을 마구 끌어들이는 것보다 원칙에 입각한 내적인 면에 더 치중하여 현재의 기존 손님들에게 좀 더 친절하고, 향상된 서비스와 제품을 만들어 낸다.

손님들에게 업그레이드된 서비스를 제공한다. 다시 말하면 회사에서 세운 외적인 거창한 계획과 그래픽차트보다 결과면에서 현실적이고 근본적으로 필요한 변화의 목표가 월등히 좋은 결과를 가져다준다. 개인이나 회사에서 각기 세운 나름의 철학과 가치 기준이 있다. 모든 계획과 의도는 사회에 기여하는 목적이 있어야 한다.

다시 말하면 외부로 향하며 베풀어야 하는 우주의 원칙이다. 돈과 명예와 권력의 축척 등의 이기적인 동기만이 우리의 추구하는 가치는 아니다. 근본 목적을 향하여 현실 상황을 간파하고 나간다. 이렇듯 바깥에만 있는 거대한 계획의 구상도 중요하지만 지금 처해 있는 현실 가운데서 최선을 다하는 것이다.

미래 혹은 내일이 아닌 오늘 지금 이 순간 최선을 다하는 것이다. 하루하루의 삶에 나의 최대의 능력이 나타나야 한다. 거대한 성곽이 하루만에 세워지지 않는다. 오늘 이 순간도 작은 돌 하나를 차곡히 견고하게 위에 쌓아야 한다.

큰 그림만 그린 나머지 현실에 필요한 과제에 별 관심과 노력 없이 간과하는 것을 본다. 그러나 현실 가운데 놓여 있는 과제에 대한 끊임없는 노력은 곧 나의 미래의 대한 생활을 보장하는 결과가 된다. 경제 용어 가운데 "Take care of pennies, and the dollar will take care of themselves"라는 말이 있다. 하찮은 페니를 잘 사용하면 달러가 모든 것을 해결한다는 말이다. 내적으로 나의 삶 주위에 작은 것 그리고 사소한 것부터 실행하는 것이다.

작은 시냇물이 모여 강을 이루고 또 그것들이 합하여 곧 바다로 이어지는 것은 불변의 우주의 원칙이다. 지금 현실의 일이 잘 안 풀리고, 걸림돌이 많아 문제가 있는 것 같고 퇴보 상태라고 생각하는가? 인생에서 몇 번밖에 없는 높은 단계로 넘어갈 수 있는 절호의 찬스를 맞이한 것임에 틀림없다. 그 기회를 놓치지 않도록 재빠르게 붙잡아야 한다.

# 11

# 느껴라, 즐겨라.

삶의 작은 부분에 소홀히 하지 않는다. 행복한 삶을 갖는 지름길이다. 매일의 평범한 일 10가지를 적어 보라. 그10가지의 좋은 점을 나열하며 적어 보라. 평범한 매일의 일들을 마음껏 느끼는 습관을 갖는다. 평범한 일들이 모아져 결국 기억할 만한 경험들로 변화된다.

매일매일의 과제에 대하여 감사하게 생각하라. 이러한 마음의 훈련으로 인하여 우리의 뇌의 활동은 스스로 긍정적이고 행복한 마음으로 바뀌진다. 심지어 조그만 알사탕 먹는 것에도 기분을 느껴라. 운동을 마치고 느끼는 상쾌한 기분에 잠겨라. 운동 후에 주위에 널려 있는 것을 간단히 정리한 후에 흐뭇한 감정을 경험하는 것이다.

나의 주위에서 흔히 발견할 수 있는 것들을 살펴 본다. 새소리와, 보름달과 새벽의 초승달을 보고 그 자연의 신비에 잠겨라. 아름다운 꽃에 신비한 감정을 느껴라. 여러 색깔들이 주는 경이로운 조화에 경탄한다.

좋은 선율, 각각의 악기가 나타내는 독특한 음들 그리고 전반적인 조화된 음악에 감탄을 하라. 음악이 나타내는 색깔 그리고 그 분위기에 깊게 심취하는 연습을 한다.

소중한 물건들을 보았을 때 그 배경의 뜻을 생각하며 맛을 느껴본다. 좋은 경치의 사진을 보았을 때 그 장면에 나의 마음이 흡수되는 마음의 훈련을 한다. 맛있는 음식을 맛보았을 때는 당연한 감정으로 느끼는 것이 아니라 좋은 감정을 가지고 나타내는 맛을 최대로 음미하고 심취하며 순간순간의 혀끝에서 주는 오묘한 감각에 젖어드는 것이다.

우리의 오감각을 최대로 발휘하여 과거에 느끼지 못하였던 것들을 재발견하는 것이다. 이렇듯 매 순간 그곳에서 느껴지는 나의 감각을 최대로 동원하여 몰랐던 미지의 세계를 즐기는 것이다.

예를 들어 어느 시골에 쓰러져가는 오두막집에 우연히 들어갔을 때 그곳에서 나오는 곰팡이 냄새, 특유한 색깔, 적막한 분위기 등에 최대한으로 빠져 들어가며 나오는 독특한 감정에 젖어 보는 것이다. 한적한 공원 길을 걸을 때 나오는 여러 모양의 분위기, 작은 소리들, 다양한 색깔들, 공기의 느낌, 특유한 냄새, 걸을 때 마음에 전달되는 감각 등을 느껴본다.

주위에 하찮게 여기는 것들에 예민해 보는 것이다. 새롭게 몸과 마음으로 다가오는 순간의 느껴지는 세심한 변화의 과정을 보면서 최대의 기쁨을 갖는다. 생각의 체험 그리고 감각의 느낌을 통하여 새로운 분위기를 맛보는 효과를 얻는 것이다.

주위에서 동일한 취미를 가진 사람들과 교제하라. 그들에게서 배울 수 있는 기회를 가지고 나에게 있는 아이디어를 나누고 또한 취미 활동을 함께한다. 사람들과의 교제에서 나오는 개인들의 다양성을 체험해 보는 것이다.

어떠한 과제를 끝마쳤을 때 오는 좋은 감정을 마음에 담아두도록 하라. 좋은 감정은 무의식적으로 다음 일로 넘어가지 말라. 반드시 하루를 정리하고 성취된 일들을 생각하며 그 성취감의 기쁨을 의식적으로 맛보며 일을 잘 마친 것에 감사하라.

스트레스가 쌓이고 우울한 기분이 들 때 의식적인 생각의 전환으로 기쁜 감정으로 몰입하도록 한다. 예를 들면 당면한 문제의 반대되는 좋은 결과를 생각하는 것이다. 연습이 필요하다. 과거 좋은 추억이 있는 장면들 즉 산에 캠핑 갔던 일, 모닥불을 피워 놓고 음악을 들었던 일, 경험 많은 장년들에게 들었던 인생의 재미있던 경험담 등을 수시로 머리에 떠올린다. 평소에 나의 마음에 기쁨을 주고 힘을 주는 일들을 상상한다.

적극적이고 능동적인 생각과 행동의 전환이 필요하다. 주위의 환경을 바꾼다. 집안의 실내장식을 새롭게 하라. 예를 들어 방의 가구의 위치를 바꿔보고 라이팅 시스템을 바꿔보는 것은 어떠한가? 페인트를 다른 색깔로 바꾸어 보는 것도 좋은 방법이다. 정원에 화초를 심는 것, 이러한 작은 일상의 변화는 즐거운 마음을 가져다준다. 평범하고 작은 일부터 시도해 보는 것이다.

변화를 갖는다는 것은 무기력한 마음, 무감각해진 일상생활에 단비와 같은 역할을 한다. 여유 있는 생각으로 즐겁게 전환하며 무기력한 감정을 바꾸라. 추억들을 회상하며 그 기분에 빠져들라. 이러한 것들은 우리의 삶을 윤택하게 만들어 준다.

과거의 일뿐만 아니라 현재의 일, 미래의 삶까지도 집중하여 나타날 좋은 생각에 잠겨 보라. 특히 좋은 일이 일어났을 때에는 최대로 기뻐하라. 적극적으로 모든 감정을 동원하여 최대로 즐기는 것이다. 이 모든 것들은 배워서 할 수 있는 것이 아니다. 평소의 사소한 습관들이 쌓여져 나의 의식구조가 새롭게 변화되어 기쁨과 행복의 감정이 된다.

# XIII 내가 정의하는 **행복**이란?

# 1

# 내가 정의하는 행복이란?

행복이란 외모, 금전, 더 많은 소유, 성취 등의 외적인 변화에 의한 수동적인 방법에 의하여 얻어지는 것보다는 내가 가지고 있는 모든 것들 즉, 나의 환경과 타고난 재능, 또한 매일매일 나의 시간과 관심을 쏟는 사소한 주변의 일들이 조금씩 모아져 하나씩 성취되어가는 자신의 노력과 추구의 집합체이다.

행복은 자신이 일상에서 새롭게 만들어 내는 창조물인 것이다. 본인의 의지와 원하는 마음과 훈련이 반드시 수반되어야 한다. 내가 지금 행복하지 않으면 내일도 행복해질 수 없다.

행복은 저 멀리 있어 막연히 찾아가는 혹은 쉽게 얻어지는 추상적인 의미가 아니다. 우리는 이미 마음속에 행복을 이루어 낼 여건들을 가지고 있다.

내가 추구하는 행복이란 어떤 것인지 살펴보자. 당신이 진정 행복하길 바라는가? 우선 당신의 행복에 대한 동화 같은 환상의 이미지, 저 산 너머 미지의 세계에 행복함이 있다는 막연한 동경, 세상 걱정 근심 없는 아름다운 무릉도원, 샹그릴라 같은 이미지의 상상을 바꿔야만 한다.

불교에서는 참선을 통하여 또한 선한 행동과 무소유에서 행복을 배운다고 한다. 혹자는 행복은 주어지는 것이요 타고난 것이요 유전적인 것이요 내가 바꿀 수 없는 것이라고 잘못 생각하고 있다.

그러나 행복은 찾고자 하는 자, 갈망하는 자만이 찾을 수 있는 것이다. 실제적으로 행복은 나의 올바른 자화상, 나의 정체성을 확립한 토대에서 만들어진다. 나 자신을 보는 시각이 왜곡되어 있어서는 나의 미래에 대한 행복이란 존재할 수 없다.

가만히 앉아서 막연하게 상상의 꿈만 꾸는 것보다는 목표에 대한 결과가 따르는 노력과 실천이 수반되어야 한다. 행복감은 특수층 사람들의 전용물이 아니다. 행복감은 내 것으로 만들고자 노력하는 자들의 소유가 되는 것이다.

행복한 사람들의 사고와 행동을 관찰하라. 행복은 극히 개인적인 것으로서 자신이 어떤 가치관을 가지고 있느냐에 따라 전혀 달라지는 것이다. 소박한 삶에서 혹은 화려한 삶에서, 아니면 평범한 삶에서 행복을 찾는 사람들, 어떠한 형태이든 각자 생각하고 원하는 바, 이루고자 하는 것을 각자의 형편을 토대로 스스로에게 물어보라. 나의 비전과 사명을 고쳐시키고 향상시키기 위한 대책이 무엇이 있나? 현재 그것들을 향하여 행동과 실천을 하고 있는가?

잠시 생각하며 삶의 과정을 재정비하는 인생 로드맵의 분석이 필요하다. 올바른 방향을 찾기 위한 시간과 노력이 절대적으로 필요하다. 위의 질문들에 대하여 다각적인 답변들을 제시하고 분석하라. 그 문제에 대한 답변은 나의 방향감, 동기감을 부여하고 성취감을 주고 아이디어를 가져다준다.

항상 큰 틀의 범위 안에서 모든 것을 분석하라. 작은 실수와 오류는 삶 가운데 일어날 수 있으며 가끔 어쩔 수 없는 상황과 문제들을 만나게 된다. 그중 가장 걸림돌은 '부인하는 마음'이다. 현실을 부정하는 것은 나중에 일을 점점 어렵게 만들고 '왜 나에게만?'이라는 불평과 부정적인 생각만 가져오게 되는 것이다.

나 자신을 단순히 한 무리 속에 있는 보잘것없는 한 사람이라고 생각한다면 그것은 나의 정체성과 존재까지도 부인하는 발상이다. 나의 존재에 대한 심도 있는 연구가 필요하며 마치 거울에서 얼굴과 얼굴을 마주 보듯 선명한 형체가 나에게 확인되고 조명되어야 한다.

나의 속에 존재하는 고유하고 진실한 면들이 나의 행동과 결합되어 밖으로 나타나야 한다. 나의 좋은 면과 부족한 면 모두를 있는 그대로 수용하는 것이다. 왜냐하면 두 가지 모두 똑같이 삶에서 동일한 목적을 위하여 유용하게 쓰여지기 때문이다.

우리는 언젠가부터 자신에 대한 실망, 원망, 의심, 부족한 생각들과 또한 자신들을 하찮게 여기고 심지어는 가치 없는 존재로 취급하기 시작하였다. 이러한 생각은 나 자신에게 주어진 내 인생의 목적을 부정하고 앞길을 가로막는 방해물이다. 중요한 점은 나를 존귀한 존재로 생각하고 나의 유일한 고유성을 발견함으로 많은 기쁨과 삶의 목적을 체험한다. 내가 나 자신을 어떻게 생각하고 있는가? 하는 것은 마음 가운데 매우 중요한 핵심 부분으로 존재한다.

그런데 비극은 사람들이 나의 존재, 자신감, 나의 자존감 등을 나 자신 속에서 찾는 것이 아니고 다른 곳, 즉 외부에서 찾으려고 하는 데 있다. 타인의 좋아보이는 외적인 면을 그대로 모방하려는 마음이다.

이러한 행위는 나의 유일한 가치를 훼손시키는 파괴 행위가 된다. 자신의 가치와 그에 따르는 인생의 목적에 더 초점을 맞추어야 한다. '나는 누구인가? 나는 어디로 가는가? 나는 무엇을 하는가?'에 대한 정확한 깨달음의 확신은 세상의 수많은 부와 명예를 얻는 것보다 훨씬 더 가치가 있다.

# 2

# 더 자신있게, 더 아름답게, 더 행복하게

*"나의 중심에 자신감이 없다면 우주는 나를 적대시할 것이다."*

*- 랄프 월도 에머슨 -*

자신감은 두 가지 요소가 내포하고 있다.

1. 자신의 지대한 능력에 대한 확신의 감정을 갖는 것
2. 자신의 개인적인 가치에 대한 긍정적인 느낌

자신감은 자신에 대한 확신감과 자신에 대한 존경심을 합친 것이라고 할 수 있다. 나의 삶의 도전과 그에 따르는 문제들과 행복한 삶을 영위하기 위한 귀한 능력이다. 자신감의 성장은 삶을 효과있게 자기의 능력을 최대한도 나타내며 그것으로 삶의 확신을 가지고 과 이웃을 돕고('가족과 이웃을 돕고'인지 그냥 '이웃을 돕고'인지 모르겠네요) 항상 희망을 가지고 나의 삶의 목표를 향하여 가는 것이다.

자신감의 성장은 행복한 삶을 살기 위한 능력을 극대화시킨다. 자신을 신뢰하는 것이 높을수록 인생의 어려움에 대하여 잘 대처한다.

잘 견딜 수록 실패나 좌절에 쉽게 넘어가지 않는다. 자신을 신뢰할수록 우리의 전반적인 삶의 영역에서 더 창조적이요 우리 삶에 더 성공의 길로 가는 것이다. 자신을 더 신뢰할수록 더욱 영적으로 창조적인 희망을 가지고 경험 할 수 있다. 자신을 신뢰할수록 인간관계에서 파괴적인 것보다 더 적극적이요 아름다운 관계가 성립이 된다.

왜냐하면 인간관계에서 자신감은 곧 건강함과 생동감을 연출하고 그 결과 좋은 경험들을 체험하고 공허하고 부정적인 것보다 더 긍정적인 결과와 분위기를 조성한다. 자신감은 인생 가는 곳에 대하여 항상 행동이 수반되고 그것들을 항상 내 것으로 느끼고 생각하면 그들은 상호 돕는 작용을 일으켜 풍요한 삶을 이룬다.

자신을 값지게 볼수록 상대를 더 존경하고 상대로부터 무엇인가 배우려 하기 때문에 그들을 위협의 대상, 낯선자들, 두려운 대상으로 대하지 않는다. 왜냐하면 모든 인간은 본래 시기 질투하는 존재로 태어나지 않았다. 나를 존중하는 마음은 자신과 혹은 남과의 투쟁을 벌이지 않는다.

자신을 존귀하게 생각하는 것은 곧 남을 존경하는 동기가 된다. 왜냐하면 상대방도 나와 같은 귀한 존재이기 때문에 존경의 마음으로 본다. 또한 자신감은 과거의 실패에 머물러 있지 않고 실패를 다시 반복하지 않는다. 자신감은 나의 창조적인 생각을 창출하고 마음을 온전히 지배하는 두려움을 제거하여 준다. 자신감은 잘못된 감정을 자제하고 생산적인 방향으로 인도한다. 부정적인 생각들에 대한 가장 치명적인 타격을 줄 수 있는 도구이다.

나를 귀하게 여길 때 더욱 더 기쁨을 체험한다. 특별한 감각과 경험을 수반하고 귀하게 나를 생각하는 것은 마음 가운데 중요한 핵심의 부분으로 나의 존재에 대한 인식을 더 확고하게 한다. 그런데 문제는 많은 사람들이 나의 자존감, 감, 나의 확신감 등을 내 속에서 찾는 것이 아니고 다른 곳에서 찾으려고 하는 데 있다.

나를 존귀하게 여기는 생각은 나에 관한 모든 면에 대한 긍정적인 가능성과 대단한 능력의 원천이 되며 나의 존재의 차원을 높여주는 것이다. 나의 현재의 여건이 정반대의 상황이라도 하나님이 만드신 창조의 원리로 돌아가는 것은 나의 존재, 또는 삶에 대한 인생의 가상 근본이 되는 법칙이다. 저음 내가 태어났을 때 대단히 귀중히고 보기에 참 좋았던 것이다. 나도 나 자신을 볼 때에 그와 같은 시각으로 바라보아야 한다.

창조주가 나를 창조했을 때 나의 유일성, 나의 귀한 목적, 나의 필요성이 나에게 있다는 것을 늘 명심하여야 한다. 나에 대한 다음과 같은 마음의 훈련을 하는 것이다. 나는 매일 지금의 나를 받아들인다. 부족함도 기꺼이 수용한다. 매일 나는 나의 능력을 믿고 그것에 확신한다.

매일 나는 지금의 나를 귀한 존재로 생각한다. "나의 삶에는 귀한 사명이 있다"라는 사실을 깨닫고 매일 확인한다. 이러한 자신에 대하여 격려와 재확인으로 통하여 점점 자신에 대하여 지대한 신뢰감과 자신감이 생긴다. 하나님께로부터 받은 은사에 대한 귀중함과 확신을 하게 한다. 훈련을 통한 내적인 마음의 확신이 곧 행동으로 이어져 현실로 드러난다.

이러한 확신의 생각, 상상으로 통하여 생겨나는 확신의 결과는 앞으로 나의 삶에서 긍정적인 변화에 매우 중요한 요인이 된다. 자신감은 인생의 어느 시점 어느 곳에 있든지 그에 따르는 행동이 수반되고 그것을 나의 것으로 느끼고 생각하면 그들은 상호 돕는 작용을 일으켜 풍요한 삶으로 연결되는 결과를 가져온다.

우주의 법칙 가운데 같은 것은 동류의 공통점에 매력이 있다. 역동하는 마음에서 나오는 힘은 외부에서 오는 같은 종류의 성공하는 에너지를 끌어들이는 강한 흡인력이 있다.

다시 말하면 나의 마음과 생각에서 가난과 부족함의 파장만을 외부로 내보낸다면 외부에 있는 능력의 에너지는 내 마음속으로 절대로 끌어들이지 못하며 외부의 좋지 않은 것과 부정의 생각들만을 불러들이는 결과를 가져와 결국은 가지고 있는 능력과 에너지까지 소진되는 것이다. 풍요한 삶은 기대조차 할 수 없는 것이다. 나의 생각과 의식에 집중을 하고 지금의 상황에 상관없이 나의 성취하고자 하는 곳에 연구와 따르는 과감한 행동 개시가 뒤따라야 한다. 확신감의 효과는 자동적으로 생성이 된다.

그러나 이것은 반드시 계속적인 행동의 실행으로 인하여 얻어진다. 자신감의 훈련은 철저한 훈련을 통하여 습관이 되어야 한다. 신발에 끈을 매는 것과 같은 옷을 입을 때 단추를 채우는 것과 같이 자동적으로 손의 방향이 그곳으로 향하는 것처럼 나의 사고가 따라야 하는 것이다. 우리의 생각은 행동을 낳고 습관에 의하여 제2의 성격이 형성된다.

에너지는 나의 생각하는 곳, 원하는 곳, 관심이 지대한 곳에 모아지게 된다. 잠시 눈을 감고 마음의 먼 여행을 하여 보자. 의심이 가는 곳을 넘어 성취하고자 하는 곳에 청사진이 그려졌을 때 다시 말하면 그것을 항상 생각하고, 항상 마음속으로 느끼고, 행동으로 옮길 때에 모든 것들이 함께 힘과 힘이 합하여 조화를 이루며 목적하는 지점에 도달한다. 나의 부족함, 가난함, 두려움, 실패감 등은 서로 상호간에 조화를 이루지 못하여 실패의 결과를 초래한다.

나의 마음속 깊은 곳에 있는 간절한 요구를 찾아내고 볼 수 있어야 하며 흥분된 마음으로 집중하여 나 자신을 마음 깊이 느껴본다. 이러한 나의 필요한 갈구함은 다시 만들어 낼 필요는 없다. 이미 가지고 세상에 태어났기 때문이다. 나 사신이 처한 환경이 잘못되었나는 생각을 버려야 한다. 현재의 환경에서 모든 가능성을 찾아야 한다. 현재의 모든 여건은 삶을 깨닫게 하는 발전으로 인도하는 요소들이기 때문이다. 처한 모든 환경을 무심히 지나치는 것이 아니고 하나하나 유심히 관찰할 필요가 있다.

자신의 삶을 관찰하는 생각을 정기적 그리고 습관적으로 갖는 것은 대단히 중요하다. 이러한 연습은 미래를 정리하는 능력을 준다. 나의 인생 여정에 대한 중요성을 깨닫게 한다. 나의 마음 갈망, 원함의 원뜻은 라틴어로 '별 가운데' 혹은 '천상의 구성원'이라는 뜻을 내포하고 있다.

무엇인가 마음속에 원하고 갈망하는 것이 있다면 그것은 나의 마음속에 존재하고 있는 나의 고유한 정체가 계속하여 마음을 두드리고 말한다. 나에게 이것을 통하여 크게 성장하라는 메시지이다. 계속하여 변화하고 성장하라는 마음의 고동 소리를 우리는 들을 수 있어야 하고 그 음성에 맞춰 행동으로 나가야 한다.

확신감은 정신적인 힘 그리고 나의 모든 관계성과 나의 속에 있는 잠재성을 힘있게 만든다. 이것은 이미 나의 속에 존재하고 있고 이러한 요인들이 행복한 삶을 만들어 나가는 동시에 어려운 시기에 방패막이의 역할을 한다. 자신에 대한 확신감이 부족하면 충분한 공급 없이 나의 활기 있는 삶을 영위할 수 없다.

# 3

# 진정 행복하려면?

대부분의 문제는 무의식 가운데서 행동하는 결과로 인하여 발생하는 경우가 많다. 우리는 좀 더 의식적으로 삶을 살 필요기 있다. 올바른 의식의 부족에서 기인하는 경우에는 일이 잘 되어가리라는 방향으로 생각을 바로잡고 의식적인 사고 원리에 더 접근하여야 한다.

마음속에 있는 이성과 감정이 서로 반목하는 것보다는 서로 잘 조화를 이루도록 허용을 하여야 한다. 다시 말하면 균형 잡힌 의식적인 삶은 마음 가운데 이성적인 이유와 감정과의 대결이 아닌 하모니가 이루어지는 서로 절충된 곧 한 단계 승화된 마음 상태이다.

우리가 하는 일에 대하여 좀 더 의지적인 마음을 가지고 최대한의 능력을 발휘하고 있는가, 혹은 결과나 목표의식 없이 순간적으로 임시적인 자세로 하고 있는가는 자신에게 질문을 하여야 한다.

의식적으로 산다는 것은 우리가 선택하는 것에 대한 전반적인 이해가 필요하다. 그것은 바로 우리의 진정한 자유가 표출되는 것이고 그에 대한 책임이 따라야 한다.

예를 든다면, 책상 위에 처리해야 할 할 일이 많이 쌓여 있는데 반드시 수반되는 행동을 하지 못하고 우왕좌왕할 때에 잠시 숨을 가다듬고 나에게 물어보라. 지금 나는 어디 있는가? 내가 있어야 할 곳은 어디인가? 다시 나의 본분을 재조명하고 다시 행하는 것이다. 선명한 집중도와 높은 의식을 갖는 방향으로 전환하여야 한다.

생각의 선택은 감각에서 나온다. 한 목적과 계획을 생각하고 그에 적합한 연결된 행동, 확고한 생각 등을 선택한다. 의식적으로 나의 생각 가운데 문제들을 해결하려는 마음과 그에 따르는 노력이 있는가?

문제의 전반적인 큰 그림을 머리에 생각하며 관찰한다.

1) 문제들을 나열하라.
2) 문제들의 원인은 무엇인가?
3) 문제해결의 어떠한 결과를 원하는가?
4) 문제들의 해결 방법들은 무엇인가?
5) 행동 개시의 강령들
6) 행동 개시의 계획표 작성

문제점들을 지적하기 전에 구체적인 문제점들이 어디 있는가? 그의 실체를 파악하고 정확한 진단을 내려야 한다. 외부에서 기인했는가 혹은 내부의 문제인가? 우리 실제 생활에서 생기는 예를 들어보자. 대부분의 문제의 중요한 원인들은 다음과 같다.

우선이 되는 중요한 관건에 많은 시간을 할애하지 않는다
수입보다도 지출이 많다. 생활에 쪼들린다.
몸무게가 많이 나간다.
나의 계획들이 제 시간에 끝나지 않는다.
하루 일이 끝난 후 매우 피곤함을 느낀다.
가족들과 함께 보내는 시간이 거의 없다.
상사와의 관계가 좋지 않다.
봉급이 인상되지 않았다.

매사에 노심초사한다.
매달 페이먼트를 늦게 낸다.

일단 반복되는 문제들을 적어 보며 문제들의 출처를 파악한다. 외부에 있는 것부터 찾아 본다. 이유와 변명을 뒤로하고 주관적으로 해결되는 방향으로 생각하라. 솔직하게 문제에 대한 나의 반응들을 주시하고 그 문제들에 대한 나의 태도와 그리고 어떠한 생각을 하고 있는가를 나열하여 본다. 그러한 문제들이 나의 나약한 마음을 더욱 부추기어 나 자신을 무기력하게 만들려 하진 않는지, 문제 해결을 위하여 노력을 하고 있는지 정확히 알아야 한다.

다음에는 내적인 문제들을 찾아낸다. 진정한 총체적인 하모니가 이루어지려면 문제에 대한 생각과 마음, 그에 따르는 용기가 외부와 일치되어 행동으로 나와야 한다. 문제를 해결하기 위한 내적인 생각과 바깥으로 표현되는 행동이 일치하지 않을 때에는 문제는 해결되지 않고 그대로 남아 있다. 하모니를 이룰 수 없는 것이다.

각 항목마다 중요하고 수정 가능한 해결 방법 3개 정도를 나열할 것.

1) 문제의 핵심적인 원인은 무엇인가?
예) 상사와의 관계가 좋지 않다.
이유는 상사의 요구 사항을 확실히 잘 모른다. 상사가 정확한 일들의 목표량을 정해주지 않았다.
해결 방법은 생각을 좀 더 창의적으로 적극적으로 무엇이든지 수긍이 되는 건설적인 방법을 제시하여야 한다. 특정인을 비난하거나 원망하지 말 것. 있는 그대로 생각나는 그대로 가능한 방법을 동원할 것.

2) 문제들의 가능한 해결 방법을 적어 보라.
나의 최종 목표는 어디 있는가? 어느 항목이 제일 중요한가?
내가 지금 취할 수 있는 가능한 행동은 무엇들인가?

3) 행동 개시의 계획은 무엇인가?

4) 목표 지향적인 생각을 할 것.
목표를 적고 그에 따르는 적절한 조치를 취하고 발전 상황을 적어 볼 것.
퇴근하기 전에 상사와 같이 회의를 할 것.

문제가 생길 때에는 문제 자체를 부각시키는 것보다 우선 해결할 수 있는 방법들을 나열한다. 전략적인 생각이 필수로 전제되어야 한다. 전략적인 사고에 관하여 좀 더 자세히 다루어 보자. 전략적인 생각은 문제를 간단하게 만든다.

실질적인 해결 중심의 생각은 불투명한 내일을 투명하게 한다. 즉 나의 지금의 현주소와 미래에 가고 싶은 방향과 연결하는 다리 역할을 한다. 나로부터 올바른 질문을 하게 함으로써 전략적인 생각을 유추한다.

실질적이고 사려 깊은 생각은 실수의 폭을 좁혀준다. 해결 중심의 생각은 남에게 좋은 영향을 준다. 높은 산을 정복하려면 수많은 언덕과 작은 산들을 넘어야만 한다.

정복하려는 고지에 조금씩 다가간다. 마찬가지로 큰 문제일수록 여러 각도로 바라보고 작은 부분으로 잘라내어 할 수 있는 작은 일부터 시작한다. 채석장에서 큰 바위를 부수는 작업을 보면 우선 큰 부분으로 잘라내고 다시 작은 부분으로 만드는 것이다. 겉으로는 불가능한 것처럼 보이나 한 가지씩 작은 부분으로 떼어내면 의외로 쉽게 해결점을 찾을 수 있기 때문이다.

# 4

# 행복의 조건

　행복은 밖에 있는 여건들을 찾는 소극적이고 한시적인 의미보다 내 안에 이미 존재하는 모든 것에서 찾아야 한다. 내가 이미 소유하고 있는 형편, 조건, 모든 것들에 조명을 맞추어야 한다. 행복하기를 바란다면 우선적으로 생각 전환이 필요하다. 생각의 전환은 많은 사람들은 행복은 주어지는 것이요, 유전적이요 내가 바꿀 수 없다고 한다. 하지만 그 이야기는 틀린 이야기다. 물론 선천적으로 낙천적인 사람들을 주위에서 볼 수 있다.

　행복은 추구하는 자만이 얻을 수 있다는 정확한 표현이다. 이것은 수많은 심리학자들의 연구와 임상실험을 통하여 증명된 사실이다. 특히 심지어 고질적인 집안 내력과 바뀔 수 없는 유전인자까지도 훈련과 생각 전환을 통하여 바뀌어진다.

　전에 소개한 대문호 헤밍웨이 집안에 내려오는 자살로 얼룩진 가족사가 있더라도 다른 손녀 영화 배우인 뮤리엘 헤밍웨이는 자신의 가계에 내려오는 유전자인 우울증의 위험함을 깨닫고 자살 직전의 자신의 삶에서 유전으로 내려오는 저주를 완강하게 거부하며 생각 전환과 그에 따르는 훈련으로 완전히 성공한 치료를 받은 예다. 그녀는 자신의 행복한 삶을 찾기 위하여 끊임없는 노력과 철저한 상담을 통하여 치료를 받고 자신과의 싸움에서 이겼고 현재도 왕성하게 활동하는 모델이요 연예인이다. 행복의 참 뜻은 의식적인 변화에 의하여 오는 부산물이다.

다시 말하면 아무리 대대로 내려오는 강한 유전인자라도 후천적으로 우리의 믿음과 행위의 부단한 습관으로 변화시킬 수 있다는 것이다. 이렇듯 행복은 우리의 새로운 마음과 그에 따르는 행동에 의하여 결정된다.

쉬운 예들을 찾아보자. 대학을 갓 입학한 신입생들의 첫 번째 관심사는 돈을 많이 버는 것이다. 조사 결과 수십 년 후 돈을 많이 소유한 그룹에 삶의 행복지수는 낮게 나왔고 다른 사람들보다도 정신질환 환자가 더 많이 나왔다는 사실이다. 그러나 불행하게도 많은 사람들이 많은 금전과 재산의 소유에 의하여 행복감이 상승된다고 믿는 사람들은 현실로 점점 증가 추세에 있다.

외모는 모든 여성과 많은 남성들의 바라는 욕구이다. 2004년도에는 2003년도보다 성형수술이 44%나 증가했다 그러나 자신감과 기쁨은 그만큼 오래가지 못하였다. 그것도 잠시 동안 지속되다가 다시 성형을 하는 악순환을 거듭하는 현상이 나온다.

행복의 정의가 각 개인마다 같지는 않다. 성장해 온 배경이 틀리고 각자 가치관이 모두 틀리기 때문이다. 그러나 행복한 사람들의 공통적인 특징은 가만히 앉아서 행복을 바라는 사람들이 아니다. 자신들이 원하는 일들을 새롭게 만들고 추구하고 성취하려는 사람들이고 또한 생각과 감정을 적절하게, 효과 있게 컨트롤하며 이러한 과정을 최대로 즐기면서 노력하는 사람들이다.

인생의 목적과 목표를 세우는 것은 행복을 가져다주는 제일 중요한 구심점이 된다. 어떤 사람은 태어날 때부터 성격이 명랑하고 인생의 밝은 면만 보는 사람이 있다. 어떤 사람은 태어날 때부터 자신에 만족하지 못하고 비관적인 눈으로 보는 사람이 있다. 나의 선택과 생각 전환에 의하여 인생의 명암은 바뀌는것이다.

내가 소유하고 있는 좋은 조건들을 찾아보라. 행복은 능동적으로 내가 찾고 개발하는 데 있다. 행복의 정의와 기준을 바꿔야 한다. 시위, 좋은 집, 좋은 차, 부의 축적은 행복감을 보장시켜주지 못한다. 돈은 벌면 벌수록 더 부족함을 느끼고 따라서 돈의 대한 욕망은 끝이 없다. 영국의 한 연구 재단에서 전세계143개 국을 대상으로 국가별 행복지수를 조사한 결과를 발표했다.

1위를 차지한 코스타리카의 국민 중에서83%가 자신의 삶에 만족한다고 했다. 이 나라는 에너지 사용량의 99%를 재생 가능한 충당할 만큼 친환경적이며 군대를 보유하지 않을 만큼 평화적인 나라이다. 이 정도라면 가히 행복한 국가라고 보아도 될 것이다. 그러나 개인의 연 수입은 아직 형편없는 빈곤 수준이다. 물론 일부 북유럽 국가들은 높은 삶의 행복감을 가지고 있다.

그들은 사회주의 경제 체제에서 크게 부유하거나 그리고 가난하지도 않은 평균적으로 비교적 안정된 삶을 누리고 있다. 이 연구단은 국내총생산 (GDP)과 같은 경제지수와 안전한 사회보장제도가 반드시 행복과 연결되는 것은 아니라는 증거라고 해석했다. 물론 행복도의 기준을 어디에 두고 했는가에 관건이 되겠지만 이런저런 종합적인 삶의 질에 대한 관계성을 배제하고 그냥 전체적으로 행복하다는 관념으로 생각한다.

각 나라의 사회복지, 연금, 그 밖의 국민들이 누릴 수 있는 좋은 혜택 등이 한 나라의 국민들의 행복의식도를 종합적으로 높게 평가할 수 있다. 돈은 우리의 삶에 절대적으로 필요한 존재다. 매일 혹은 매달마다 찾아오는 불입금이 있지 않은가? 특히 우리나라의 자녀들의 교육비는 정말 천문학적인 숫자이다. 현실을 무시할 수는 없다. 열심히 일을 하고 그 결과 수입이 생기는 것은 당연하고 소비와 지출이 수입에 비례하며 생활이 그곳에 초점이 맞추어지는 것은 사실이다.

그러나 우리의 삶의 목적이 오직 소유하는 것에 집중적으로 조명이 되어있다면 다시 생각해 볼 사안이다. 인간의 욕망과 소유욕은 끝이 없기 때문에 죽기 전까지는 채워지지 않는 배고픔과 불만족에 시달리는 것이다. 그곳에 더많은 시간과 수고를 빼앗기기 때문에 내가 진정 원하는 행복을 느끼는 시간이 짧아진다.

진정한 행복감은 나의 주머니에 얼마가 있느냐 혹은 나의 자식들이 어느 명문학교에 입학하고 학교에서 일등을 하는가 등 외부적인 표적과 숫자에 기인한 것이 아니고 마음에 가운데 얼마나 많은 질적인 좋은 생각에 있는가에 달렸다.

동양의 문화권은 행복의 측정을 돈과 사회적 신분을 목적으로 보는 반면 서양의 문화권은 다양성이 있는 그들의 삶 가운데서 돈을 한 수단으로 보는 것이다. 그러나 돈을 목적으로 살았던 사람들은 대부분 불행했다. 동양권의 삶에 대한 행복은 대체로 일직선을 그리고 있는 것을 본다. 대학 입시 준비, 일류대학, 좋은 직장, 높은 연봉, 좋은 배우자 등이 정해진 코스로 이어진다. 나의 진정 원하는 삶의 방향에 의한 것이 아니고 빈공간은 사회의 통념에 의하여 휩쓸려 간다.

누구나 행복의 정의는 이러한 수학 공식 같은 순서를 예외없이 거쳐야 하는 것이다. 이것 외 또 다른 길의 성공은 생각할 수 없는 것이다. 그러나 한 가지 다행스러운 것은 지금의 젊은 세대는 돈과 자기의 원하는 것에 대한 실현의 두 가지를 동일하게 보고 있는 것이다. 내가 좋아하고 잘할 수 있는 것을 마음껏 해 보는 것이다.

바로 이것을 진정한 의미에서 성공과 행복의 한 부분으로 보는 것이다. 대단히 긍정적인 변화라고 생각된다. 좀 더 자세하게 몇 가지 중요한 점을 알아보자. 앞에 기술된 목표를 이루는 방법에서 언급이 되었지만 인생의 목표 설정은 우리의 행복과 직접 연결이 되어 첫째, 내가 잘하고 그리고 잘할 수 있는 것에 치중을 하고 못하는 것에는 시간을 허비하지 않는다. 둘째, 내가 타고난 능력이 어디에 있는지 그리고 그것을 개발한다. 셋째, 나의 자연스럽게 행동이 가는 것을 따라간다. 넷째, 나의 마음이 기쁨이 어디에서 오는지 찾는다. 그러한 목적을 가지고 최선을 다하고 변화 성장되는 과정을 보는 것에서 긍정적인 행복감을 찾을 수 있다.

# 5

# 행복하다고 느낄 때

또 다른 부분에서의 행복의 정의를 찾아보자. 마이크로 소프트의 빌 게이츠는 편하고 낡은 파란색 와이셔츠와 청바지를 즐겨 입고 좋아하는 오래된 단화를 신고 그의 사무실에서 플라스틱 그릇에 담겨 있는 중국 복음 국수를 먹고 있었다.

한 기자가 이것은 당신의 위치에 비하여 너무 초라하지 않느냐, 라고 물어봤을 때 그의 대답은 "부자가 되었다고 내가 좋아하는 음식도 먹을 수 없다면 굳이 부자가 될 이유가 없지 않은가?"라고 반문했다. 사소한 것에서 자신이 즐기는 음식이 갖는 가치와 돈이 갖는 가치가 똑같다는 생각이 없이는 할 수 없는 대답이다.

오스카상 수상자인 영화 배우 해리슨 포드는 전형적인 건실한 미국을 대표하는 남성상이다. 그는 항상 수수한 청바지 차림으로 오래된 작업실에서 연장을 들고 목수 일을 하는 것이 가장 즐거운 일이라고 한다. 그가 말하는 행복이란 세상에 태어날 때 받은 나의 본체 오리지날을 영원히 그대로 간직하는 삶이다.

이들은 자기의 행복을 바로 인간의 소박하고 순수한 마음이 가는 곳에서 찾는다. 삶의 아주 사소하고 무심코 지나치는 부분에서 나를 만족시켜 주는 것은 곧 그것이 진정한 행복의 지름길이다. 세상에는 돈을 수단으로 생각하는 사람과 돈을 목적으로 보는 사람과는 삶의 과정에서 큰 차이를 보이고 있다. 이렇듯 나 자신 이외에 남이 하니까 하는 식의 시도는 삶에 행복을 가져다주지 못한다.

우리나라의 성공한 사람의 예는 어떠한가? 동양의 사회 즉, 우리나라의 창조적인 변화와 오리지날을 배제한 단일화된 사회는 초·중·고 때부터 일류 대학에 입학하기 위하여 열심히 과외활동을 한다. 일률적으로 배우는 것들 즉 악기, 미술, 영어, 운동 등 보통 두세 개는 되어야 한다. 각 개인의 고유 성과 은사들은 철저히 무시된 계획이다.

그들은 오직 네다섯 시간의 잠만 자고 대학 시험 준비에 올인을 하는 것이다. 단지 좋은 대학을 졸업 후 좋은 직장을 갖기 위하여서다. 다음은 높은 연봉을 받고 좋은 배우자를 만나는 것이다. 이것이 우리 사회의 정해진 코스요 최고의 롤모델이다.

최고의 직장에서의 생활은 어떠한가? 출세의 전형적인 패턴을 보면 재벌회사의 경영자인 경우 모두가 선망하는 '성공한 사람들'이다. 오전 7시에 출근하여 매니저들과 미팅하고 그 후에 다른 간부 경영 회의를 또 주관하고 고객이나 거래처 사람들과 점심 그리고 저녁 술 마시는 약속, 골프 약속 등등……. 주말에는 아예 가족과 개인 시간은 가질 수 없다.

행복한 사람, 성공한 사람이 그 자리에 오르기까지의 긴 과정에서 가족과 자신은 철저히 배제된 생활 이것이 과연 나의 삶의 행복과 성공했다고 볼 수 있는지 생각해 볼 문제이다. 행복의 정의를 남들과 같은 일률적인 통일성에 근거를 두고 있다. 사람이 각자 다르듯이 분명 나의 행복은 남과 다른 것이 있다.

나의 진정한 행복은 나의 고유의 정체성을 발견하는 데에서 나온다. 남이 원하는 것을 사는 삶, 남으로부터 인정받으려는 삶, 눈치보는 삶, 승인 받는 삶이 아닌 것이다. 진정한 행복의 삶은 내가 진정 원하는 직업과 취미를 살리는 것, 가족 또는 주위 사람들과의 좋은 인간관계, 세상에 가치 있는 일을 하는 것, 그리고 건강을 유지하는 삶이 진정한 행복과 성공을 의미한다.

다른 면의 진정한 행복의 관념은 내가 이미 소유하고 있는 것들, 혹은 나의 환경과 여건들에 초점을 맞추는 것이다. 인간들은 내가 이미 소유하고 있는 좋은 점들과 환경에 대하여 무관심을 나타낸다. 인간의 심성은 이미 소유한 물질적인 것들에 대하여서는 얼마 후 싫증을 느끼고 혹은 기쁜 감정이 사라진다.

행복의 지름길은 바로 감사하는 마음이다. 감사하는 생활은 나의 생활에 윤택함을 가져다준다. 평범한 것에 초점을 맞추고 감사하는 마음의 훈련은 행복감을 갖는 첩경이 된다. 두 가지 의미는 대단히 밀접한 관계에 있어 동일하게 보아도 되며 결국 나에게 다가오는 감정은 똑같다.

과거에 행복했던 순간들을 다시 생각해 보자. 기쁨통장을 만들어 보는 것이다. 노트에 몇 가지가 되는지 적어 본다. 기쁜 순간들, 보람된 순간들이 무엇인가 날짜별로 간단히 적는다. 그리고 보면서 그 기쁨에 푹 잠기는 것이다.

순수한 감정으로 느껴보자. 다시 과거의 행복했던 순간으로 돌아가는 훈련이 필요하다. 외적인 형식에 사로잡혀 남을 의식하는 삶, 남을 따라가는 삶, 물질만능주의를 추구하는 것은 일시적이고 극히 제한적인 행복감만 허락하고 결국 인생의 허탈감만 남겨준다. 나의 마음이 진정 따라가는 곳은 어디인가? 최대의 기쁨과 가치를 느끼는 곳 어디인가에 더욱 예민하여야 한다. 그곳에 목표를 세우고 개척하는 그 과정을 통하여 행복을 찾는다.

우리가 알아야 할 점은 진정한 행복은 우리가 성취할 수 있는 가까운 거리에 있다는 것이다. 지금 처해진 현실에서 진정한 행복을 찾고 소망 가운데서 행복한 삶의 소유는 여러 부분에서 찾는다. 인간들은 내가 소유하고 있는 좋은 점들과 환경에 대하여 무관심 혹은 중요하게 생각을 하지 않는다.

항상 새로운 소유의 대상을 구하고 그들에게서 행복을 찾으려 한다. 그러나 새로 소유한 물질들은 얼마 후 싫증을 느끼고 혹은 처음의 기쁜 감정이 사라진다. 새 자동차, 새집 등 특히 외적으로 보이는 물질적인 것들은 영원한 생명력이 없다. 진정한 행복의 관념은 내가 이미 소유하고 있는 것들, 현재 처해 있는 나의 환경과 여건들에 초점을 맞추는 것이다.

인간들은 내가 소유하고 있는 좋은 점들과 환경에 대하여 무관심을 나타낸다. 습관적인 삶에 타성에 젖어 주위에 있는 귀한 여건들을 다시 생각을 하며 감사하는 생활은 나의 생활에 윤택함을 가져다준다. 이미 내가 가지고 있는 모든 환경 그리고 이미 소유한 여건과 환경에 다시 초점을 맞추고 잃었던 행복한 마음을 찾아야 한다.

무엇보다도 중요한 사실은 인생의 진정한 행복은 나의 마음으로부터 시작이 된다는 사실이다. 나에 대하여 감사한 여건들을 하나 둘씩 적어 보라. 최소 일주일에 한 번씩은 적고 감사하는 마음을 갖으라. 낙심이 올 때 이 방법의 활용을 기억하라. 남과 혹은 주위 환경에 대하여 불평과 부정적인 말은 삼가라.

나의 모든 결정과 일에 완벽을 기대하는 마음을 삼가라. 완벽주의는 행복감을 빼앗아간다. 이 세상에서 진정한 완벽의 의미는 완전하지 않은 상태에서 최선을 다하는 태도와 그에 따르는 행동을 의미한다.

완벽주의는 주위의 사람들을 피곤하게 만드는 원인이다. 얼마 전 KBS 방송 문화 연구소에서 조사한 남녀 9천 명을 대상으로 삶의 질에 대하여 조사했더니 약 60%가 행복감을 느낀다고 한다. 지역별로는 전남이 6.49점으로 시도 가운데 가장 높았고, 대전 6.29 경남지역이6.24, 경기도는 5.95, 서울은 5.91로 각11위와 12위를 차지했다. 직업별로 종교인이 8.89점으로 만족도가 가장 높았고 교사가 7.21점, 공무원이 7.02로 그 순위를 차지했다.

# 6

# 나는 오늘 행복한가 ?

　나의 매일매일 하는 일에 확신과 자신을 가져라. 지금 하는 일이 내 일생에 가장 중요하다, 라는 생각이 필요한 것이다. 행복의 여건과 환경은 내가 스스로 만들어야 한다. 내 주위에 있는 것들은 나의 발전을 위하여 돕는 역할을 하는 좋은 기회와 도전으로 이루어져 있다.

　주어진 기회를 포착하며 쟁취하는 도전의 마음은 우리의 발전과 다른 풍족한 세계로 인도한다. 이러한 삶의 패러다임을 갖는 것이 곧 행복한 삶, 능력의 삶, 가치 있는 삶을 추구하는 지름길이다. 우리가 세상을 보는 눈이 어떠한가? 나의 눈은 어디에 초점을 맞추고 있는가?

　세상의 모든 만물을 긍정의 눈으로 보자. 또한 감사의 눈으로 보자. 당연한 생각과 습관적 혹은 형식이 아닌 좀 더 깨어 있고 의식이 있는 그리고 열린 마음과 가능성의 눈으로 바라보자.

　가치 있고 의미 있는 곳에 마음과 눈을 자세히 고정하라. 밖에 수많은 기회와 도전들이 우리의 손길을 기다리고 있으며 이러한 것들은 우리가 찾아가 주길 바란다. 삶의 걸림돌을 통하여 그것이 우리들을 행복한 삶, 보람된 삶으로 안내하는 데 큰 도움의 역할을 한다. 무엇보다도 중요한 것은 인생의 진정한 행복은 나의 마음속에서부터 시작이 된다는 사실이다.

심지어 주위에 흔히 접할 수 있는 여러 종류의 새소리, 바람, 여러 가지의 달 모양 등 그 밖에 자연의 변화에 대하여 의식적으로 신기함과 아름다움을 감상하고 즐기고 찾을 수 있다. 과거에 느끼지 못했던 평범한 것들에 더욱 예민해져야 할 필요가 있다.

높은 산에 올라가 먼 아래 내려다보이는 동네의 깜박거리는 수많은 아름다운 불빛을 바라보면서 평소에 갖지 못했던 아름다운 감정, 신비한 감정을 가질 수 있는 것도 행복감을 유발시키는 동기가 된다.

그 밖에 음악회, 독서, 미술 전시회, 정기적인 운동, 여행, 캠핑, 하이킹, 취미 동호회 참석, 이웃 돕기 등등에 참여하며 그것을 통하여 마음 깊은 곳에서 나오는 보람되고, 가치 있는 아름다운 감정, 기쁨, 행복한 감정에 의식적으로 빠져 보라.

특히 정기적으로 남을 돕는 행사에 참여하는 것은 대단히 바람직한 방법이다. 남을 도와주는 행위는 특히 마음의 병을 빠르게 치료하는 효과가 있다. 남에게 선을 베푸는 행위는 행복감을 갖는 첩경이 된다. 특히 남을 돕는다든가 선행을 베푸는 일에는 행복감을 주는 호르몬이 갑절 이상 증가가 된다. 아무리 사소한 것이라도 일주일 동안 두세 개 정도는 실행을 해 보자.

몇 년 전 미국에서 일어나 큰 화제가 되었던 실제 일이다. 드라이브 인 커피숍에서 그리고 프리웨이 톨게이트에서 뒤에 오는 모르는 운전자의 커피값이나 통행료를 대신 내준 일이 있었다. 이들은 그

뒤에 오는 운전자들에게 계속하여 돈을 내주었다.

비록 사소한 행위 같으나 그 결과는 엄청난 효과를 발휘하여 메마른 인간 사회에 훈훈한 정과 백 배의 기쁨을 준 것이다. 기쁨은 전염성이 있어 받은 사람은 다시 남에게 베풀려는 대상을 찾는 것이다. 선행은 우울증에서 해방이 된다. 마음의 여유를 갖게 되며 자신의 위치를 돌아보는 계기가 된다.

약한 사람을 도울 수 있다는 것은 겸손한 마음을 갖게 한다. 또한 나도 도울 수 있다는 자신감을 얻는다. 받는 자의 기쁨을 같이 공유하는 것이다. 특히 남을 돕는 행위는 세상에서 가장 귀한 보람되고 행복감을 만 배나 더하여주고 마음속에 오랫동안 잊혀지지 않는 순간이다. 나의 수고와 정성이 누군가에게 기쁨을 준다면 이보다 더 인생의 행복한 순간은 없을 것이다.

베푸는 자는 계속하여 자선 행위를 통하여 기쁨을 맛보나 이기심의 소유자는 더 가지고 싶은 충동만 생기고 자신만을 위하여 욕심만 더 채워 결국은 삶에 만족을 느끼지 못한다.

베푸는 마음은 하나님이 인간에게만 허락한 숭고한 선물이라고 생각한다. 우주의 원칙 가운데 중요한 진리는 우리 인간은 반드시 남을 위하여 나누어 주고 베풀어야 한다는 진리이다.

하루에 한 번씩은 천재 예술가들이 만들어 낸 음악이나 그림 혹은 조각품에 심취하고 감상하라. 그것들이 가지고 있는 고유한 진정성, 예술성을 발견하라. 이러한 귀한 자료들은 어디서든지 혹은 인터넷에서 쉽게 얻을 수 있다.

첼리스트인 장한나의 글 가운데 클래식 음악을 듣는 방법에 대하

여 설명한 것이다. '

사실 클래식 음악의 감상은 대부분 뜻을 찾는 것보다 아름다운 선율에 따라 무심히 듣는 경우가 많다. 대중음악은 같이 따라부르기도 하고 춤도 추는 가운데에서 흥을 얻을 수 있는 반면에 고전음악은 오랜 시간을 조용히 앉아서 들어야 하는 지루한 감이 있다'.

그녀의 말에 의하면 '클래식 음악에는 폭넓은 감정의 세계와 감동이 숨어 있다'고 한다. '마치 내게 더 많은 이야기를 해 주고 속마음을 나누는 친구'라고 한다. '그곳에는 슬프고 애처로운 소리, 신비로운 소리, 웃게하는 소리, 봄에 새싹이 돋고 꽃향기가 그윽한 소리, 아름다운 소리, 못생긴 소리, 화창한 소리, 이 모든 소리 가운데서 만들어 내는 선율들의 조화를 느낀다'고 한다. 악기 이름이 무엇인지, 반주인지 선율인지, 이런 것은 그다지 중요한 것이 아니고 다만 작곡가마다 혼신의 힘을 다하여 남기고 싶은 메시지가 있고 새로운 언어처럼 자신만의 소리 세계로 표현했기 때문에 이 소리에 푹 빠져드는 것이 우선이라고 한다. 오래 남는 것은 클래식 음악이 아닌가 싶다. 그녀의 말대로 뜻을 알고서 감상을 하면 더 깊고 오묘한 뜻 가운데서 큰 기쁨과 행복을 발견하는 유익을 얻게 된다.

이번 주에는 작곡가의 숨은 뜻을 생각하며 한두 곡의 명곡에 빠져 즐 기는 시간을 가져보자. 하루 생활 가운데 '나는 기쁘다', '나는 행복하다'는 생각을 진심으로 의식적으로 주기적으로 생각하라. 최대한의 행복감을 의식적으로 감정을 가지고 느껴 보라. 세상에서 제일 행복한 사람이라고 소리쳐라.

시시때때로 나를 공격하는 적들을 대비하라. 나의 깊은 곳에서 나오는 간절히 원하는 소리 즉, 마음 가운데 만족이 없는 경우 좀 세밀하게 연구하라. 만족하지 않는 마음의 원인은 무엇인가?

　나의 생각과 마음과 몸을 방해하고 약하게 하는 것들은 무엇인가? 조급하지 말고 조금은 여유 있게 생각하자. 우리의 삶은 기계처럼, 똑같은 일을 반복하여 생겨난 메마른 감정과 무감각한 마음 그리고 힘들고 지친 일상생활에서 나오는 무기력감 등이 연속적으로 반복되어 몸과 마음을 쇠진하게 한다.

# 7
## 행복하기 위해
## 지금 무엇을 할 것인가?

만일 글을 쓰고 싶다면 상상력을 동원하여 멋진 글을 시도를 하여야 할 것이다. 그림을 그리고 싶으면 화판에 멋진 그림을 화폭에 담아야 할 것이다. 시간을 적극 활용하여 원하는 취미생활을 하여야 한다. 평소에 하고 싶어 하는 것을 배우라. 배운 것을 남에게 알리는 발표회도 갖는 것도 좋은 방법이다. 같은 취미를 갖는 동호회에도 참석하여 다른 이들의 작품과 생각을 나누는 것도 좋은 방법이다.

나는 다양한 음악을 좋아한다. 자주 인터넷에 접속하여 여러 가지의 음악들을 듣는다. 특히 기타를 치며 컨트리 웨스턴 음악을 듣기와 부르기를 즐겨한다. 매년 한두 차례 집에서 음악을 좋아하는 여러 가정들을 저녁 초대하여 여러 사람의 악기 연주와 더불어 음악 발표회를 갖는다.

나는 기타를 치고 평소에 좋아하는 컨츄리 웨스턴 곡을 부르고 다른 사람들은 색소폰, 바이올린, 키보드 등을 가지고 나름대로 거의 프로에 가까운 멋진 연주를 한다. 모이는 사람들의 수가 점점 많아져서 아마도 다른 장소를 물색해 봐야 할 것 같다.

모두 함께 추억 속에 듣던 음악이나 또한 지난날의 재미난 이야기들을 나누면서 초대된 모두가 만족한 행복감에 젖어 포근한 시간을 갖는다. 창조적이고 적극적인 생각과 행동을 통하여 침체된 상황에서 탈피하여 느끼지 못한 색다른 감정을 갖게 하는 것은 무엇보다도 인생을 활기있게 역동적으로 그리고 나아가 진정한 행복감을 가져다주는 알파와 오메가가 된다.

생의 행복은 추구하고 쟁취, 노력하는 자들의 것이다. 행복감은 우리 삶의 수많은 선별된 선택과 그에 따른 행동에서 오는 결과다. 행복삼은 잘못된 동기에서 오는 순간적인 만족감과는 상반되는 현상이다.

매일 안락의자에서 맥주와 감자칩을 먹으며 텔레비전을 본다면 순간적으로 오는 기쁨은 대단히 크다. 그러나 몇 시간 후에 오는 기분과 감정이 계속 지속되는 기분인지는 생각하면 그것은 반대의 효과가 나온다. 이렇듯 행복감에서 오는 참 기쁨은 순간적이고 말초신경을 자극하며 만족시키는 향락의 기쁨보다 백 배의 효과가 있다. 불행하게도 많은 사람들이 평생 동안 순간적인 감정과 쾌락에 의한 중독에 빠져 그들의 노예가 된다.

진정한 행복의 기쁨은 오랫동안 지속되는 것이며 늘 변함이 없으며 또한 그 기쁨에는 영원성이 있다. 현실을 보자. 50년 전의 생활보다 우리들의 마음은 더 노심초사하고 더 갖기를 원하고 처한 현실에 만족할 줄 모르고 편안함이 없는 생활이다. 우리가 현재 소유한 것들은 과거보다 지금이 훨씬 편리한 생활 도구들이 많다.

특히 우리나라의 자살율은 세계의 어느 나라보다도 제일 높고 그것은 마치 전염병처럼 번져가고 또한 만연되어 있는 디프레스와 우울 증세는 숫자가 날로 증가하여 자신은 물론이거니와 사회적으로도 막대한 피해를 주는 강한 독성의 전염성을 가지고 있다. 이것들이 전부 소유의 부족감에서 오는 원인들은 아니다.

반대로 풍족하여 오는 병인데 우리의 원하는 것이 채워질 때에는 또 다른 불만이 생긴다. 행복해지는 욕구는 단순 쾌락을 즐기려는 욕망보다 훨씬 가치와 진실성이 있다. 쾌락을 찾는 욕망은 진정한 행복을 찾으려는 소망을 가로막는다. 불행하게도 심각하게 중독이 된 쾌락의 습관은 스스로 깨닫기 전에 평생 동안 그것들에 갇혀버리고 만다.

행복은 필요한 것을 느끼고 진정 필요한 것을 찾을 때 온다. 행복, 그것만을 추구하려 할 때에는 매 순간마다 허상만 보이게 만든다. 행복 그 자체에서 행복을 찾는다면 절대로 진정한 행복은 멀리 있는 이상이지 현실은 아니다. 행복은 그것이 우리의 인생 종점이 아니다. 행복은 경험으로 느끼는 것이 아니다.

행복은 부산물이다. 행복은 그 자체를 추구하는 것보다 행복감이 수반되는 '선한 일들'을 하는 것이다. 어떠한 상황에서 혹은 인생의 네 거리에서 단지 다음의 최선의 옳은 일을 선택하는 것이다.

오늘도 어느 길을 선택하는가, 무슨 일을 선택하는가, 어떠한 생각을 선택하는가의 결과에 의하여 행복의 삶은 결정된다. 아리스토텔레스는 행복의 정의를 정신적과 육체적인 행동에 있고 게으른 곳에는 존재하지 않는다고 했다.

행복이란 내가 자신있게 즐기면서 좋아하는 일, 잘할 수 있는 일

을 하는 것을 의미한다. 그러나 우리의 관습에서 오는 행복의 정의
는 아무 일도 하지 않고 즐기는 것에서 행복을 찾는 것이라는 오류
를 범하는 것이다. 행복을 단지 짧은 인생, 편하게 즐기는 것으로 혼
동하는 것이다.

어떤 사람은 선천적으로 행복한 사람들이 있고, 그 외 다수의 사
람들은 불만족, 불안 초조에 시달린다. 대부분의 사람들은 후자에
속하고, 또 행복한 이들도 겉으로만 행복한 표정이 있으나 내적으로
는 두려움과 초조함과 마음의 상처가 많다.

친절함은 자신의 감정에 더 기쁨을 가시고 삶에 환한 빛을 비추
며 행복감을 더 갖는다. 무엇보다도 좋은 인성은 행복감의 중요한
핵심이 된다.

## 글을 마치고

　현대인은 모두 바쁘다. 매우 부지런한 것처럼 보인다. 통신 수단의 속도가 곧 우리의 속도가 되어 버렸다. 그러나 과연 그 많은 양의 정보와 일을 소화하며 살고 있는가? 잠시의 쉼은 나를 사랑하는 데 도움을 준다. 이 책을 통하여 초고속의 질주 가운데 잠시 멈추어 나와 대화하며 건강하고 행복한 인생을 살아갈 수 있길 바란다. 몇 년에 걸쳐 나에게 다가왔던 생각, 그리고 나의 갈증을 해소시켜 주었던 순간순간의 노트가 모아져 책이 되었다

　도움을 준 아내, 출판사의 손형국 대표님 특별히 교정에 많은 수고를 해준 박현숙 씨께 깊은 감사를 드린다